Der Geist des Universums

Revolutionäres aus dem Lorber-Evangelium

*Alles, was die Geisterwelt betrifft
findet im Verborgenen statt.
Ist etwas öffentlich,
betrifft es unsere exoterische Welt.*

Gottfried Briemle

Der Geist des Universums

Revolutionäres aus dem Lorber-Evangelium

Theophanica-Verlag

Das Werk einschließlich
aller seiner Teile ist
urheberrechtlich geschützt.
Jede Verwertung außerhalb
der engen Grenzen des
Urheberrechtsgesetzes ist
ohne Zustimmung des
Verlages unzulässig und strafbar.

Das gilt insbesondere für Vervielfältigungen, Übersetzungen, Mikroverfilmungen und die Einspeicherung und Verarbeitung in elektronischen Systemen.

Copyright © 2003 by:
Theophanica-Verlag
Riedweg 8
D - 88 326 Aulendorf
Fax: 07525-91 38 34
Post@Lorber-Evangelium.de
ISBN: 3-9802569-4-4

Herstellung und Vertrieb:
Books on Demand GmbH
D - 22 848 Norderstedt

Printed in Germany

Inhaltsverzeichnis:

Vorwort 1
1. Das Wunder zu Graz im Jahre 1840 3
1.1. Wie glaubwürdig ist das neue Evangelium? 3
1.1.1. Zur Person Jakob Lorbers 3
1.1.2. Die Berufung Lorbers zum medialen »Schreibknecht Gottes« 5
1.1.3. Das Schicksal der 24-jährigen Aufschriebe 10
1.1.4. Das Neue Testament der Bibel wird vervollständigt! 12
1.2. Auswahl und textliche Aufbereitung der Zitate 15
2. Die materielle Welt 20
2.1. Die Wirklichkeit des Kosmos' 20
Vorbemerkung 20
2.1.1. Die Materie als verfestigte Gedanken Gottes 21
* Die materielle Schöpfung als »geronnene« Gedanken Gottes 21
* Wie sich Ideen Gottes in Materie verwandeln 22
* Unsere materielle Welt ist nur der Schatten der Wirklichkeit 23
* Von der Gestaltungskraft eines starken Willens 24
* Der Weltraum hat kein Ende 25
* Mikro- und Makrokosmos sind eine einzige Analogie 25
2.1.2. Wesen und Entwicklung der Materie 26
* Wesen und Entwicklungsmöglichkeit der materiellen Welt 26
* Die Evolution des Lebens aus dem Gestein 27
* Das Vergehen und Entstehen der materiellen Schöpfungen 28
* Der geistige Hintergrund von Werden und Vergehen 29
* Es gibt im All viele bewohnte »Erden« 29
* Die materielle Welt dient einen höheren Zweck 30
* Über das Ende der materiellen Welten 30

2.2. Wer ist Satan? 31
Vorbemerkung 31
2.2.1. Satan als die personifizierte Gottabkehr 32
* Die Absonderung Luzifers vom Geist Gottes 32
* Definition von »Satan« und »Teufel« 33

* Das Wesen Satans ist einseitig 35
* Satan und die materielle Schöpfung sind der Gegenpol zu Gott 36
* Die Herrschsucht als satanisches Attribut 37
* Die Sache mit Gut und Böse 38
* Die Notwendigkeit des Bösen auf der Welt 38
* Unsere Welt ist eine einzige Täuschung 39

2.2.2. Das Wesenhafte der Weltliebe und der »Sünde« 40
* Weltliebe ist »Sünde« wider die Ordnung Gottes 40
* Sündigen kann nur der, der Gott erkannt hat! 40
* Die Folgen allgemeinen Glaubensschwundes (Gleichnis) 41
* Die Unverbesserlichkeit eines machthungrigen Menschen 43
* Ein böser Geist kommt nicht aus sich heraus zur Besserung 44
* Warnung an die Mächtigen der Welt 45
* Die Sünde und ihre Überwindung 45

2.3. Wo und was ist die Hölle? 47
Vorbemerkung 47

2.3.1. Die materielle Hölle 48
* Die Herkunft der Wortes »Hölle« 48
* Die irdische Hölle ist dem Menschen nicht bewußt 48
* Der Leib und die materielle Welt gehören zur Hölle an sich 49
* Höllische Orte auf dieser Welt 49
* Der tiefere Sinn des irdischen Übels 50
* Des Menschen Umweltzerstörung, und warum Gott nicht eingreift 50
* Die geistigen Ursachen von Naturkatastrophen 51

2.3.2. Die geistige Hölle 52
* Die geistige Hölle schaffen sich die Menschen selbst 52
* Irdische Bosheit findet in der jenseitigen Hölle ihre Fortsetzung 54
* Die Rachsucht als Wesensmerkmal der Hölle 55
* Leidender Zustand einer gottfernen Seele in der Hölle 56
* Ein höllischer Geisteszustand kann sehr lange andauern! 56

3. Die geistige Welt 58
3.1. Wer ist Gott? 58
Vorbemerkung 58
3.1.1. Definition 59

* Esoterische Definition des Begriffes »Gott« 59
* Das Wesen Gottes 59
* Gott und seine Schöpfungsidee 60
* Gott birgt in Harmonie alles Gegensätzliche in sich 61
* Im unendlichen Universum gibt es nur einen einzigen Gott 62
* Die Geisterwelt ist auch auf Erden allgegenwärtig 62

3.1.2. Personifizierung 63
* Die drei Wesensformen Gottes 63
* Gott als Vater und Sohn 65
* Gott als geistige Sonne wurde erst in Jesus sichtbar 65
* Die 7 Geister (= Gebote) Gottes 66
* Gottes Geisterwelt kennt keinen Raum und keine Zeit 67
* Die Allgegenwart der unsichtbaren Geisterwelt 67

3.2. Wo und was ist der Himmel? 69
Vorbemerkung 69

3.2.1. Geistige Gesichtspunkte 70
* Der Himmel ist dort, wo der Geist Gottes herrscht 70
* Himmel und Hölle unterscheiden sich nur geistig 70
* Der Himmel ist so endlos wie das Weltall 73
* Die unbeschreibbare Schönheit des Himmels 74
* Nach dem »Reich Gottes« muß man suchen 74
* Das Himmelreich findet man in seinem Herzen 75
* Das Himmelreich geht an die Heiden über 76

3.2.2. Dynamische Gesichtspunkte 76
* Den Himmel schafft sich jeder selber 76
* Den Himmel muß sich der Mensch mit Mühe verdienen 77
* Vom Lohn der Gotteskindschaft 78
* Die Herrlichkeit des Himmels als Lohn für die Gottsuche 79
* Im Himmel herrscht ewiges Leben und Wirken 79
* Selige sind vom Himmel aus für die Menschen tätig 80

3.3. Die Inkarnation Gottes im jüdischen Messias 81
Vorbemerkung 81

3.3.1. Gründe für die Menschwerdung in Jesus 83
* Durch Gottes Menschwerdung heilte Jesus die Versündigung Adams 83
* Gott inkarnierte in Jesus Christus das erste Mal auf dieser Erde 83

* Gott ging ins Fleisch, um für den Menschen sichtbar zu werden 83
* Der Grund für die Inkarnation Gottes in Jesus 84
* Aus Jesus spricht Gott selbst 85
* Der Messias, die ungläubige Welt und deren Übel 86
* Der Gottesfunke im Herzen und die Inkarnation Gottes 87
* Der Sinn von Jesu Kreuzestod 90

3.3.2. Jesus als Mensch 91
* Jesus wurde am 7. Januar im Jahre 4151 nach Adam geboren 91
* Er lebte zwischen 12 und 30 Jahren ganz unauffällig 92
* Jesus lernte weder lesen noch schreiben 94
* Nie ein intimes Verhältnis zu einer Frau 95
* Jesu Auseinandersetzung mit seinem Ziehvater Joseph 95
* Jesus wirkt Wunder, um seiner Familie die Angst zu nehmen 100
* Willensstarkes Äußeres, im Wort faszinierend 102
* Hang zu den Geächteten der Gesellschaft 106
* Inneres Gespräch zwischen Gott und dem Menschensohn 106

4. Die Entwicklung vom Materiellen zum Geistigen 109
4.1. Unsere Erde als Entwicklungsanstalt für die Seele 109
Vorbemerkung 109
4.1.1. Spannungsfeld zwischen Materialismus und Spiritualismus 110
* Die Situation auf der irdischen Pilgerreise 110
* Unsere Erde darf weder Paradies sein, noch werden! 111
* Die Besonderheit der Bewährungsanstalt »Erde« 112
* Auf der Erde dominiert das Böse über das Gute 113
* Unser irdisches Leben hat die seelischen Vervollkommnung zum Ziel 114
* Ein halbherziger Gottesglaube ist nichts wert! 115
* Der Daseinskampf dient der seelischen Höherentwicklung 115
* Ein bequemes Leben verhindert die seelische Höherentwicklung 116
* Der Mensch braucht seine Zukunft materiell nicht absichern! 119

4.1.2. Entwicklung des Menschen zur Gottähnlichkeit 120
* Mit 30 Jahren sollte der Mensch den Sinn des Lebens erkannt haben 120
* Wie kommen wir in den Himmel? 120

- * Der Weg zur Gottgleichheit ... 121
- * Auf der Erde sollen sich »Weltkinder« zu »Gotteskindern« entwickeln ... 122
- * Menschen wie Völker müssen sich geistig höherentwickeln ... 123
- * Die »Weltkinder« entwickeln sich durch Schulung nach und nach höher ... 124
- * Die »Wiedergeburt des Geistes« und die Gotteskindschaft ... 124
- * Auch Engel werden erst durch Inkarnation zu »Kindern Gottes« ... 125

4.1.3. Gottes Ratschläge an die »Weltkinder« ... 125
- * Gottsuche im Herzen als die wichtigste Aufgabe im Leben ... 125
- * Mensch, erkenne die Vergänglichkeit der Weltreize! ... 126
- * Die Suche nach Erkenntnis und geistigen Werten ist wichtig! ... 126
- * Nicht erst kurz vor dem Tod mit der Gottsuche beginnen! ... 127
- * Auf das Gewissen hören! ... 127
- * Vom rechten Beten ... 128
- * Tut immer das Gegenteil, wonach es euch gelüstet! ... 130
- * Das Befolgen der Lehren Gottes schützt vor Krankheit ... 131
- * Hinweise zur gesunden Ernährung ... 131
- * Die Erziehungstätigkeit der Hausfrau ist von hohem Wert! ... 133
- * Einige Ratschläge für ein soziales Miteinander ... 134
- * Naturbeobachtung verhilft zur Gotterkenntnis ... 137
- * Die Notwendigkeit der Urwälder für die Erde ... 138
- * Die göttliche Sittenlehre ... 139

4.2. Gottes Verhältnis zu den Menschen ... 143
Vorbemerkung ... 143
4.2.1. Freie Entscheidung zwischen Gott und der Welt ... 144
- * Der Unterschied zwischen »Gott« und »Himmlischem Vater« ... 144
- * Der Unterschied zwischen Welt- und Gottesliebe ... 144
- * Warum Gott in irdische Vorgänge nicht eingreift ... 144
- * Unsere materielle Welt ist unverbesserlich ... 146
- * Gestörtes Verhältnis der Menschen zum ihrem geistigen Vater ... 147
- * Seher und Propheten werden von der Welt ignoriert ... 149
- * Gottes Verbundenheit mit den Armen ... 150
- * Der Wunsch Gottes an uns Menschen ... 150
- * Der unbeschreibbare Lohn der freiwilligen Gotteskindschaft ... 150

4.2.2. Gott und die Amtskirchen ... 152
- * Es gibt nur *eine* wahre Kirche auf Erden ... 152

* Gott wohnt nicht in den Kirchengebäuden 152
* Allwöchentliche Gottesdienste in Kirchen sind überflüssig 152
* Den Geboten Gottes keine strengeren hinzufügen! 154
* Alle biblischen Bilder haben Entsprechungscharakter 155
* Vom »Heiligen Stuhl« in Rom wird viel Unheil ausgehen 156
* Die Abendmahlspeisung hatte symbolischen Charakter 157
* Die Taufe tilgt das mosaische Muß-Gesetz 158

4.3. »Wissenschaft« oder »Glaubenschaft«? 160
Vorbemerkung 160
4.3.1. Die fehlende Weisheit des Intellekts 162
* Das Wesen der »Weltmenschen« 162
* Gottes Geist ist nicht intellektuell 166
* Intellektuelle Bildung verschlechtert oft den Charakter des Menschen 167
* Eine nur materiell ausgerichtete Wissenschaft geht in die Irre! 167
* Verstandesmenschen haben wenig Zugang zu göttlichen Wahrheiten 168
* Die ägyptischen Pyramiden waren Schulen der Weisheit 170

4.3.2. Vom Entwicklungsvorteil »schlichter Gemüter« 171
* Ungebildete kommen eher zur göttlichen Wahrheit als Gescheite 171
* Herz und Gemüt sind die Eingangspforten für göttliche Wahrheiten 171
* Zum Glauben nicht zuviel kritischen Verstand einschalten! 172
* Gläubige brauchen keine Wunder 173
* Über den Glauben besser zur Wirklichkeit des Daseins 174
* Sich im Glauben nicht beirren lassen! 175
* Glauben ist besser als Forschen 175
* Vom Wert der Gleichnisse und Bilder 176
* Es wird sich ein Wandel im Gottesglauben vollziehen 177

4.4. Schicksal aufgrund freien Willens 180
Vorbemerkung 180
4.4.1. Zeitqualität, Vorsehung und Esoterisches 183
* Alles hat zum richtigen Zeitpunkt zu erfolgen 183
* Die Menschen erwirken ihr Schicksal selbst 183
* Zugelassene Schicksalsschläge dienen der seelischen Reifung 185
* Armut und Reichtum zu seiner Zeit erfahren 185
* Unglück hat stets eine Ursache 187
* Der Himmlische Vater lenkt aus dem Verborgenen 188

* Vom Schicksal der Völker 190
* Nicht alle göttlichen Wahrheiten sind für die Menschen begreifbar 192
* Entstehung und Bedeutung der einzelnen Tierkreiszeichen 193
* Die Sterne nicht als Götter verehren! 201
* Sterndeutung zur persönlichen Bereicherung ist verwerflich 202

4.4.2. Krankheiten: Ursache, Sinn und Zweck 203

* Schmerz und Krankheit haben immer seelische Ursachen 203
* Die Seele ist verantwortlich für einen gesunden Körper 204
* Hochmut und Laster als Ursache vieler Krankheiten 204
* Bewußte Abkehr von Gottes Ordnung als Ursache vieler Leiden 205
* Unreine Naturgeister als Ursache bösartiger Krankheiten 206
* Viele Krankheiten haben Ihre Ursache in übermäßiger Sexualität 208
* Nicht jedem Kranken soll / kann geholfen werden 208
* Schmerzen von der Hölle – Schmerzen vom Himmel? 209
* Warum Entbehrung, Not und Elend segensreich sein können 209
* Krankheiten bewahren den Menschen vor seelischem Rückfall 210
* Chronische Krankheiten heilen die Seele 212
* Über das Leiden »unschuldiger« Kinder 213
* Die Verlockungen der Welt führen in den geistigen Tod 215

4.5. Re-Inkarnation und Seelenentwicklung 216
Vorbemerkung 216
4.5.1. Die Menschenseelen: Unterschiede, Herkunft und Ziel ... 219

* Das Geheimnis der Wiedergeburt 219
* Definition der Seele und des ihr innewohnenden Gottesfunkens 219
* Die weitaus meisten Menschenseelen stammen von der Erde 220
* Zur Herkunft der Seelen der von Geburt an Kranken 223
* Von der Tier- zur Menschenseele 223
* Unterschied zwischen Tier- und Menschenseele 226
* Die Seele inkarniert beim Zeugungsakt 227
* Der Mensch kann viele Inkarnationen hinter sich haben 228
* Die Inkarnation ist nur Mittel zum Zweck 228
* Keine Erinnerung an frühere Inkarnationen 229
* Das Stirb-und-Werde-Prinzip auf der Erde 229
* Durch Evolution veredelt sich die Schöpfung 231
* Inkarnationsziel: Vereinigung der Seele mit ihrem jenseitigen Geist 232

* Die »Wiedergeburt im Geist« als Individualisierung der Seele 233
4.5.2. Die weitere Seelenentwicklung im Jenseits 234
* Der Werdegang einer Seele nach dem Leibestod 234
* Nach dem Tod gibt es unterschiedliche Aufenthaltsorte für Seelen 235
* Die seelischen Vervollkommnung bedarf mehrerer Inkarnationen 236
* Verlangsamte Seelenentwicklung nach dem Tod 237
* Die Tätigkeit einer fortgeschrittenen Seele im Jenseits 239
* Für die Kinder Gottes Schöpfungsaufgaben im Himmel............................. 240
* Drei verschiedene Seligkeitsstufen für vollendete Seelen 244
* Im Jenseits gibt es keine Zeit.. 245
* Materiell orientierte Seelen sind nach dem Tod unglücklich 246
* Der geistige Hintergrund von Spuk-Ereignissen und ihre Abhilfe 247
* Die Tätigkeit bösartiger Seelen in Erdnähe 248
* Das jenseitige Schicksal machthungriger Menschen 250
* Des Menschen Seele erfährt keine »Rückstufung« ins Tierreich!............... 252

Eine Auswahl an Jesu Zitaten 254
Vorbemerkung 254
Entscheidung zwischen der Welt und Gott 256
Entsprechungen 258
Glaube und Vertrauen 258
Schicksal und Karma... 260
Seelen-Entwicklung 261
Sozialer Umgang 262

Personenregister 263
Literatur 269
Nachwort 270
Der Autor 272

Vorwort

Am Morgen des 15. März 1840 hörte ein Musiklehrer aus Graz namens Jakob Lorber in sich eine Stimme, die ihn aufforderte: »Steh' auf, nimm deinen Griffel und schreibe!« Seitdem brachte er tagtäglich das zu Papier, was ihm die geheimnisvolle innere Stimme diktierte. Und das 24 Jahre lang, bis zu seinem Tod. Er selbst bezeichnete sich als »Schreibknecht Gottes«. Nach Sichtung und Druck des Geschriebenen weiß die Menschheit heute: Es handelt sich um eine neue religiöse Offenbarung, die in weiten Teilen die jüdisch-christliche Bibel ergänzt. Gesamtumfang: 24 Bände à ca. 500 Seiten.

Ein großer Teil davon, nämlich das 11-bändige »Große Evangelium Johannes« (GEJ) vervollständigt und erläutert das Neue Testament in wichtigen Bereichen. Für die in unserer Zeit lebenden Menschen ist es indes schade, daß die christlichen Amtskirchen diese Evangelium bislang ignorieren. Dabei bestünde durch dessen größere Verbreitung für die Christenheit die Chance, sich grundlegend zu erneuern, der Intellektualisierung des Religiösen entgegenzuwirken und der Frömmigkeit wieder mehr Gewicht zu geben.

In diesem Kompendium, das wichtige theosophische Wahrheiten aus dem riesigen Originalwerk in textlich verdichteter Form auszugsweise wiedergibt, kann der interessierte Leser alles über »Gott und die Welt« erfahren. Und das im wahrsten Sinne dieses geflügelten Wortes! Im übrigen findet man hier genau das, was den Bibliotheken dieser Welt fehlt: *Der tiefere Sinn des menschlichen Daseins auf dem Planeten Erde.* Hervorzuheben ist, daß es sich hierbei nicht – wie üblich – um von Menschen ersonnene Theorien und Hypothesen handelt, sondern in der Tat um eine direkte und unmittelbare Botschaft unseres Himmlischer Vater an seine, auf diesem Planeten heranreifenden »Kinder«.

Vorwort

Das Werk gliedert sich in 3 Hauptkapitel:
- Die materielle Welt
- Die geistige Welt
- Die Entwicklung vom Materiellen um Geistigen.

Damit ist der gesamte esoterisch-metaphysische wie auch theosophische Bereich der Evolution und des Menschseins abgedeckt.

Wer beim Durchblättern ungläubig den Kopf schüttelt und alles für frei erfunden oder gar für Scharlatanerie hält, ist noch nicht reif für diese Botschaft. Er sollte das Werk lieber weglegen und gegebenenfalls erst nach Jahren oder Jahrzehnten wieder in die Hand nehmen: Alles auf der Welt hat nämlich seine Zeit, auch die Erkenntnis- und Glaubensfähigkeit beim Menschen; – und das ist bekanntermaßen ein sehr sensibler Bereich! Daher bin ich auch auf die Wunder, die Jesus und die von ihm gerufenen Geister vor den Juden und Römern gewirkt haben, nicht näher eingegangen. Ein solches Spezialthema würde – dann aber an die Adresse des Gottsuchers gerichtet – ein eigenes Kompendium füllen.

So ist dieses Buch also kein unterhaltsamer Roman, mit dem sich die Freizeit füllen ließe. Vielmehr ist es für Menschen geschrieben, die, abgestoßen von der Flachheit der heutigen Unterhaltungsindustrie, nach unvergänglichen Erkenntnissen suchen und damit ein tiefes Seelenbedürfnis befriedigen wollen.

Aulendorf, im Sommer 2003

Gottfried Briemle

1. Das Wunder zu Graz im Jahre 1840

1.1. Wie glaubwürdig ist das neue Evangelium?

Ist es überhaupt möglich, daß ein Mensch unmittelbar von Gott eine Botschaft erhält? – Da gehen die Meinungen stark auseinander. Letztendlich ist es wohl eine Glaubenssache, wie alles auf der Welt. Was die Glaubwürdigkeit philosophischer bzw. theosophischer Aussagen im weitesten Sinne anlangt, ist generell folgendes festzustellen:

Je weniger Geld, persönliche Bereicherung, Macht und Manipulation im Spiel sind, desto glaubwürdiger sind solche Botschaften. Denn die genannten Merkmale charakterisieren stets das Satanische, niemals das Göttliche. Sobald also mit einer Heilslehre primär Geld verdient werden soll oder andere (gottsuchende) Menschen für bestimmte (egoistische) Zwecke manipuliert oder abhängig gemacht werden sollen, ist größte Vorsicht geboten. Dies ist auch eine Grundthese dieses Evangeliums und deckt sich mit der Alt-Offenbarung der Bibel.

Der Weg und die Umstände, über die dieses Evangelium als die göttliche Wahrheit schlechthin den Menschen dieser Erde gebracht wurde, – nämlich in Verborgenheit, heimlich, still und unauffällig – entspricht ganz den Gesetzen und der kosmischen Ordnung Gottes: Der Mensch als Schlußstein einer evolutionären Entwicklung vom Materiellen zum Geistigen soll alles Göttliche und Religiöse zwischen den Ablenkungen dieser Welt suchen müssen. Gotterkenntnis und Wahrheit finden wir nicht wohlfeil im exoterischen Umfeld, also im Fernsehen, Rundfunk oder in der Zeitung, sondern nur durch ständiges Suchen in unserer lauten, verführerischen Mitwelt.

1.1.1. Zur Person Jakob Lorbers

Jakob Lorber (1800 bis 1864) wurde am 22. Juli 1800 in der Ortschaft Kanischa in der Untersteiermark als Kind einer Winzerfami-

1.1. Wie glaubwürdig ist das neue Evangelium?

lie geboren. Aufgrund seiner musikalischen Begabung erlernte er gleich mehrere Instrumente, nämlich Geige, Klavier, Orgel und Harfe. Nach dem Besuch der Dorfschule in Jahring bereitete sich Lorber in der Stadt Marburg an der Drau auf den Volksschullehrer-Dienst vor, den er nach Prüfungsabschluß jedoch nur kurze Zeit als Lehrergehilfe ausübte. Ein Geistlicher, der bei ihm eine spirituelle Begabung erkannte, hatte ihm geraten, Priester zu werden. So besuchte er dann fünf Jahre lang das Gymnasium in Marburg, wobei er auch Latein erlernte. Den Lebensunterhalt verdiente er sich nebenbei durch Orgelspiel in der Kirche und durch Geigenunterricht. Als die Mittel zum weiteren Besuch des Gymnasiums nicht mehr ausreichten, bot er seine Dienste fünf Jahre lang als Hauslehrer an, indem er Musik und Zeichnen unterrichtete. Im Jahre 1829 absolvierte er schließlich einen »höheren pädagogischen Kurs für Lehrer an Hauptschulen«. Trotz guter Zeugnisse blieb ihm aber eine Anstellung im Lehramt versagt, weswegen er sich endgültig auf die Musik festlegte. Dabei fand er in dem Komponisten Anselm HÜTTENBRENNER einen guten Förderer, der ihn auch mit PAGANINI bekannt machte. In seinem Drang nach höherer Erkenntnis las er Werke von Justinus KERNER, Heinrich JUNG-STILLING, Emanuel SWEDENBORG, Jakob BÖHME, Johann TENNHARDT und J. KERNING. Jakob Lorber war im Umgang bescheiden, ja demütig, aber dennoch ein guter Gesellschafter. In Gesprächen schnitt er gern tieferschürfende Themen an, wodurch dann die Zuhörer nicht selten ein geheimnisvoller Schauer überkam.

Lorbers Einkommen, das er im Wesentlichen durch Musikunterricht und Klavierstimmen bestritt, war oft so gering, daß ihm seine Freunde materiell unter die Arme greifen mußten. So wurde er mehr oder weniger regelmäßig von der reichen Hausbesitzerin Antonia GROẞHEIM verköstigt. An und für sich aber war Lorber seitens der Familienverhältnisse gar nicht so arm. Er erbte 12.000 Gulden, was zur damaligen Zeit ein großes Vermögen war. Da er aber einem seiner Brüder immer wieder auf Nimmerwiederseh'n Geld borgte, war der materielle Besitz bald aufgebraucht. Über seine ärmlichen Verhältnisse beklagte er sich indes nie; wenn, dann eher über die Zukunft der Menschheit. Und wenn er selbst etwas verdiente, verteilte er das, was er nicht unbedingt zum Leben brauchte, an Arme.

1.1.2. Die Berufung Lorbers zum medialen »Schreibknecht Gottes«

Im März des Jahres 1840 hatte der Geigenspieler ein einschneidendes Erlebnis, das sein Jahrgänger und Freund Karl Gottfried VON LEITNER (siehe Literatur) wie folgt beschrieb:

Jakob Lorber war bereits 40 Jahre alt geworden ohne eine feste Anstellung zu haben. Da ging ihm ganz unerwartet aus Triest das Angebot zu, dort eine zweite Kapellmeisterstelle zu übernehmen. Er ging darauf ein und traf alle Vorbereitungen zur Abreise. Doch sein Leben sollte jetzt plötzlich eine ganz andere Richtung nehmen: Als er am Morgen des 15. März 1840 gerade aufstehen wollte, hörte er an der Stelle des Herzens deutlich eine Stimme, die ihm zurief: »Steh' auf, nimm deinen Griffel und schreibe!« – Er gehorchte diesem geheimnisvollen Ruf sofort, nahm die Feder zur Hand und schrieb das ihm innerlich Eingesagte Wort für Wort nieder. Die ersten Sätze, die ihm diktiert wurden, waren: »So spricht der Herr für jedermann, und das ist wahr und getreu und gewiß: Wer mit mir reden will, der komme zu mir, und Ich werde ihm die Antwort in sein Herz legen. Jedoch die Reinen nur, deren Herz voll Demut ist, sollen den Ton Meiner Stimme vernehmen. Und wer mich aller Welt vorzieht, mich liebt wie eine zarte Braut ihren Bräutigam, mit dem will Ich Arm in Arm wandeln; er wird mich allezeit schauen wie ein Bruder den anderen Bruder, und wie Ich ihn schaute schon von Ewigkeit her, ehe er noch war.«

Nach diesem Ereignis sagte Lorber die ihm angebotene Anstellung in Triest ab und diente diesen geheimnisvollen Diktaten von da an 24 Jahre lang bis zu seinem Tod. In dieser Zeit bezeichnete er sich selber als »Schreibknecht Gottes«. Wie nun dieses mediale Schreiben im Detail vor sich ging, legte er in einem Brief aus dem Jahre 1858 nieder: »Bezüglich des Inneren Wortes, wie man dasselbe vernimmt, kann ich, von mir selbst sprechend, nur sa-

1.1. Wie glaubwürdig ist das neue Evangelium?

gen, daß ich des Herrn heiligstes Wort stets in der Gegend des Herzens wie einen höchst klaren Gedanken, licht und rein, wie ausgesprochene Worte vernehme. Niemand, sei er auch noch so nahestehend, kann etwas von irgend einer Stimme hören, für mich erklingt diese Gnadenstimme aber dennoch heller als jeder noch so laute materielle Ton. Das ist aber nun auch schon alles, was ich Ihnen aus meiner Erfahrung sagen kann.«

Das Schreiben wurde von nun an zur Hauptaufgabe seines Lebens. Er begann es schon frühmorgens vor dem Frühstück. Dabei saß er an einem kleinen Tischchen, im Winter neben dem Ofen. Dort führte er ganz in sich gekehrt, zügig und ohne nachzudenken oder etwas am Geschriebenen zu verbessern, ununterbrochen die Feder; gerade wie jemand, der von einem anderen etwas vorgesagt bekommt. Unterbrach er das Schreiben für Tage oder auch Wochen, konnte er danach – ohne das zuletzt Geschriebene nochmals nachzulesen – sofort mit der weiteren Niederschrift fortfahren. Manchmal diktierte er auch seien Freunden einzelne Passagen. Dazu setzte er sich daneben, sah ruhig vor sich hin und sprach ohne zu stocken.

Oft genug aber verstand Lorber selbst nicht, was er da niederschrieb. Zum Beispiel bei dem Zweizeiler im Werk »Geschichte der Urschöpfung« (Kap. 32, Vers. 6):

»Würdet ihr dann wohl auch Meiner großen Liebe nahen?
Nein, sag' Ich; in alle Zweifel würd't ihr euch verjahen!«

Dazu fragte er seinen Freund Leitner, was denn das Wort »verjahen« bedeute. Dieser schlug dann in verschiedenen Lexika nach und stieß auf ein mittelhochdeutsches Wort im Sinne von »übereilen«, »überstürzen«. So wäre der zweite Satz verständlicher zu formulieren als »In alle Zweifel würdet ihr euch jäh stürzen!«

In einem anderen Beispiel wurde im Diktat an das Medium eine Stelle aus dem theosophischen Aufsatz »Die falsche Theologie und der wahre Glaube« mit Seitenverweisen zitiert. Doch sowohl

Lorber als auch seinen Freunde war weder Schrift noch der Autor (nämlich STEFFEN) bekannt. Eine spätere Überprüfung bestätigte dann die Richtigkeit.

In einem Brief Lorbers aus dem Jahre 1855 an den Verleger J. BUSCH kommt Lorbers Selbstlosigkeit und Demut, die ihn offenbar zum Medium werden ließen, deutlich zum Ausdruck: Nach geschäftlichen Mitteilungen ergreift nämlich Gott selbst das Wort und läßt den Adressaten durch die Hand seines Schreibknechts wissen:

»Mein lieber Freund, du suchst Mich, weil du Mich lieb hast; und ein leichtes ist es darum dir, Mein Gebot der Liebe lebendig wirksam zu befolgen. Siehe, die Menschen erfinden nun allerlei und glauben auch allerlei. Und Menschen, die recht viel erfunden haben, glauben am Ende an gar nichts mehr – außer an das, was sie erfunden haben und welch möglich größeren Gewinn es ihnen abwirft! Das sind Kinder der Welt, die in manchem oft klüger sind als die Kinder des Lichtes!

Aber Meinen wahren Herzenskindern gebe Ich dennoch ganz andere Dinge, von denen den klugen Weltkindern nie etwas in ihren verdorbenen Sinn kommen wird! – Siehe! Mein Knecht (Lorber) ist wahrlich Mir zuliebe arm; denn er könnte sehr reich sein, da er als Tonkünstler auch durch Meine Gnade die besten Fähigkeiten dazu besitzt. Aber er schlug Anstellungen und sehr vorteilhafte Anträge aus – alles aus großer Liebe zu Mir. Und hat er 2 Gulden Geldes, so begnügt er sich mit 40 Kreuzern und 1 Gulden 60 Kreuzer verteilt er unter die Armen.

Darum aber habe Ich ihm auch alle Schätze der Himmel eröffnet. Jeder noch so weit entfernte Stern ist ihm so bekannt wie diese Erde. Er kann mit dem Auge seines Geistes jene beschauen und bewundern nach Herzenslust; aber ihn kümmert nun derlei wenig, weil Ich allein ihm alles in allem bin! – Und siehe, das ist der allein richtige Weg zu Meinem Herzen!

1.1. Wie glaubwürdig ist das neue Evangelium?

Der reiche Jüngling im Evangelium beachtete gerne das Gesetz von Kindheit an und sollte dadurch auch das ewige Leben haben. Aber es kam ihm vor, als hätte er solches noch nicht. Er kam darum zu Mir und fragte, was er tun solle, um das ewige Leben zu erreichen. Und Ich sagte: »Halte die Gebote!« Er aber beteuerte, solches von Kindheit an getan zu haben! Darauf sagte Ich: »Willst du mehr, so verkaufe deine Güter, verteile den Erlös unter die Armen, dann komme und folge Mir, und des Himmels Schätze werden dir gehören!« – Siehe, dies sage Ich aber nun jedem: »Wer von Mir vieles haben will, der muß Mir auch vieles opfern, wer aber alles haben will, nämlich Mich selbst, der muß Mir auch alles opfern, auf daß wir eins werden. Du aber hast Mir schon vieles geopfert und sollst darum auch vieles bekommen! Die reine, uneigennützige Liebe ist vor Mir das Höchste! Dies Wenige, Freund, zu deinem Troste. Amen.« (Quelle: LEITNER, o. J.)

Eine Vorahnung zu Beginn des Jahres 1864 ließ Jakob Lorber zur Überzeugung gelangen, daß er das Jahr 1865 nicht erleben werde. Nach sehr kurzer, nur zweitägiger Krankheit verstarb das Medium dann am 24. August 1864.

Aus dem oben Geschilderten ist m.E. ohne Mühe nachvollziehbar, daß die Glaubwürdigkeit dieses Evangeliums in der Art, wie es zustande kam und überliefert wurde, mindestens so hoch ist, wie die der Bibel selbst. Als religiöser Mensch und Gottsucher kann man sich daher getrost auf diese authentische Quelle beschränken. Mit ihrem überaus reichen Gehalt an konkreten Heilslehren geht das Evangelium außerdem weit über das hinaus, was ein einzelner Mensch zu seinem Seelenheil benötigt.

Da die Welt – und in ihr insbesondere die verstandesgeprägte Wissenschaft – nicht an Wunder glaubt, schon gar nicht an direkte

1. Das Wunder zu Graz im Jahre 1840

Eingebungen Gottes, ergab sich mit der Zeit folgender Katalog an intellektuell gefärbten Fragen:

- Wie erfolgte Lorbers Berufung zur Schreibtätigkeit?
- Wie erfolgte der Inspirationsvorgang bei Lorber?
- Schrieb Lorber seine Offenbarungen bei vollem Wachbewußtsein?
- Wie beurteilten Zeugen Lorbers Geisteszustand?
- Gibt es kritische Zeugen oder Kontrollen beim Empfang der inneren Diktate durch Lorber?
- Gibt es Inspirationsbeweise für direkte innere Diktate?
- Entstammt das von Lorber Niedergeschriebene seinem eigenen Wissensschatz?
- Stammen alle von Lorber niedergeschriebenen Ausdrücke aus seinem Wortschatz?
- Was beweist die medialen Fähigkeiten Lorbers?
- Wie und wo vernahm Lorber die innere Stimme?
- Besaß Lorber die Gabe der Psychometrie, d. h. erkannte er aus Gegenständen ihre Geschichte?
- War Lorber auch hellsichtig?
- Bekam Lorber auch Kontakt mit Verstorbenen und erhielt er Hilfen aus dem Jenseits?
- Erfuhr Lorber auch Heilhilfen aus dem Jenseits?
- War Lorber ein Schreibmedium, Mystiker oder göttlicher Prophet?
- Wie ist Lorbers geistige Tätigkeit einzustufen?
- War Lorber ein sogenanntes »Schreibmedium«?
- Darf Lorber zu den echten christlichen Mystikern gezählt werden?
- Bezog Lorber evtl. sein Wissen aus Büchern oder speziellen Studien?
- Wie bezeichnet Lorber sich bzw. seine Schreibtätigkeit?

Die Antworten darauf findet der interessierte Leser unter der Internet-Adresse www.J-Lorber.de. Quelle: *Disk-plus-Buch*-Verlag und

1.1. Wie glaubwürdig ist das neue Evangelium?

Buchvertrieb Gert Gutemann, D-88 709 Hagnau am Bodensee, Neuhauserweg 28.

1.1.3. Das Schicksal der 24-jährigen Aufschriebe

Jakob Lorber schrieb die heimlichen Diktate auf lose Papierbögen nieder. Indes schien das göttliche Vermächtnis immer wieder in Gefahr zu geraten. In einem kalten Winter beispielsweise fror es den Schreibknecht und er haderte mit Gott: »Herr, wenn Du willst, daß ich schreiben soll, so mußt Du mir auch Holz verschaffen, denn bei der Kälte kann ich nicht schreiben«. Nach einer Weile pochte es an der Türe und ein Bauer stand draußen mit einer Fuhre Brennholz, die für den ganzen Winter reichte. Erst später erfuhr Lorber, daß sein Freund und Gönner Karl G. LEITNER ihm das Holz geschickt hatte.

Das 24 Jahre dauernde mediale Schreiben wurde natürlich von mehreren Persönlichkeiten beobachtet, kritisch überprüft und kontrolliert. So wurden anfangs Zimmer und Möbel nach eventuellen Büchern oder sonstigen Schriften durchsucht, aber man fand nie irgendwelche fremden Hilfsquellen. Zu Zeitzeugen der Diktate Gottes gehörten damals: Der Arzt und Schriftsteller Dr. Justinus KERNER; der Theosoph Dr. Ch. F. ZIMPEL; der Bürgermeister von Graz Andreas HÜTTENBRENNER und dessen Bruder, der Komponist Anselm; der Dichter und Ständesekretär Karl Gottfried RITTER VON LEITNER; ferner Dr. Anton KAMMERHUBER; der Grazer Apotheker Leopold CANTILY und die vermögende und Jakob Lorber unterstützende Hausbesitzerin Antonia GROßHEIM.

Allein die Tatsache, daß der mediale Lorber geheimnisvolle Sachen schrieb, rief bereits zu Zeiten der Niederschrift die Polizei auf den Plan. Hier aber griff seine Gönnerin, Frau Großheim, ein: Sie ließ die Hefte in Säcke verpacken und hinter ihrem Holzlager solange verstecken, bis das Gerede wieder verstummte. Die Gottesdiktate standen also offenbar unter dem verborgenen Schutz des Himmels. So auch, als ein vornehmer, ungläubiger Herr bei Lorber auftauchte, ihn des ketzerischen Verkehrs mit Gott bezichtigte und ihm zwei Ohrfeigen gab. Als er das Haus Lorbers verlassen hatte, begab er sich in eine Mühle. Dort wurde ihm die rechte Hand abgerissen. Ein anderer verhöhnte den Schreibknecht und wollte ihn anzeigen. Auf dem Weg zur Polizei aber traf ihn der Schlag und er starb auf der Stelle.

Durch Unduldsamkeit der christlichen Amtskirche und die von ihr veranlaßten Hausdurchsuchungen, schienen Lorbers Aufschriebe ebenfalls immer wieder gefährdet. Sie mußten an einem geheimen Ort aufbewahrt werden, und es kostete viel Mühe und Geduld, bis endlich die Mittel zur Drucklegung des gesamten Werkes aufgebracht werden konnten. Darüber gingen Jahrzehnte ins Land. Auch stellten sich erhebliche Schwierigkeiten bei der Suche nach einem geeigneten Verlag ein, was bis zur Mitte des 20. Jahrhunderts geradezu einer Odyssee glich.

Der einflußreiche Arzt und Schriftsteller Dr. Justinus KERNER aus dem schwäbischen Weinsberg bei Heilbronn ermöglichte als erster die Veröffentlichung der neuen Evangelien. Schon im Jahre 1851 veranlaßte er durch Vermittlung des Verlags J. LANDHERR (Heilbronn) den Druck zweier kleinerer Schriften, nämlich des »Briefwechsels Jesu mit Abgarus« und des »Briefes Pauli an Laodizea«. Der Theosoph und Schriftsteller Dr. ZIMPEL ermöglichte seinerseits die Veröffentlichung weiterer Werke und zwar beim Verlag E. SCHWEIZERBART (Stuttgart). Allerdings wurde das gedruckte Teil-Evangelium »Die Jugend Jesu« durch Betreiben der Amtskirche beschlagnahmt und vernichtet. Dennoch konnten solche Anfeindungen die weitere Verbreitung der Neuoffenbarungen nicht verhindern. Der Dresdner Verleger Johannes BUSCH, überzeugter Anhänger der neuen Evangelien und Begründer des jetzigen Lorber-Verlages in Bietigheim (Württemberg), ließ – zunächst über Umwege – das 11-bändige Hauptwerk, »Das Große Evangelium Johannes« drucken.

Neue Schwierigkeiten ergaben sich dann unter den Repressalien des Dritten Reiches. Zwar konnte der Verleger Otto ZLUHAN das

1.1. Wie glaubwürdig ist das neue Evangelium?

auch seiner Firma drohende Druckverbot durch die geheime Staatspolizei noch einige Jahre abwenden. Die Schriften, die in Deutschland nun nicht mehr verbreitet werden konnten, wurden wenigstens noch ins Ausland geliefert. 1941 erfolgte dann aber das endgültige »Aus« für den weiteren Vertrieb der Evangelien. Die Verlagsräume wurden von der Polizei versiegelt und das ganze Adressenmaterial beschlagnahmt. ZLUHAN schrieb damals: »In Notzeiten darf man aber erleben, wie unser Himmlischer Vater die Seinen auf oft seltsamen Wegen zu führen und zu schützen vermag, so daß einem die Erfahrungen schwerer Zeiten Kraft und Zuversicht geben und man sie später nicht missen möchte ... Wie wunderbar war doch die göttliche Führung: das Böse mußte dem Guten dienen; denn die allmächtigen sieben Siegel der Gestapo beschützten die Verlagsräume vor der Beschlagnahmung durch andere Ministerien, so daß unser Schrifttum nicht, wie jenes anderer verbotener Verlage, eingestampft wurde«. Zwei Jahre nach Kriegsende erhielt Otto ZLUHAN die Erlaubnis der amerikanischen Militärregierung zur Wiederaufnahme seiner verlegerischen Tätigkeit. Seither konnte der Lorber-Verlag in Bietigheim wieder das gesamte Offenbarungswerk herausgeben weiter verbreiten. Aus den 24 Jahre andauernden spirituellen Diktaten an Jakob Lorber gingen sehr umfangreiche Schriften hervor, die heute gedruckt vorliegen und nicht weniger als 24 Bände zu je etwa 500 Seiten umfassen. Auch im Ausland – in den USA, in den Niederlanden, in Frankreich, Italien, Spanien, in Australien, Brasilien, in Rußland, der Tschechei, Ungarn, Slowenien u. a. Ländern – erscheinen seit einigen Jahren Lorber-Werke in Übersetzungen.

1.1.4. Das Neue Testament der Bibel wird vervollständigt!

Im Kapitel 16 Satz 12-13 des biblischen Johannes-Evangeliums läßt uns Jesus wissen: »Noch vieles hätte Ich euch zu sagen, doch ihr könnt es jetzt noch nicht fassen. Wenn aber jener, der Geist der Wahrheit, kommt, wird er euch in alle Wahrheit einführen«. Und an anderer Stelle lesen wir: »Der Beistand aber, der Heilige Geist, den der Vater in Meinem Namen senden wird, wird euch alles lehren und euch an alles erinnern, was Ich euch gesagt habe« (Die Bibel, Neues Testament: Jh. 14,26). Diese Jesu-Worte, die für die Christenheit, ja für die Menschheit als Ganzes von größter Bedeutung sind, haben sich zwischen 1840 und 1864 im österreichischen Graz offenbar erfüllt. Denn an zwei Stellen des »Großen Evangeliums Johannes« (GEJ) wird auf die Niederschrift der Neuoffenbarung hingewiesen:

Jesus zum Römer Faustus:
Diese meine Lehren und die Ereignisse während Meiner Mission werden in knapp 2000 Jahren durch einen eigens dafür ausgewählten Schreiber der Menschheit bekannt gemacht. (GEJ 1,241:1)

Jesus zu Cyrenius und Cornelius:
Diese hintergründigen Teile Meiner Lehre werden aber dennoch nicht verlorengehen. In nämlich nicht ganz 2000 Jahren, wenn Meine Botschaft gänzlich ins Materielle verwässert sein wird, werde Ich wieder Männer erwecken, die das, was hier gesagt wurde und geschehen ist, wortgetreu aufschreiben und in einem großen Buch der Welt geben werden. Dadurch wird ihr in vielen Bereichen die Augen wieder geöffnet.
Übrigens, Du, Mein Knecht und Schreiber: Deinen Namen hatte dich damals schon zusammen mit anderen Namen dem Cyrenius und dem Cornelius genannt. Sie sind Zeugen dessen, was Ich dir nun in die Feder diktiere. Aber Ich werde am Schluß auch dir Namen von Menschen nennen, die von heute an gerechnet in 2000 Jahren noch Größeres niederschreiben und leisten werden als du nun. (GEJ 4,112:4-5)

Der die Gottesdiktate herausgebende Lorber-Verlag (Bietigheim) schreibt zu den Neuoffenbarungen:
»Die Christenheit darf es ruhig als heilsgeschichtliches Omen betrachten, daß die Prophetie auffallenderweise mit dem Beginn der Neuzeit in einem Ausmaß wuchs, daß es nicht mehr zu übersehen war. Schon mit den Mystikern Jakob BÖHME (1575–1624) und

1.1. Wie glaubwürdig ist das neue Evangelium?

Emanuel SWEDENBORG (1688–1772) waren Höhepunkte erreicht, die aber durch Jakob Lorber als dem bislang bedeutendsten aller christlichen Theosophen weit übertroffen wurden. Durch dieses Medium hat der in der Bibel verheißene Heilige Geist sein ganzes Füllhorn ausgegossen. Besonders ergiebig ist das 11-bändige »Große Evangelium Johannes«, das mit detaillierten Schilderungen alle Vorgänge im Leben Jesu während seiner Lehr- und Wanderjahre wiedergibt. Es liegt auf der Hand, daß Christus nach seiner Taufe im Jordan und den daran anschließenden drei Jahren öffentlichen Wirkens viel mehr geredet und getan haben muß, als von der Amtskirche in die kanonischen Evangelien übernommen wurde. Diese sogenannten »Neuoffenbarungen« stehen im übrigen an keiner Stelle im Widerspruch zum Inhalt der Bibel, sondern liefern eine Fülle ausführlicher, und damit wertvoller Details zu ihr.«

Zwar gibt es außer diesem Werk noch andere sogenannte apokryphe Schriften, also solche, die in der kirchlichen Lesart »unsicheren Ursprungs« sind. Diese sind aber viel früheren Datums und wurden in der Zeit bis etwa 200 n. Chr. aufgeschrieben. Dabei handelt es sich um: das koptische Thomas-Evangelium, das griechische Petrus-Evangelium, der »Papyrus Egerton 2«, das koptische und griechische Evangelium der Maria, die »Papyri Nr. 840 und 1224«, und das geheime Evangelium nach Markus (vergl. BERGER, 1995).

1.2. Auswahl und textliche Aufbereitung der Zitate

Jakob Lorber schrieb die göttlichen Eingaben in einem Stil nieder, der sowohl seiner eigenen Ausdrucksweise wie auch dem gängigen Deutsch der damaligen Zeit (Mitte des 19. Jahrhunderts) entsprach. Die Sätze sind zum größten Teil sehr lang, stark verschachtelt, mit vielerlei Attributen geschmückt und aus diesem Grunde für den heutigen Menschen nur schwer zu lesen.

Ein Beispiel aus dem Großen Evangelium Johannes Band 8, Kapitel 29, Vers 10-11 (Originaltext):

»Wenn aber also, wie das ein jeder Mensch aus der Erfahrung allzeit ersehen und wohl erkennen kann, so ist es ja klar, daß der endlose Raum und alles in ihm ein Leben und eine allerhöchste Intelligenz ist, von der die Menschenseele nur darum kein erschauliches Innewerden hat, damit sie mittels ihrer abgesonderten Intelligenz, die von höchst großem Umfange ist, ihre bleibende Lebensselbständigkeit sich erschaffen kann, was aber keine Pflanzen und Tierseele vermag und darum für sich keine gesonderte, sondern nur eine mengbare und sonach bis zur Menschenseele hin eine unzählig oftmalige Veränderungsexistenz hat, von der ihr auch keine Erinnerung zurückbleibt, weil sie nach jeder Mengung und Wesensänderung auch in eine andere Intelligenzsphäre übergeht. Selbst die Seele des Menschen als die höchst potenzierte Zusammenlegung von Mineral-, Pflanzen- und Tierseelen, hat für ihre Präexistenz keine Rückerinnerung, weil die speziellen Seelenteile in den drei obbenannten Reichen keine eigene und streng gesonderte, sondern für ihre Art nur aus dem allgemeinen Gottraumleben gewisserart entliehene Intelligenz besaßen.«

In Kenntnis des Gesamtzusammenhangs bedeutet dieser Abschnitt im besser verständlichen Klartext folgendes:

1.2. Auswahl und textliche Aufbereitung der Zitate

Unterschied zwischen Tier- und Menschenseele
Der endlose Weltraum und alles in ihm besteht aus Leben und höchster Intelligenz. Das kann sich der Mensch aber nicht vorstellen. Dies liegt daran, weil seine Seele eine individuelle Intelligenz besitzt, mit der sie sich eine mir (Gott) ähnliche Selbständigkeit und Erkenntnisfähigkeit gestalten kann. Dies wiederum ist einer Pflanzen- oder Tierseele nicht möglich, da diese noch keinen individuellen Charakter hat. Sie veränderte sich in ihrer Höherentwicklung unzählige Male, erinnert sich an einzelne Existenzen aber nicht mehr, weil sie nach jeder Vermischung und Wesensänderung in eine andere Intelligenzsphäre überging. Letztgenanntes gilt grundsätzlich auch für das Bewußtsein des Menschen.

Oder, ein anderes Beispiel aus Band 9, Kapitel 89, Vers 3:

Glaubensverlust durch Aufklärung
»Ein anderer, auch großer Teil der Menschen aber wird sich in einem noch um vieles dickeren und finsteren abgöttischen Aberglauben befinden, als jetzt alle Heiden auf der ganzen Erde sich befinden. Diese werden ihre Lehrer, Vertreter und Beschützer haben in den dermaligen Großen und Mächtigen der Erde eine geraume Zeit; aber die mit allen Wissenschaften und Künsten wohlausgerüsteten Kinder der Welt werden den finstersten Aberglauben mit aller Gewalt unterdrücken und dadurch die Großen und Mächtigen der Erde in eine übergroße Verlegenheit setzen, weil durch die Wissenschaftler und Künstler aller Art und Gattung das gemeine und lange mit aller Gewalt in aller Blindheit gehaltene Volk einzusehen anfangen wird, daß es nur des Weltruhmes und Wohllebens der Großen und Mächtigen wegen, die selbst keinen Glauben hatten, in der harten Knechtschaft gehalten worden ist. Und so Ich dann kommen werde, so werde Ich auch bei diesen keinen Glauben finden.«

1. Das Wunder zu Graz im Jahre 1840

Sinngemäß erschlossen bedeutet der Abschnitt:

Auf der anderen Seite wird sich ein anderer, ebenfalls großer Teil der Menschen in einem großen Aberglauben befinden. Diese Menschen werden dereinst in den Mächtigen der Welt eine Zeit lang ihre Lehrer und Beschützer haben. Aber die Wissenschaften werden diesen Aberglauben aufdecken und dadurch die Machthaber der Erde in große Verlegenheit bringen. Mit Hilfe intellektueller Aufklärung werden die auf lange Zeiten dumm gehaltenen Völker erkennen, daß sie nur zur Machterhaltung ihrer ungläubigen Beherrscher ausgebeutet wurden. Und wenn Ich dann komme, werde Ich auch bei diesen keinen Glauben mehr finden. (GEJ 9,89:3)

Um die wertvolle Botschaft Jesu auch solchen Menschen zu erschließen, die weder die nötige lektorale Eignung noch die erforderliche Geduld besitzen, um sich in solch schwierige Texte hineinzuvertiefen, stelle ich wichtige Teile aus dem Gesamtwerk hiermit »übersetzt« zur Verfügung. Das heißt, innerhalb der einzelnen Kapitel habe ich sich wiederholende Passagen wie auch schmückendes Beiwerk weggelassen und mich nur auf die eigentliche religiöse Botschaft beschränkt. Auch wurden die in aller Regel überaus langen Sätze zum besseren Verstehen aufgeteilt. Damit habe ich das Wesentliche der theosophischen Heilsbotschaft aus dem schwer zugänglichen Riesenwerk herausgefiltert, wobei die Auswahl der Themen nach eigenem Gutdünken erfolgte. Oberstes Gebot war für mich dabei die Orientierung am Geist der göttlichen Botschaft und nicht am Buchstaben, was für jeden Exegeten eigentlich selbstverständlich sein sollte. Unser Himmlischer Vater warnt in diesem Zusammenhang an vielen Stellen immer wieder davor, seine Lehren allzu intellektuell anzugehen und sie mit dem rationalen Verstand zu analysieren, anstatt sie mit dem kindlichen Herzen aufzunehmen. So sagt er beispielsweise im Band »Jugend Jesu« (= Jakobus-Evangelium) Kapitel 173, Vers 20): »... *aber vor den Buchstabenfressern des Gesetzes werde Ich das Tor zum Leben so eng wie ein Nadelöhr machen.*«

1.2. Auswahl und textliche Aufbereitung der Zitate

Schon im kanonischen Evangelium sagt Jesus bei Matthäus 11,25: »*Ich preise dich, Vater, Herr des Himmels und der Erde, daß du dies vor den Gelehrten und Verständigen verborgen, den Ungebildeten aber geoffenbart hast*«. Und dem Jakob Lorber diktierte er: »Besäße jemand alles Wissen der Welt, aber keine Gotterkenntnis, so besäße er nichts.« (GEJ 7,126:9)

Wie in dem oben genannten Beispiel verdeutlicht, wurde für jeden solchermaßen erschlossenen Textabschnitt eine Überschrift gewählt, die den Inhalt möglichst treffend wiedergibt. Ähnliches oder thematisch Verwandtes wurde dann in entsprechende Kapitel vereint und kompendiarisch zusammengestellt. Ein Anspruch auf Vollständigkeit besteht bei dem oben genannten riesigen Umfang des Urtextes natürlich nicht.

Kritiker werden möglicherweise bemängeln, bei der hier vorgenommenen Themenauswahl sei vieles aus dem Zusammenhang gerissen worden. Das stimmt. Wichtiger war mir aber, daß das Wesentliche der Lehre unseres Himmlischen Vaters für den religiösen Menschen damit besser zugänglich ist.

Zur besseren Unterscheidung von Evangeliumsauszug und eigenen, den Kapiteln vorangestellten Kommentaren, sind letztere in einer anderen Schriftart gesetzt.

Abkürzungen:
GEJ = Großes Evangelium Johannes (11 Bände).
HG = Haushaltung Gottes (3 Bände).
JJ = Die Jugend Jesu. Das Jakobus-Evangelium (1 Band).
DT = Die drei Tage im Tempel (1 Band).
Hi = Himmelsgaben (3 Bände).
BM = Bischof Martin. Seine Führung im Jenseits (1 Band).
HH = Von der Hölle bis zum Himmel (2 Bände).
GS = Die geistige Sonne (2 Bände).

Zitat-Beispiel:
GEJ 8, 29: 10-11 bedeutet: Großes Evangelium Johannes, Band 8, Kapitel 29, Vers 10-11.

Das gesamte Werk als Originaltext kann bezogen werden beim
Lorber-Verlag
Postfach 18 51
D - 74 308 Bietigheim-Bissingen
Fon: 07142 - 94 08 43
Fax: 07142 - 94 08 44
Internet: www.Neuoffenbarung.de

2. Die materielle Welt
2.1. Die Wirklichkeit des Kosmos'

Vorbemerkung

In diesem Kapitel vermittelt uns der Himmlische Vater eine Ahnung über die Metaphysik des Universums. So erfahren wir hier beispielsweise, daß die Milliarden Sonnensysteme mit ihren Planeten gewissermaßen kondensierte Gedanken Gottes sind. Aus geistiger Sicht sind diese Gestirne in ihrer materiellen Beschaffenheit indes nicht die Wirklichkeit, sondern nur ihr Schatten. Wirklich im Sinne von beständig und unvergänglich ist demnach nur die Geisterwelt. Alles Körperhafte dient lediglich als Hilfsmittel zur geistigen Entwicklung der Biosphäre hin zum Göttlichen.

Die Vermutung der modernen Quantenphysik, wonach hinter allem Materiellen eine geistige Über-Instanz stehen müsse, ist also zutreffend.

Auch erfahren wir, daß das Weltall eine einzige Analogie ist. Für den wissenschaftlich arbeitenden Menschen bedeutet dies, daß die Erforschung des Universums keinen Erkenntniszuwachs gegenüber dem bringt, was uns die Erde selbst an Wissen oder Weisheit vermitteln kann. Schließlich läßt uns der Himmlische Vater wissen, daß unser Planet bei weitem nicht der einzige bewohnte oder bewohnbare Himmelskörper im Weltall ist, was die Esoteriker ja immer schon vermutet haben.

Im Originaltext des Evangeliums kommen im Zusammenhang mit der materiellen Welt häufig die Substantive »*Gericht*« und »*Finsternis*« bzw. die Adjektive »*gerichtet*« und »*verfinstert*« vor. Sie stehen stets synonym für den satanischen Gegenpol Gottes, also für: Stillstand, Stagnation, Verfestigung, Materialisierung, geistigen Tod, Täuschung, Irreführung, seelisches Gefängnis, Gefangenschaft, Satan, Teufel, Verderben oder Hölle. Bei der Erschließung des Originaltextes für den Gottsucher habe ich die jeweils zutreffendsten Begriffe verwendet.

2.1.1. Die Materie als verfestigte Gedanken Gottes
Die materielle Schöpfung als »geronnene« Gedanken Gottes
Jesus zum Oberstadtrichter:
Gott ist von Ewigkeit her reiner und vollkommener Geist, der nichts anderes will, als daß mit der Zeit alle Seine Geschöpfe auf dem von ihm vorgesehenen Weg wieder das werden, was Er Selbst ist. Vor ihrer Materialisierung waren jene allerdings pure Gedanken. Diese Ideen stellte Gott dann mit der Kraft Seines Willens gewissermaßen außerhalb seiner selbst und gab ihnen eine Form. Innerhalb dieser reifen sie dann heran und entwickeln sich über riesige Zeiträume hinweg immer höher, bis sie schließlich wieder zu gottähnlichen Geistwesen werden. (GEJ 10,171:8)

Der Wirt zu Jesus:
Wie können wir die Gedanken Gottes wahrnehmen?
Jesus:
Alles, was du mit deinen Augen sehen, mit den Ohren hören und oder mit anderen Sinnen wahrnehmen kannst, sind lauter verkörperte Gedanken Gottes. Betrachte den Gang der Wellen: Wer läßt sie zu keiner Ruhe gelangen? Es sind Gottes Gedanken, belebt durch Seinen Willen. Sieh dir die Wasservögel auf den Wellen an! Was anderes wohl sind sie als verkörperte Gedanken Gottes? Das Meer, die Berge, alles Getier, alle Gräser, Kräuter und Bäume, alle Menschen, die Sonne, der Mond und all die zahllosen Gestirne am Himmel sind nichts anderes. Ihr Dasein hängt aber von der Beständigkeit des Willens Gottes ab. Würde Gott von einem dieser verfestigten Gedanken Seinen Willen abziehen, so wäre es mit der Verkörperung im selben Moment auch schon vorbei. Zwar bleibe der geistige Gedanke in Gott, aber der Körper würde sich gewissermaßen in Nichts auflösen. Auch alles Werden und Vergehen der Schöpfung ist Gedanken Gottes! Ist es nicht eine Freude, diese zu

betrachten und an ihnen von Tag zu Tag die Liebe, Weisheit und Allmacht Jehovas näher kennenzulernen?
Seht euch dort die Wolken an, wie sie sich bald vergrößern, bald verkleinern und dann ganz vergehen! Das sind ebenfalls Gottes Gedanken, die, in eine flüchtige Körperlichkeit übergehend, uns in stets veränderlichen Formen erscheinen. Diese Formen sind dem ursprünglichen geistigen Element näher als die Berge und die Landschaft. Aber ihr Sein ist dennoch unvollkommener, denn sie müssen erst durch wiederholtes Wechseln der Form, wie zum Beispiel in den Regentropfen übergehen, um dann als Nährstoff in einer Pflanze eine beständigere Form anzunehmen, und so weiter und so fort bis zum Menschen hinauf. Von diesem aus können sich diese Gedankenformen dann zu selbständigen und mit freiem Willen versehene Wesen entwickeln, indem sie schließlich ins rein Geistige und Gottähnliche übergehen. (GEJ 6,75:3-5)

Wie sich Ideen Gottes in Materie verwandeln
Cyrenius zu Jesus:
Nun möchte Ich aber dennoch aus Deinem Munde erfahren, wie denn die Hölle und der Fürst dieser Welt entstanden sind.
Jesus:
Ich habe es euch schon gezeigt, wie der Mensch den Weg des Gesetzes gehen muß, will er zur Freiheit und zur Selbständigkeit seines Seins gelangen. Ist aber ein Gesetz von außen her gegeben, besteht immer auch ein Anreiz, dieses zu übertreten. Bevor die materielle Schöpfung erfolgte, wurden von Mir Geister als Meine reif gewordenen Ideen ins Dasein gerufen und sie so mit Meiner Kraft erfüllt, daß sie selbst zu denken und zu wollen begannen. Der Reiz zur Nichteinhaltung der gegebenen Ordnung wurde deshalb in diese ersten Wesen gelegt, weil sie sonst von ihrem Willen nie hätten einen Gebrauch machen können.
So ist es doch zu begreifen, daß schon in den erstgeschaffenen Geistern ein gewisses »Unkraut« zu wuchern begann, wodurch sich

viele von der göttlichen Ordnung entfernten. Im stets mächtiger werdenden Widerstreben gegen diese Ordnung mußten sich dieses Geister am Ende aber selbst verhärten. Auf diese Weise wurde der Grundstein zur materiellen Weltenschöpfung gelegt. Zuerst entstanden so die Hauptzentralsonnen, und aus ihnen schließlich all die zahllosen anderen Sonnen mit ihrem Weltkörpern und Gestirnen. Alles, was heute Materie ist und heißt, war ursprünglich also Geistiges, das freiwillig die gute Ordnung Gottes verlassen hat, sich in den verkehrten Anreizen und Verführungen verfing und sich selbst schließlich als Materie verfestigte. Die Materie ist demnach nichts anderes als ein gerichtetes und aus sich selbst heraus verhärtetes Geistiges. Oder anders gesagt: Materie ist eine grobstoffliche Umhäutung oder Umhüllung des Geistigen. (GEJ 4,102:1; 103)

Unsere materielle Welt ist nur der Schatten der Wirklichkeit
Jesus zum Griechen Roklus:
Gefällt dir die Welt und ihr Getriebe und willst du dich mit ihren Schätzen bereichern, so gleichst du einem Narren, dem eine geschmückte Braut vorgestellt wird, die er aber nicht will. Wohl aber stürzt er sich mit aller Leidenschaft eines blinden Fanatikers auf den Schatten der Braut und kostet diesen genüßlich aus! Sobald dann aber die Braut den Narren verläßt, wird auch ihr Schatten mit ihr ziehen! Was aber wird dann dem Narren übrigbleiben? – Nichts! Wie wird er dann klagen, die Geliebte verloren zu haben! Aber da wird man zu ihm sagen: Blinder Tor, warum hast du denn nicht die volle Wahrheit (die echte Braut), sondern nur deren Schatten ergriffen? Was kann denn der Schatten anderes sein als nur Mangel an Licht, den alle Materie nach der dem Licht abgewandten Seite werfen muß? Was aber dein Schatten dir gegenüber ist, dasselbe ist alles Materielle und alle Schätze dieser Welt gegenüber dem Geist. Die sicht- und fühlbare Welt ist demnach ein zwar notwendiges Hilfsmittel, in sich selbst aber Lüge und Täu-

schung. Sie ist nämlich in Wirklichkeit nicht das, was sie deinen fünf Sinnen verspricht. Weil nur aber die Welt vor dem geistigen Auge Gottes etwas Vergängliches ist, liegt in ihr das »Gericht«. Die Menschen sehen also nur das Schattenbild einer tieferen, im Hintergrund verborgenen Wirklichkeit. (GEJ 5,70:8-11)

Von der Gestaltungskraft eines starken Willens
Jesus zu Cyrenius:
Mit der Erschaffung der Welt verhält es sich ähnlich, wie wenn ihr eine Idee in die Tat umsetzt. Zuerst habt ihr allerlei Gedanken. Aus diesen bildet ihr dann Ideen und Formen. Ist dadurch einmal eine bestimmte gedankliche Form entstanden, wird sie durch den Willen, daß sie Gestalt annehmen möge, gewissermaßen mit einer Hülle umgeben. Ist es dann einmal soweit, hat die Form im geistigen Sein bereits Bestand. Je länger ihr euch aber mit der Sache beschäftigt, um so größer wird die Liebe zu dem Plan. Zunächst fertigt ihr auf Pergament eine Zeichnung von der Form, die ihr immer mehr vervollkommnet. Ist die Zeichnung perfekt, holt ihr schließlich Sachverständige, die euch den Plan verwirklichen. Auf diese Weise schafft ihr euch Häuser, Geräte, Städte, Burgen, Schiffe und noch tausenderlei andere Dinge.

Siehe, nach demselben Prinzip erschaffe auch Ich auch die Himmel, die Welten und alles, was diese fassen sollen. Freilich ist zur Erschaffung einer Welt mehr Zeit erforderlich, als ihr benötigt, um eine Hütte, ein Haus oder sonst etwas zu bauen; denn euch steht immerhin schon die fertige Materie zur Verfügung. Ich aber muß die Materie erst schaffen, indem Ich sie mit Meiner überaus großen Willenskraft entstehen lasse. Ist eine große Weltidee bei Mir einmal genügend ausgereift und von Meiner Liebe und Weisheit lange genug genährt worden, hat sie dann auch entsprechend lange Bestand.

Je länger ihr euch also mit einer Idee beschäftigt, um so länger hat das fertige Werk schließlich Bestand. So wie beispielsweise die ägyptischen Pyramiden, die bis jetzt schon fast 2000 Jahre lang stehen, bisher jeder Witterung getrotzt haben und noch mehr als viermal solange stehen werden. Hätten die alten Pharaonen nicht lange genug die Idee mit Willenskraft genährt und den Plan reifen lassen, diese Gebäude als Lehranstalten für ihre Geheimkünste und Wissenschaften zu erbauen, so ständen diese Pyramiden heute nicht mehr und man könnte sie als Denkmäler der Urbaukunst auch nicht mehr bewundern. – Das Schöpfungsprinzip in eine kurze Form gebracht: alles Leichte bleibt leicht, und alles Schwere bleibt schwer! (GEJ 4,102:2-8)

Der Weltraum hat kein Ende
Jesus zu Faustus:
Siehe, der Raum, in dem diese Erde schwebt, wie auch Sonne und Mond und all die zahllosen Sterne, die wiederum nichts anderes sind als Sonnen und Erden, ist unendlich. Würdest du mit der Gedanken Schnelligkeit diese Erde verlassen und so auf ewige Zeiten durch das Weltall forteilen, kämest du dennoch nie an irgend ein Ende. Überall aber würdest du auf Schöpfungen von der seltensten und wunderbarsten Art treffen, die den endlosen Raum erfüllen und beleben. (GEJ 2,8:5)

Mikro- und Makrokosmos sind eine einzige Analogie
Der Römer Markus zu Jesus:
Haben eigentlich die Bewohner anderer Erden keine Kenntnis von Dir, oder wenn doch, wie kommen sie dazu?
Jesus:
Siehe, die Menschen dieser Erde verhalten sich im Vergleich zum endlos großen Schöpfungsmenschen etwa so, wie der Gottesfunke in ihrem Herzen zur Gesamtheit ihres Leibes. Wurde ein Mensch »im Geiste wiedergeboren«, kann er mit Seele und Leib denken und reden wie zuvor, gleicht aber in seinem ganzen Wesen, Geist und seiner Willenskraft mir. Und das alles rührt von besagtem »be-

2.1. Die Wirklichkeit des Kosmos'

jahenden Herzenskämmerlein« her. Wie nun der Mensch seine notwendigen Lebensinformationen von seinem Herzen erhält, so bekommen auch die Menschen anderer Planeten ihre Schulung vom großen Schöpfungsmenschen übermittelt. Wie das geht, kannst du erst dann voll erfassen, wenn du »im Geiste wiedergeboren« bist. (GEJ 8,58:9 bis 59:11)

2.1.2. Wesen und Entwicklung der Materie
Wesen und Entwicklungsmöglichkeit der materiellen Welt
Jesus zu den Jüngern:
Was aber ist alle Materie, und was ihre Elemente? Das ist durch die Allmacht Gottes gerichtetes und damit verfestigtes Geistiges, dem aber die Fähigkeit zu einer stetigen Höherentwicklung innewohnt! Um all die zahllosen und durch die Weltenmaterie von Gott gleichsam abgetrennten Urgeister in ein freies und gottähnliches, selbständiges Leben zu überführen, ist eben diese kosmische Ordnung nötig, wie ihr sie auf der Erde habt, und wie Ich sie euch schon oft ausführlich erklärt habe.

Bis hin zum Menschen sorgt Gottes Liebe, Weisheit und Macht dafür, daß die Entwicklung des in der Materie gefangenen Urgeistlebens sich stufenweise höherentwickelt. Erst beim Menschen, dem Schlußstein dieser Entwicklung, ist die Sache dann etwas anders: Zwar unterliegt sein Leib noch den materiellen Gesetzen, nicht aber seine Seele. Dieser sind nämlich Vernunft, Verstand und freier Wille gegeben, um so zu handeln, wie sie es für richtig hält. Damit aber die Seele weiß, wie sie handeln soll, um nach dem leiblichen Tod Gottähnlichkeit zu erlangen, werden ihr von der Religion Wege dahin gezeigt. Dabei kommt es auf den Verstand und Willen der Seele an, inwieweit sie gewillt ist, sich von den weltlichen Verführungen frei zu machen. (GEJ 9,102:1-5)

Die Evolution des Lebens aus dem Gestein

Jesus zu Cyrenius:
Ist die Materie sehr hart, so ist das geistige Leben in ihr entsprechend schwach und kann sich nicht entfalten, sofern ihm von außen her keine Hilfe zukommt. Im harten Gestein beispielsweise kann sich Leben erst dann äußern, wenn der Stein in langer Zeitreihe von den Witterungselementen nach und nach aufgeweicht wird und durch Verwitterung immer mehr zerlegt wird. Dadurch entfleucht dann etwas Leben als Äther in die Luft. Ein anderer Teil gestaltet sich eine neue und leichtere Hülle; anfangs als Schimmelpilz, später dann etwa als Moospflanze.

Solange die neue Umhüllung weich ist, befindet sich das in der Materie gefangene Geistige recht wohl und verlangt zunächst nichts Besseres. Mit der Zeit aber strebt das geistige Leben aufwärts, bildet dadurch etwa ein Gras und in der weiteren Entwicklung einen Baum. Die darin wohnenden Naturgeister fangen dann an, sich gewissermaßen einzupuppen, wodurch dann Samen und Früchte entstehen. Dennoch gewinnt dieser »selbstsüchtige« Teil des in einer Pflanze freier gewordenen Lebens hinsichtlich einer geistigen Höherentwicklung nicht viel: Denn das, was sich in eine feste Keimhülle einschloß, muß als Same oder Frucht immer wieder in die Erde gelangen, dort keimen und wieder zum Baum emporwachsen.

Der andere, mehr geduldige Lebensteil, der sich's gefallen ließ, im Mutterbaum selbst zu verbleiben, stirbt mit diesem ab und verwest, geht dadurch aber in eine höhere und freiere Lebenssphäre über. Zwar »umhäutet« sich der Naturgeist bei so einer Re-Inkarnation immer noch, gewöhnlich aber dann schon mit einer ihm entsprechenden Tierform. Was als Frucht von Tier oder Mensch verzehrt wurde, wird dem gröberen Teil nach zum Aufbau des Leibes verwendet, zum edleren Teil nach wird es zum nervenstärkenden und belebenden Geist, der edelste Teil aber wird zur Seelensubstanz. (GEJ 4,103)

2.1. Die Wirklichkeit des Kosmos'

Das Vergehen und Entstehen der materiellen Schöpfungen
Jesus zu Epiphan:
Gott, als in Sich Selbst die reinste Liebe, kann nicht anders, als Seine Gedanken und Ideen lieben, wenngleich sie auch Sein (satanischer) Gegenpol in Form materieller Geschöpfe sind. Und so wird selbst ein Stein nicht ewig ein Stein bleiben. Nach einer für euch unvorstellbar langen Zeit wird auch diese Erde, wie auch alle anderen Gestirne im Weltall umgestaltet werden, und zwar in gottverwandte, selbständige Geistwesen. Daraus aber werden am Ende wieder neue materielle Schöpfungen hervorgehen, die – jedes in seiner Art – fortgeführt und fortgebildet werden. Dazu sind mehr als Äonen mal Äonen von Erdjahren erforderlich. Die gegenwärtige Schöpfung wird indes nicht plötzlich zu existieren aufhören, sondern das geschieht langsam. Es ist ähnlich wie in einem Wald, in dem die alten Bäume absterben, verfaulen und schließlich ganz zu Wasser, Luft und Äther werden und damit in eine andere Stoffform übergehen. An ihrer Stelle wachsen dann wieder eine Menge anderer Bäume dem Boden. Wie aber der Geist Gottes im Kleinen wirkt, so wirkt er auch im Großen.
Dies alles habe Ich euch erzählt, weil ihr dazu die nötige Fassungskraft besitzt. Der übrigen Weltmenschheit aber braucht ihr das nicht weiterzugeben, sondern nur, daß sie an Meinen Namen glauben und die Gebote Gottes halten soll. Alles andere wird dem reifen Menschen sein eigener Geist nach Bedarf der Seele offenbaren. Es ist wie bei den Kindern: sie dürfen nur mit Milch ernährt werden; wenn sie einmal erwachsen sind, werden sie auch festere Speisen verdauen können. – Sollte euch noch irgend etwas unklar sein, so bleibe Ich nun noch fünf Tage als Gast bei euch, und ihr könnt Mich oder auch einen Meiner Jünger danach fragen. (GEJ 5,233:1-3)

Der geistige Hintergrund von Werden und Vergehen
Jesus zu einem Pharisäer:
Alles irdisch Geschaffene nimmt als solches einmal ein Ende, sobald es durch die Auffüllung mit göttlicher Liebe nach und nach ganz ins Geistige übergegangen ist. Und so wird auch diese Erde nicht ewig bestehen, sondern allmählich ins Geistige übergehen. Dies wird aber sehr lange dauern, so lange nämlich, bis das Feuer der göttlichen Liebe alle Materie wieder in ihr ursprünglich Geistiges aufgelöst hat.
Wie es einem sterbenden Baum ergeht, der im Alter morsch wird, umfällt und von Pilzen und Kleinlebewesen aufgezehrt wird, ergeht es – wenn auch in einem größeren Maßstab – einer sterbenden Welt. Aber wo ein Baum stirbt, da wächst bald ein anderer an seiner Stelle. Und so ist es auch mit den Welten: Wenn eine Welt vergeht, treten eine und sogar mehrere andere an ihre Stelle. Die übriggelassenen Lebensgeister aus der alten Welt werden dann zur weiteren Entwicklung in die neue aufgenommen. Und so hat das eigentliche Erschaffen nie ein Ende, weil Gott auch ewig nie aufhören wird, in Seiner ewig unbegrenzten Tätigkeit und Weisheit zu denken, zu wollen und zu lieben! (GEJ 6,226:12-14)

Es gibt im All viele bewohnte »Erden«
Gott zu Beginn des Diktats an sein Medium:
Schaue den Sternenhimmel an! Wer hat je die Sonnen gezählt, deren Zahl kein Ende hat, und die Erden alle, die Ich um sie zu Tausenden bei jeder einzelnen geschaffen habe?! Und Ich sage dir: Um einen Pfennig gebe Ich eine Erde und um einen Trunk frischen Wassers eine Sonne. Wahrlich: Der geringste Dienst der Nächstenliebe wird auf das höchste belohnt werden! (HG 1,3:1)

2.1. Die Wirklichkeit des Kosmos'

Die materielle Welt dient einen höheren Zweck
Jesus zu einem Schriftgelehrten:
Zum ewigen Fortleben ist nur allein des Menschen Seele bestimmt; die Materie an sich ist es nicht, weil sie nur ein gerichtetes Geistiges ist, d. h., ein auf bestimmte Zeit verfestigter Wille Gottes. Die aus den Gedanken Gottes bestehende Materie wird indes nur so lange bestehen, wie sie zur Erreichung eines höheren Zielen nötig ist. Ohne Gott und außer Gott kann nie und nirgends etwas sein. Was da ist in der ganzen, ewigen Unendlichkeit, das ist aus Gott, und daher im Grunde völlig geistig. Daß es in der Welt als eine feste Materie erscheint, ist nur eine Folge der Beharrlichkeit und Stärke des göttlichen Willens. Hörte der Wille auf, einen Gedanken festzuhalten, wäre die Materie für das fleischliche Auge unsichtbar. (GEJ 6,107:10-11)

Über das Ende der materiellen Welten
Jesus zu Petrus und Cyrenius:
Wenn einmal alle Erden und Sonnen in lauter Menschen aufgelöst sein werden, dann wird nur noch Luzifer übrig bleiben. In völliger Einsamkeit wird er sich wohl oder übel dann zur Umkehr anschicken müssen.
Dann wird keine materielle Sonne und keine materielle Erde mehr im endlosen Weltraum kreisen, sondern alles wird von den seligen freien Wesen erfüllt sein, denen Ich von Ewigkeit zu Ewigkeit Gott und Vater sein werde. Dieser selige Zustand wird kein Ende haben. Wann aber dies alles so sein wird, kann nach der Anzahl der Erdjahre nicht ausgedrückt werden: Die Zahl ist größer als es Sandkörner in den Meeren und Grashalme auf der Erde gibt, und größer als die Zahl der Wassertropfen in den Meeren. (GEJ 2,63:3-4)

2.2. Wer ist Satan?

Vorbemerkung

Hier lernen wir, Abstand zu nehmen vom Klischee der Amtskirchen, wonach der Satan, Teufel, Beelzebub oder Luzifer ein mächtiger, ebenbürtiger Gegenspieler Gottes sei, der wie Gott selbst, ein ewiges Reich besäße und den es als »das Böse« schlechthin zu bekämpfen gilt.

Im Schöpfungskonzept Gottes ist der personifizierte Satan lediglich der Gegenpol zu Gott, damit die aus der Materie sich entwickelnde Menschenseele zur Unterscheidung zwischen Gut und Böse befähigt wird. Obwohl das Adjektiv »*satanisch*« sowohl materiell als auch geistig benutzt wird, habe ich die Personifizierung der Hölle mit dieser zusammen unter das Oberkapitel »Die materielle Welt« gestellt. Damit soll zum Ausdruck kommen, daß die theosophischen Attribute des Satanischen, nämlich *Materie, Stillstand, Trägheit, Verfestigung, Nacht* und *Finsternis* einer Vergeistigung und damit einer De-Materialisierung im Wege stehen. Wenn sich Gott als ewige Liebe, Weisheit, Schaffenskraft und Entwicklung definiert, wird Satan zwangsläufig zum Gegenpol.

Luzifer als der Hauptgeist des Lichtes und als das aus mythischer Sichtweise erste, aus Gott hinausgestellte Wesen mit freiem Willen, verfiel in Selbstgefälligkeit und Hochmut. Die Folge war die Sich-selbst-Gefangennahme in Trägheit und Stillstand, wodurch sich dieser geistige Teil mehr und mehr verdichtete. Wiederum die Folge daraus war die Entstehung der festen Materie. Daher sind die Hauptmerkmale des satanischen Wesens und damit auch die größten »Sünden«, die wir Menschen begehen können, *Eigenliebe, Selbstgefälligkeit, Hochmut, Machtstreben* und *Herrschsucht*. Eine »Sünde« im theologischen Sinne liegt somit immer dann vor, wenn der Mensch zu sehr den Verlockungen der materiellen Welt verfällt.

Analog zum Satanischen kann die Hölle sowohl stofflich als auch geistig erfahrbar sein. Ersteres ist sie für die auf unserer Erde inkarnierte Seele wenn es um den materiellen Lebenskampf geht, letzteres, wenn die Gottferne des Geistes und damit die Unzufriedenheit der Seele zum Ausdruck gebracht werden soll. Die Hölle – diesseits wie auch jenseits – schaffen sich die Menschen indes selber, indem sie der Faszination des Weltlichen erliegen; den Himmel dagegen durch das Befolgen der Ratschläge Gottes. Paradoxerweise ist alles Gottferne wiederum notwendig für die geistige Höherentwicklung der Seelen. Daher nennt die Esoterik den Luzifer (lateinisch: Lichtträger) als synonyme Bezeichnung für Satan, mit Recht den »Dünger« des Lichts. Diese Paradoxie habe ich in meinem früheren Buch »Wer Ohren hat, der höre« als »Sowohl-als-auch-Gesetz« bezeichnet.

Da alle Materie ihren Ursprung in den Gedanken und Ideen Gottes hat, ist für die sich höherentwickelnde Menschenseele jegliches Verharren in der Gottferne die Hölle, weil sie sich damit zwangsläufig in Gegensatz zum Gottesfunken in sich stellt. Jede geistige Weiterentwicklung aber bringt den Menschen aus diesem Zustand wieder heraus.

2.2.1. Satan als die personifizierte Gottabkehr
Die Absonderung Luzifers vom Geist Gottes
Jesus zum Statthalter Cyrenius:
Luzifer als der Hauptgeist des Lichtes sprach bei sich: »In mir liegen die gleichen Eigenschaften wie in Gott, und er hat alle Seine Kraft in mich gelegt. Nun bin ich stark und mächtig über alles. Er hat alles, was Er hatte aus Sich heraus hergegeben und ich habe alles genommen. Nun hat Gott nichts mehr, ich aber alles. Nun wollen wir sehen, ob der Vorteil wirklich nur von so kurzen Dauer sein soll, wie Gott sagt. Wir fühlen uns mittels unserer Macht imstande, die Dauer des angeblich nur kurzfristigen Vorteiles auf Ewigkeiten hinaus zu verlängern. Wer wird dies verhindern können? Außer uns trägt der endlose Raum, der nun von uns erfüllt ist, keine höhere Macht und Intelligenz mehr«.

So dachte und sprach der Lichtgeist zu sich und zu seiner Sondergeister-Schar. Gesagt, getan: Die Folge war die Sich-selbst-Gefangennahme in seiner Trägheit, worin er sich mehr und mehr verdichtete. Wiederum die Folge daraus war die Schöpfung der Materie. Dies geschah allerdings ganz im Einklang mit der göttlichen Ordnung, denn diese Überschreitung des göttlichen Gebotes war genauso vorgesehen, wie die Entscheidung jener »guten« Geister, die sich an das Gottesgebot gehalten hatten. Und so hatte sich der Hauptgeist und mit ihm alle seine verwandten Untergeister selbst gefangengenommen. Wie lange es ihm aber gefallen wird, in dieser Gefangenschaft zu leben, das weiß außer Gott niemand, auch die Engel nicht. (GEJ 2,231:5-7)

Eines aber ist gewiß: Aus der materiellen Welt Luzifers als dem verlorenen Sohn des Lichtes werden die »Sondergeister« durch die Liebe Gottes wieder erweckt und als »Kinder der Welt« ins Fleisch geschickt. Diesen wird die Gelegenheit gegeben, sich nach und nach zur höchsten Vollendung als »Kinder Gottes« emporzuarbeiten. Alle Materie ist deshalb »abgesonderter Geist«, der als Seele in jedem einzelnen Menschen wiedergeboren werden kann. Wenn aber alle diese abgesonderten Geister einst aus der Materie erlöst sein werden, dann ist auch das Ende der materiellen Welt gekommen – auch für diese Erde. (GEJ 2,231:8-10)

Definition von »Satan« und »Teufel«
Der Engel Raphael zu Roklus:
Das, was man »Satan« und »Teufel« nennt, ist die Welt mit all ihrer verführerischen Pracht. Freilich ist alle Materie, aus der die Welt besteht ein Werk Gottes, und in ihr verborgen liegt das Göttliche. Daneben aber gibt es in der Welt auch Lüge, Täuschung und Verführung. Daraus entstehen dann Neid, Geiz, Haß, Hochmut, Verfolgung wie auch die vielen zahl- und maßlosen Laster. Dieses Falsche, die Lüge und die Täuschung ist geistig gesehen der »Sa-

2.2. Wer ist Satan?

tan«, und alle die einzelnen, daraus hervorgehenden Laster sind das, was man allenthalben »Teufel« nennt. (GEJ 5,94:2-3)

Ein Schriftgelehrter zu Jesus:
Was hat es nun nach Deiner neuen Lehre mit dem Satan und mit seinen ihm untergeordneten Teufeln für eine Bewandtnis? Wer und wo ist der Satan, und wer und wo sind die Teufel?
Jesus:
Darüber ist habe Ich schon vieles gesagt und erklärt. Siehe, was der endlose Weltraum als Materie ausmacht, ist durch Gottes Willenskraft »gerichtet« und dadurch verfestigt. Wenn es nicht so wäre, befände sich keine Sonne, kein Mond, keine Erde und keinerlei lebendes Geschöpf im Universum. Lediglich Gott allein wäre als Geistwesen vorhanden. Er hat aber schon von Ewigkeit her Seine Gedanken gewissermaßen aus Sich hinausgestellt und durch Seinen allmächtigen Willen verkörpert. Diese verkörperten Gedanken und Ideen stellen Gefäße zur Ausreifung eines selbständigen Seins dar. Jedes Lebewesen als gerichtetes Geistiges ist – verglichen mit allem Reingeistigen – noch unrein, unreif und daher noch nicht gut. Man kann es gegenüber dem reingeistig Guten als »schlecht« oder »böse« bezeichnen. Du kannst somit unter »Satan« im allgemeinen die gesamte materielle Schöpfung, und unter »Teufel« ein Individuum als Teil des Ganzen ansehen. Lebt nun ein Mensch auf dieser Welt nach dem erkannten Willen Gottes, so entbindet er sich dadurch aus der satanischen Gefangenschaft und geht in die geistige Freiheit Gottes über. Sucht er Gott aber nicht, verstrickt er sich mehr und mehr in das Materielle, wird dadurch geistig unrein, »schlecht« und somit ein »Teufel«. Allerdings gibt es aus der Sicht Gottes keinen Satan, keinen Teufel und somit auch keine Hölle. Nur das Geschaffene an sich ist so lange satanisch, als es als Materie ins Leben gerufen wurde, bzw. freiwillig in dieser verbleiben will. (GEJ 8,34:3-12)

Jesus zu Schriftgelehrten:
Die Frage nach dem Unterschied zwischen Satan und Teufel in Person, läßt sich wie folgt beantworten:
»Teufel« gibt es wohl, nämlich im Diesseits als noch im Fleische befindlich, wie auch nach dem leiblichen Tod als Geistwesen im Jenseits. Von dort aus sind sie nach wie vor bemüht, verführend auf das Diesseits einzuwirken. Einmal als rohe Naturgeister, die zur Ausreifung noch in der Materie weilen, zum anderen aber auch unmittelbar in Form verborgener Einflüsterungen, Weltreize und Verlockungen. Sie wissen sehr wohl um die Schwächen und Anlagen der Menschen und fachen deren Laster zu glühenden Leidenschaften an. Ist aber einmal eine Schwäche zur Leidenschaft geworden, befindet sich der Betreffende schon ganz in dem Zustand des »Gerichts« der Materie und es ist für ihn dann schwer, davon wieder loszukommen. Solange es keinen Menschen auf einem Weltkörper gab, gab es auf ihm auch keinen Teufel in Person, sondern nur gerichtete, rohe Materiegeister. Zur Materie aber gehört alles, was ihr mit euren Sinnen wahrnehmen könnt.
Unter »Satan« ist indes weniger eine bestimmte Person, als vielmehr die Gesamtheit der »gerichteten« Materie zu verstehen. Wohl aber kann man den Satan als Oberbegriff für alle Formen und Spielarten von Teufeln begreifen, und zwar nicht nur auf dieser Erde, sondern auch auf allen Welten im endlosen Schöpfungsraum; entsprechend dem Bild des an anderer Stelle erwähnten »Großen Schöpfungsmenschen«. (GEJ 8,35:11-16)

Das Wesen Satans ist einseitig
Jesus zum Statthalter Cyrenius:
Wenn eine Kraft in einem sich frei regelnden Wesen durch hartnäckiges Bestreben alle Gegenkräfte zum Schweigen bringen will, tötet sich diese Kraft gewissermaßen selbst. Denn sie räumt alle Gelegenheiten aus dem Weg, bei denen sie ihre Kraft hätte entfalten können. Eine Kraft jedoch, ohne entsprechende Gegenkraft, ist

2.2. Wer ist Satan?

– wie schon gesagt – gar keine Kraft. Eine solche, in sich selbst gefangene Kraft hat dann auch immer das Bestreben, noch mehr Kräfte in sich gefangenzunehmen, um in ihrem schmerzlichen Gefängnis nicht allein zu sein. – Und das ist es nun, was man Satan oder Teufel nennt.

Satan ist gleichzusetzen mit starrer Ruhe, Trägheit und Finsternis. Satan als die geschaffene, erste große Persönlichkeit wollte nun alle anderen Kräfte in sich vereinen und ist deshalb tot und unfähig zur Tat geworden. Aber die in ihm besiegten anderen Kräfte ruhen indes nicht völlig, sondern stehen in einer fortwährenden Tätigkeit und personifizieren sich dadurch als selbständig. Dadurch aber wird das satanische Grundwesen mit einem Scheinleben erfüllt. (GEJ 2,229:10-13)

Satan und die materielle Schöpfung sind der Gegenpol zu Gott
Jesus zum Philosophen Epiphan:
Hätte der Geist Gottes sich nicht schon von Ewigkeit her einen Gegenpol gesetzt, wäre es ihm als positivem Gott nie möglich gewesen, den gesamten Kosmos mit all den zahllosen Wesen ins Dasein zu rufen. Die ganze Schöpfung und alles, was ihr mit euren Sinnen wahrnehmen könnt, sind zu Materie gewordene Gedanken und Ideen Gottes. Dazu gehört auch ihr Menschen mit eurem fleischlichen Leib.

Im ersten *(positiven)* Pol ist Liebe, Leben, Tätigkeit (Entwicklung), Freiheit und Licht. Diesen Pol nennen wir Gott. Im zweiten *(negativen)* oder Gegenpol befinden sind Haß, Tod, Untätigkeit, Gericht (im Sinne von: Verderben, Gefangenschaft, Unfreiheit, geistiger Tod) und Finsternis. Diesen Pol nennt man Hölle, Satan, Teufel oder Luzifer. (GEJ 5:228-230)

Die Herrschsucht als satanisches Attribut

Jesus zu Cyrenius:
Alles, was Welt und Materie heißt, ist ein Verkehrtes, der wahren, geistigen Ordnung aus Gott widerstrebendes Element im Schöpfungswerk. Dennoch ist es notwendig, weil es ursprünglich zur Erweckung des freien Willens als Gegenreiz in die aus Gott hinausgestellten Selbstwesen gelegt werden mußte. Die materielle Welt ist also gewissermaßen das »Unkraut« auf dem geistigen Lebensacker Gottes anzusehen. Es ist aber Aufgabe des Menschen, dieses »Unkraut« schließlich als ein solches zu erkennen und freiwillig aus dem Acker zu entfernen. So ist es ein notwendiges Mittel zum Zweck, kann aber nie selber zum Zweck werden. Alles Materielle ist vergleichbar mit einem Netz, das allein zum Fangen der Fische gebraucht wird, nie aber um seiner selbst willen ins Wasser gelassen wird.

Es muß daher einen Reiz zum Übertreten von Gottes Ordnung geben, denn er ist ein Wecker des Erkenntnisvermögens und des freien Willens im Menschen. Er erfüllt die Seele mit Lust und Freude insofern, als sie die materielle Verlockung zwar wohl erkennt, ihr aber nicht unterliegt. Die freie Seele gebraucht den Reiz des Materiellen dann als ein Mittel, um Höheres zu erreichen. Das Unkraut oder der Reiz zum Übertreten des Gesetzes ist daher etwas Untergeordnetes und darf nicht zur Hauptsache werden. Wer es dennoch dazu macht, gleicht einem Narren, der sich mit den Kochtöpfen sättigen will, die Speisen selbst aber wegwirft!

Welche Namen kann man nun dem Unkraut geben, durch dessen Verwesung das Leben gedüngt werden soll? Es heißt *Eigenliebe*, *Selbstgefälligkeit*, *Hochmut* und *Herrschsucht*. Die Herrschsucht entspricht der am meisten verdichteten Form der satanischen Materie. Daß dem so ist, beweisen die fest gebauten Burgen und Festungen, hinter denen sich die Herrscher der Welt verschanzen. Mehrere Klafter dick müssen die Mauern sein und sind dazu noch

2.2. Wer ist Satan?

mit Wachen versehen, damit ja niemand eindringen kann. (GEJ 4,104:2-11)

Die Sache mit Gut und Böse
Jesus zum Philosophen Epiphan:
Orientiert sich nun ein Mensch an nichts anderem als an den materiellen Dingen der Erde, geht dann auch seine Seele in die Materie und damit in den Gegenpol Gottes über. Die Folge davon ist das Gericht (Verderben) und der Fluch vom Leben in den Tod. Und wer ist schuld daran? – Der Mensch selbst, der sich dies mit seiner Entscheidungsfreiheit, seiner Erkenntnisfähigkeit und seinem Handeln selbst angetan hat. Wenn ihr also Menschen trefft, die nichts von der Seele und von deren ewigem Leben wissen oder erfahren wollen, könnt ihr annehmen, daß deren Seelen von ihrer Fleischmaterie aufgezehrt sind und sich schon im Gericht (Verderben, Irrweg) befinden. Es wird viel Mühe kosten, sie wieder aus ihrer Gefangenschaft zu erlösen. – Das ist schon im Diesseits schwierig und im Jenseits noch schwieriger, wenngleich nicht unmöglich.
Da auch die Schöpfung zum Gegenpol Gottes gehört, muß sie zwangsläufig satanisch und vergänglich sein, soll sie dem Zweck dienen. Und weil sie diesen Zweck erfüllt, ist sie auch vor Gott »gut«. Der Wirkung nach »böse« ist sie nur für den Menschen. (GEJ 5,229:2-7; 230:1)

Die Notwendigkeit des Bösen auf der Welt
Zwei Engel zum Statthalter Cyrenius:
Es muß Arme geben, daß die Reichen sich in der Barmherzigkeit und die Armen in der Dankbarkeit üben können. Ebenso muß es Starke und Schwache geben, damit die Starken Gelegenheit bekommen, den Schwachen unter die Arme zu greifen, die Schwachen aber in der Demut ihres Herzens erkennen, daß sie schwach sind. Analog muß es auch Ungebildete und Gescheite geben, da sonst den Studierten ihr Licht ein vergebliches wäre. Wenn es kei-

ne Bösen gäbe, an wem würde sich denn der Gute messen, ob und inwieweit er wirklich gut ist? Kurz, in dieser Fortbildungsanstalt auf Erden muß es möglichst viele Pro- und Kontra-Gelegenheiten geben, durch die sich die Kinder Gottes in allem üben und vervollkommnen können.

Solange also der Mensch nicht in der Lage ist, das Satanische in der Welt zu erkennen aus eigener Kraft zu meiden, hat er die volle Kindschaft Gottes noch nicht erreicht. Wie aber sollte er je dies vollbringen können, wenn man die Gelegenheit nähme, mit dem Bösen in Berührung zu kommen? (GEJ 2,59:11ff.)

Unsere Welt ist eine einzige Täuschung
Jesus zu Roklus:
Gott schuf den Menschen geistig nach Seinem Vorbild, also rein und gut. Da der Geist des Menschen zu seiner Vervollkommnung aber den Weg des Fleisches und der Bewährung durchmachen muß, stammen alle sogenannten bösen und gottfernen Eigenschaften aus der satanischen Materie dieser Erde, wenngleich auch von Gott ausdrücklich zugelassen. Das polare Gegengewicht zum Gottesfunken in der menschlichen Seele ist indes die Versuchung. Diese wohnt nicht nur im Fleisch des Menschen, sondern in der gesamten irdischen Materie. Weil aber die Materie das nicht ist, als was sie dir erscheint, tritt sie dem in der Lebensprobe befindlichen Menschen als Lüge und Täuschung, also als ein Scheingeist gegenüber. Er ist da, weil die verlockende Materie fürs Fleisch des Menschen notwendig ist. Der Scheingeist ist aber auch nicht da, weil die Materie das nicht ist, was sie dir vorgaukelt. Dieser Truggeist als Täuschung ist nun mal die Wesenheit aller materiellen Welten und eben das, was wir Satan, Teufel oder Luzifer nennen. (GEJ 5,70:4-6)

2.2.2. Das Wesenhafte der Weltliebe und der »Sünde«

Weltliebe ist »Sünde« wider die Ordnung Gottes

Jesus zu Roklus:
Liebt ein Mensch das Weltliche und ihre materiellen Güter über alles, versündigt er sich zwangsläufig gegen die Ordnung Gottes, die eine geistige Entwicklung vorsieht. Von dieser Ordnung wurde er zwar zeitweise in die Materie gestellt, aber nur dazu, deren Unwichtigkeit und Vergänglichkeit zu durchschauen und mit seinem freiem Willen den satanischen Versuchungen zu widerstehen. Der Lohn dafür ist die Unsterblichkeit seiner Seele. Erliegt der Mensch aber der weltlichen Versuchung, bedeutet dies Stagnation oder Rückschritt in seiner seelischen Entwicklung. (GEJ 5,70:7)

Sündigen kann nur der, der Gott erkannt hat!

Jesus:
Mancher wird da schnell eine Antwort haben und sagen: Sünde ist alles, was gegen Gottes Willen verstößt! – Das ist schon richtig. Aber was ist denn Gottes Wille? Wie kann jener Mensch erkennen, der nicht einmal an Gott glaubt, geschweige dessen Willen kennt? Diese Frage ist aus dem menschlichen Leben heraus zu beantworten: Sündigen kann niemand gegen Gott, wenn er Ihn nicht erkannt hat. Ebensowenig wie sich jemand an einem Blinden ärgern wird, der behauptet, es gäbe kein Licht. Wohl aber kann ein Blinder einen anderen Menschen, den er zwar auch nicht sieht, jedoch hört und fühlt, beleidigen. Er kann gegen dessen Liebesangebot sündigen. Denn trotz der Blindheit kann er sich dem Wesen seiner Mitwelt nicht verschließen. So ist es auch mit dem geistig Blinden, der gegen das Gebot der Nächstenliebe sehr wohl verstoßen kann, auch wenn er Gott selbst nicht erkennt. Die Nächstenliebe ist nämlich der Weg zur Gottesliebe, wie ja schon oft erklärt wurde. (GEJ 11,75:16-18)

Die Folgen allgemeinen Glaubensschwundes (Gleichnis)
Jesus zu den Jüngern:
Nun ist durch Mich allen Menschen die göttliche Erkenntnis gebracht worden. Denn seht: Verfinstert sich der Mond, wird zwar der Nachthimmel etwas dunkler aber dies ist dennoch viel erträglicher, als wenn sich die Sonne am hellen Tage verfinsterte. Denkt über dieses Bild gut nach! (vergl. Mt. 24,12; Mt. 24,21; Mk.13,19; Lk. 21,23; Mt. 24,29; Mk.13,24; Lk.21,25)
Die Jünger:
Herr, dieses Gleichnis verstehen wird nicht ganz. Was bedeutet in diesem Zusammenhang der Mond, und was die Sonne?
Jesus:
Wie lange muß Ich denn noch unter euch sein, bis ihr es endlich begreift? – Hinsichtlich der geistigen Bildung der Menschen durch die Propheten entspricht die Zeit seit Adam dem Licht des Mondes. Dessen Schein ist bekanntlich sehr wechselhaft. So ging es auch mit der Erkenntnis Gottes bis heute. Sie stieg durch das Wort und durch die Zeichen der Propheten bei verschiedenen Völkern bis zum Vollicht, was dem Vollmond entspricht. Dieser besitzt aber kein eigenes Licht, sondern ein von der Sonne geborgtes, Ebenso hatten auch die Propheten zu allen Zeiten nur ein von Gott oder den Engeln geborgtes Licht, mit dem sie den Menschen den rechten Weg zeigten.
Neben und nach den Propheten erhoben sich auch andere Lehrer, machten allerlei unnötige und verfälschende Zusätze und Erklärungen und verwässerten so die Urlehre immer mehr. Da mußten sich die Menschen in ihrer geistigen Umnachtung gewissermaßen mit dem schwachen Schimmer der Sterne zufrieden geben, bis wieder ein wahrer Prophet unter ihnen erweckt wurde. Dennoch würde eine solchermaßen mondlose Nacht die Menschen nicht allzusehr betrüben, da ihr Glaube an einen Gott gleich dem Schimmer der vielen Sterne nie völlig erlöschen konnte.

2.2. Wer ist Satan?

Nun aber ist den Menschen in Mir die Sonne selbst aufgegangen. Diese hat im Gegensatz zum Mond kein geborgtes, sondern ihr eigenes Licht, das seine Leuchtkraft nicht verändert. Und wer Mich einmal richtig erkannt hat, wird Mich nicht mehr vergessen. Trotzdem ist es möglich, daß dieses helle Licht im Menschen infolge großer Weltliebe und seines Hochmut ganz erlischt. Dann wird es mit ihm vergleichsweise so stehen, wie mit der Erde, wenn sie von der Sonne kein Licht mehr erhält. Da werden selbst die Sterne am Nachthimmel keinen Trost mehr geben können, denn wenn die Sonne wegbliebe, müßte alles auf der Erde vor Kälte erstarren und sterben (vergl. Mt. 24,29; Mk. 13,24).

Wenn nun der Glaube an Mich und damit das Lebenslicht im Menschen erlischt, wird mit ihm auch die Liebe vollends erkalten, so daß unter den Menschen eine hoffnungslose und verzweifelte Lage entsteht. Sie sind dann unglücklicher als ein zertretener Wurm und viele werden rufen: »Wie glücklich sind doch die Tiere gegen uns Menschen! Sie leben und sind sich des Todes nicht bewußt. Wir aber müssen leben, um den Tod und seine Schrecken stets vor uns zu haben! (vergl. Mt. 24,21; Mk. 13,19; Lk. 21,23; GEJ 9,94:8; 1,72:2; 5,83:10; 5,128:10-11; 6,234:8; 7,54:6; 8,213:19-20; 6,234:8). Seht, darin besteht die große Trübsal unter den Menschen, wenn das Licht und die Liebe sie verlassen hat! Daher sollt ihr sie stets ermahnen, im Licht zu verbleiben. – Habt ihr das begriffen?

Die Jünger:
Ja Herr, aber es ist dennoch traurig, daß so etwas möglich ist.
Jesus:
Allerdings, aber Ich will trotzdem dem Menschen seinen freien Willen nicht nehmen, da er sonst kein Mensch mehr wäre. (GEJ 8,213:14ff.)

2. Die materielle Welt

Die Unverbesserlichkeit eines machthungrigen Menschen
Jesus zum römischen Hauptmann Pellagius:
Seh' dir doch einen herrschsüchtigen Machtmenschen an, dessen Sinn nur danach steht, sein Herrschaftsgebiet auszudehnen oder andere Völker zu unterjochen und sich als alleiniger Herrscher feiern und verehren zu lassen. Selbst wenn es am Ende gelänge, ihn militärisch zu besiegen, gefangenzunehmen und seine Macht zu brechen, käme ein solcher Mensch selbst durch gutgemeinte Nachsicht oder gar Begnadigung nicht zu Besserung. Denn, lieber Pellagius, dein Gefangener würde dir zunächst zwar feierlich Änderung geloben. Aber glaubst du tatsächlich, er würde sich in seinem Gemüt und Wesen dauerhaft ändern? – Mitnichten! Nur zum Schein würde er auf alles eingehen, um nachher ja wieder in eine neue Machtposition zu gelangen. Dort angekommen, wird er alle Kräfte daransetzen, sich an dir zu rächen. Denn einen Machtmenschen so zu demütigen, daß er von ganz Oben nach ganz Unten kommt, hieße nur, aus ihm erst recht einen Satan zu machen. Solche Menschen sind nämlich nicht zu bekehren und zu bessern. Am besten ist es, sie entweder mit Geduld zu ertragen und bei Gelegenheit zu ermahnen. – So habe Ich es in der Vergangenheit durch den Mund Meiner vielen Propheten gemacht. – Gewöhnlich kehren sich die Herrschsüchtigen aber nicht daran. Wenn dann selbst von mir zugelassene schicksalhafte Züchtigungen nichts nützen, die ihnen ihre eigene Schuld vor Augen führen, lasse Ich sie schließlich von der Erde entfernen, wenn das Greuelmaß voll ist.
Diese Beispiel soll dir nun folgendes verdeutlichen: So, wie der gute und fromme Mensch den Himmel als das Reich Gottes unzerstörbar in sich trägt, so trägt auch der entschiedene Gegner der Ordnung Gottes die Hölle unveränderbar in sich. Denn letztere ist ja seine Liebe, sein Wille und somit auch sein Leben. (GEJ 10,114:1-6)

2.2. Wer ist Satan?

Ein böser Geist kommt nicht aus sich heraus zur Besserung
Eine Frau aus der Menge zu Jesus:
Wenn nur die Templer da unten zur rechten Gotterkenntnis gelangten, dann würden sie gewiß auch seine weisen Gebote halten! Aber bei denen läßt es der leibhaftige Teufel nicht zu. Einst in der Hölle werden sie das hoffentlich bereuen. – O Herr, wir danken Dir, daß Du uns Armen und Unmündigen Dein Gnadenreich geoffenbart, es den Gebildeten dieser Welt aber vorenthalten hast!
Jesus:
In der Hölle gibt es keine Reue, durch die sich der Höllengeist bessern könnte. Denn käme ein solcher ernstlich dazu, so käme er auch zur Besserung und zur Erlösung. Aber kein böser Geist – also ein Teufel – wird je eine bekehrende Reue in sich aufkommen lassen, sondern es reut ihn höchstens, daß er nicht noch mehr Böses in der Welt angerichtet hat. Wie aber bei einem himmlischen Engel alles gut ist, so ist bei einem Teufel alles böse. Je inwendiger ein Engel denkt und will, desto gottähnlicher, freier und mächtiger wird er, und je inwendiger ein Teufel denkt und will, desto gottunähnlicher, unfreier und ohnmächtiger wird er. Denn das Grundübel in ihm ist seine geistige Lähmung, welche alle seine Kraft hemmt.
Wenn der Teufel von innen heraus zu einer guten Reue fähig wäre, wäre er kein Teufel und befände sich auch nicht in der Hölle. Es wird sich daher ein Teufel von innen, also aus sich heraus, nie bessern können. Wohl aber ist dies nach undenkbar langen Zeitläufen durch fremde Einwirkung von außerhalb möglich. Diese Einwirkungen müssen aber dem inneren Wesen des Teufels entsprechen. Und so erstickt das auf den Teufel von außen her einwirkende Übel das innere Böse, wodurch es in einem bösen Geist nach und nach etwas heller und somit auch etwas besser werden kann.
Darum kommen die eigentlichen Qualen der Höllengeister nur von außen, wie es auch bei bösen Menschen auf dieser Erde der Fall ist. Wenn bei einem solchen gutes Zureden, Ermahnungen und die Gesetze nichts mehr fruchten und er nur noch mehr bestrebt ist,

den Gesetzen zuwiderzuhandeln, wird er sich auch von innen heraus nicht bessern. Er kommt dann in die Hände von Richtern, die den Übeltäter mit schmerzvollen Strafen belegen. Erst dadurch beginnt er, über den Grund seiner Leiden nachzudenken und sieht mit der Zeit ein, daß ganz allein er mit seinem Verhalten die Ursache der Qualen ist. Kommt er zu dieser Erkenntnis, beginnt er, seine bösen Taten in sich zu verabscheuen, und wünscht, sie nie begangen zu haben. – Das ist dann der erste Schritt zur Besserung! (GEJ 7,93:2-8)

Warnung an die Mächtigen der Welt
Gott zu Beginn des Diktats an sein Medium:
Wehe den Tyrannen und den Despoten, die des Thrones, der Macht und des Ansehens wegen herrschen. Sie werden die Macht der Schwachen erfahren! Der Boden ist Mein, und das Feld ist Mein. Dies sagt euch der Wahrhaftige, der ewige Gott der Liebe und Weisheit und gibt es einem Ungebildeten kund als Lehre für die Gescheiten der Welt.
Den Beamten und Herren der Welt sage ohne Scheu, daß ihre Ämter nicht höher stehen als die Ämter Meines Reiches. Jedes Amt aber, das wider Mein Amt ist, wird bald zerstört sein; dann wehe seinen Dienern! Denn Ich allein bin der Höchste. Mein Gesetz ist ewig, wie Ich es bin, und wird ewig bleiben wie Ich. Jedem, der sich an Meinen Geboten versündigt, kann vergeben werden wenn er sich bessert, seinen Fehler einsieht, bereut und sich Mir zuwendet. Aber wer Mein Gesetz untergraben will, den wird es erdrücken. Alle Weltgesetze untergraben Mein Gebot, wenn sie nicht aus Meiner Liebe von Männern gegeben sind, die durch Meinen Geist unterrichtet sind. (HG 1,2:12)

Die Sünde und ihre Überwindung
Das Verfallen von einer Sünde in die andere erzeugt eine immer größere Seelenhärte. Man spricht dabei von »versteinerten Her-

zen«. Die Verführung durch die Welt wächst immer mehr und zwangsläufig schwindet damit das Bewußtsein von einem geistig seelischen Wesenskern. Diese Verhärtung führt schließlich zu einem tierartigen Zustand, der nun noch Sexualität bzw. Erhaltung und Fortpflanzung kennt, ohne geistige, innere Freiheit. Die Erlösung aus solchem Zustand bietet nur eine geistige Lehre, die wiederum zum sittlichen Bewußtsein und zur Menschenwürde führt. Sie wurde den Menschen in nicht mißzuverstehender Kürze und größtmöglicher Klarheit gegeben. Durch die Befolgung werden die Ketten der Materie gesprengt und die Bande zur irdischen Genußsucht gelockert. Man nimmt schließlich die materiellen Wünsche als Verführung des Bösen nur noch zur Kenntnis, erliegt ihr aber nicht mehr und empfindet den Verzicht nicht mehr als Mangel. Jeder, der diesen inneren Weg beschreitet, wird bald erfahren, wie er in Wahrheit beschaffen ist. Wer aber den inneren Weg nicht gehen will, der ist ebensowenig zu überzeugen wie es unmöglich ist, einem Blinden einen Begriff von den Farben zu geben.

Ohne das Befolgen der Lehre Jesu kann niemand zum Himmlischen Vater gelangen. Der unpersönliche Gott wurde in Jesus persönlich. Die Vereinigung beider in Menschengestalt ermöglicht das Herantreten der Geschöpfe an ihren Schöpfer und letztendlich die Wandlung alles Materiellen zum Geistigen. (GEJ 11,75:22-27)

2.3. Wo und was ist die Hölle?

Vorbemerkung

Analog zur personifizierten Gottferne in »Satan« ist die Hölle weniger ein konkreter Ort, als vielmehr Geisteshaltung oder geistiger Zustand. Jedenfalls ist die Hölle laut Diktat unseres Himmlischen Vaters an Jakob Lorber kein Ort ewiger Verdammnis, der von einem strafenden Gott geschaffen worden wäre oder von peinigenden Teufeln unterhalten würde. Das Gegenteil ist der Fall: Die Hölle schafft sich der mit voller Entscheidungsfreiheit zwischen Welt- und Gottesliebe ausgestattete Mensch immer selber. Obwohl die Hölle also nicht von ewiger Dauer ist, wird sie offenbar von unvollendeten Seelen im Jenseits als ein sehr lang andauernder Zustand empfunden.

Für den inkarnierten Menschen ist Hölle im engeren Sinne der unvollkommene, mit Schmerz und Krankheit behaftete Leib. Im weiteren Sinne ist sie die feindliche, konkurrierende oder verführende Umwelt, mit der sich der Einzelne ein Leben lang herumschlagen muß. Die Hölle befindet sich stets dort, wo es Lügner, Intriganten, Mißgünstige, Betrüger, Diebe, Unterdrücker, Ausbeuter, Mörder oder Tyrannen gibt; in einer Welt also, wo das Individuum Nachteile erfährt.

Nach dem leiblichen Tod beispielsweise eines machthungrigen Menschen kommt seine noch sehr unvollkommene Seele in der jenseitigen, geistigen Hölle stets zu gleichgearteten Wesensgenossen. Dort setzen sich Vorteilnahme, Machtkampf und Unterdrückung aus dem Diesseits nunmehr im Bereich der geistigen Phantasie fort. In einer milderen Form handelt es sich um einen Geisteszustand, der durch Gott- und Lichtferne, eine seelische Unzufriedenheit bzw. den Stillstand in der eigenen Entwicklung erzeugt.

2.3. Wo und was ist die Hölle?

2.3.1. Die materielle Hölle

Die Herkunft der Wortes »Hölle«

Jesus zu Roklus:
Ich erkläre dir das Wort SHEOULA (Hölle): »SHE«', auch »SHEI« oder »SHEA« heißt: »es dürstet«. »OUL« auch »VOUL«: »der in sich selbst verlassene Mensch«, man könnte auch »Tiermensch« sagen. Das »A« bezieht sich auf die innere Weisheit und Erkenntnis. Dieser Buchstabe geht auf die äußere Form der ägyptischen Pyramiden zurück, die wiederum eine großmaßstäbliche Nachbildung der Gehirnpyramiden sind. Die Pyramiden sollten den Menschen als Schulhäuser dienen in denen man Weisheit lernen kann. Denn PIRA MI DAI heißt soviel wie: »Gib mir Weisheit!«.
Weil nun die Pyramiden diesen Zweck erfüllen sollten, gab man ihnen den richtigen und sehr bezeichnenden Namen SHE' OU LA. Davon nahm der alte Hebräer sein abgekürztes SHEOL', der Grieche sein SCHOLE, der Römer seine SCHOLA und der Perser und Inder sein SCHEHOL. Da aber die alten Weisen in ihrer Hellsicht wußten, an welch bedauerlichen Ort die Seelen der materiell orientierten Weltmenschen nach dem Tod gelangen, nannten sie eben diesen Zustand SHE OUL A, nämlich »Hölle«. Ein solcher Zustand wurde nun mit dem Ausdruck »Tod« belegt. Und weil das eine ewig gleiche und bleibende Eigenschaft alles dessen ist, was da »Welt« und »Materie« heißt, wird einem klar, warum man solches den »ewigen Tod« nannte. Solange eine Seele hier oder jenseits in einem solchen Zustand verbleibt, ist sie im Zustand des »ewigen Todes«. Eine schwierige Lebensaufgabe ist es, sich davon loszuwinden und so manche Seele braucht ein Weltenalter, bis sie aus sich selbst heraus wieder zu etwas kommt. (GEJ 5,72:2-9)

Die irdische Hölle ist dem Menschen nicht bewußt

Jesus zu Nikodemus:
Darum sage Ich dir: Diese Welt ist in allem der Hölle gleich; nur ist sie hier vor den Augen der Menschen verborgen, so wie auch

der Himmel in Wort und Tat verhüllt ist. Auf der Erde kann der Himmel noch heilbringend auf die Hölle einwirken. Wo jedoch beide enthüllt sind, da ist ein Einwirken kaum mehr möglich. Es hat aber der Himmel ebenso drei Grade, wie auch die Hölle drei Grade oder Stufen hat. (GEJ 7,170:12-14)

Der Leib und die materielle Welt gehören zur Hölle an sich
Jesus zum Statthalter Cyrenius:
Der Leib ist – weil vergänglich, mit Schmerz und Leid behaftet und zum Sterben verurteilt – für die Menschen die Hölle im engeren Sinne; die materielle Welt um ihn herum dagegen die Hölle im weiteren Sinne. Wer nun viel für sein leibliches Wohl sorgt, der sorgt auch für seine eigene Hölle und nährt sein Gericht (Täuschung, Irrweg) und seinen Tod zu seinem eigenen seelischen Nachteil. Zwar muß der Leib ein gewisses Maß an Nahrung bekommen, damit die Seele ihr Lebensziel erreichen kann. Wer aber zu ängstlich für alles Leibliche sorgt, der sorgt für seine Hölle und damit für seinen geistigen Tod. (GEJ 2,210:8-10)

Höllische Orte auf dieser Welt
Jesus zu einem Hauptmann:
Die Hölle findest du überall dort, wo es Gottesverächter, Feinde alles Guten und Wahren, Lügner, Betrüger, Diebe, Räuber, Mörder, Geizige, Ehr- und Herrschsüchtige, Hoffärtige, lieblose Hurer und Ehebrecher gibt. Willst du wissen, wie es in einer solchen Hölle aussieht, brauchst du nur Wesen, Gemüt und Taten solcher Menschen anschauen: In der Hölle will jeder der Erste, der Höchste und Mächtigste sein und alle anderen tyrannisieren und unterdrücken. (GEJ 10,110:10-12)

2.3. Wo und was ist die Hölle?

Der tiefere Sinn des irdischen Übels
Jesus zu Nikodemus:
Viele Dinge auf der Erde können dem Menschen schaden, z.B. wenn er sich am Feuer verbrennt oder wenn der wegen der Erdanziehung abstürzt. Soll die Erde deshalb solche Eigenschaften etwa nicht besitzen? Diese notwendige Ausstattung der Erde und aller ihrer Materie ist »Gericht« (= geistiger Tod) an sich. Ohne das gäbe es aber keine Materie. Und so ist alles ein Gericht, was du auf dieser Welt auch immer antriffst. Wer sich vom Geistigen und damit von Gott abwendet und sich in seiner Seele dem Materiellen zuwendet, fällt in den geistigen Tod zurück. Darum bin Ich in diese Welt gekommen, um den Menschen das wahre Lebenslicht und das ewige Leben zu zeigen. (GEJ 7,53:4-6)

Des Menschen Umweltzerstörung, und warum Gott nicht eingreift
Jesus zu Cyrenius und Roklus:
Seht euch die Berge voll Wälder und Gesträuche an! Sie ernähren sich von den ihnen jeweils zusagenden Naturgeistern. Geht hin und entwaldet die Erde und ihr werdet die Folgen bitter spüren: Es werden große Mengen von freien und rohen Naturgeistern die Erdatmosphäre mehr und mehr zu füllen. Diese werden, weil sie keine Wohn- und Tätigkeitsstätten mehr haben, durch ihren Hunger und Durst (Assimilationstrieb) verheerende Stürme verursachen und ganze Landstriche zerstören. Dann wird es über Jahrhunderte oder Jahrtausende hinweg außer Moosen keine Vegetation mehr geben und es wird so wüst aussehen wie an den Ufern des Toten Meeres in Unterpalästina.
Solches ist zwar nicht Mein Wille. Aber auf einem Planeten, wo die Menschen nur durch ihre freie Entscheidung zu Gotteskinder werden können, kann und darf Ich Mich gemäß Meines eigenen Gesetzes nicht einmischen, sondern werde auch diese Selbstzerstörung zulassen. Denn würde Ich da mit Meiner Allmacht eingreifen,

hörte der Mensch auf, ein Mensch zu sein. Er wäre nur noch eine belebte Maschine, die für sich und Mich keinen Wert mehr hätte. Will der Mensch eine göttliche Lehre oder ein Gesetz zur Richtschnur seines Handelns annehmen, so wird er dies freiwillig tun. Will er es aber nicht, kann ihn keine Macht des Himmels und der Erde dazu zwingen – und darf es auch nicht! Denn, wie gesagt: Ohne freien Willen wäre der Mensch kein Mensch mehr, sondern eine seelenlose Maschine. Und so kann der Mensch mit der ihn ernährenden Erde machen, was er will, und wird erst am Ende sehen, ob sein Handeln gut oder schlecht war. Die Folgen unvernünftigen Umgangs mit der Natur werden freilich schlimm sein und als göttliche »Strafe« für das frevelhafte Tun empfunden werden. Diese Strafe kommt aber nicht von Mir, sondern geht allein auf den freien Willen der Menschen zurück.

Wollen die Menschen eine abermalige Sündflut, so brauchen sie nur die Wälder und die Pflanzendecke zerstören. Die ungeordneten Naturgeister werden sich dann vermehren und die Erde unbewohnbar machen. Darum lehrt die Menschen weises Handeln, sonst werden sie selbst das Gericht über sich heraufbeschwören! Obwohl Ich weiß, daß es so kommen wird, kann und darf Ich dennoch nicht hindernd eingreifen. (GEJ 5,109)

Die geistigen Ursachen von Naturkatastrophen
Jesus zum Pharisäer Stahar:
Wenn gebildete und halbwegs reif gewordene Menschen mutwillig gegen die göttlichen Naturgesetze verstoßen, können die Folgen durchaus einem Gottesgericht gleichen. Es ist aber nicht als Strafe Gottes anzusehen, sondern nur als eine Folge der verkehrten Handlungsweise der Menschen. Die materielle Welt und die Natur hat von Gott ihre notwendigen und unveränderlichen Gesetze bekommen. Dieselben gelten aber auch für den inkarnierten Menschen. Stellt er sich nun gegen diese göttliche Ordnung und schädigt die Erde, wird er deshalb nicht etwa vom sogenannten »Zorn Gottes«

bestraft, sondern von den Naturgesetzen selbst. Auch die Sündflut war eine Folge davon. Wenn der Mensch dazu übergeht, die Natur zu zerstören und die Wälder abzuholzen, werden Myriaden von Erd- und Naturgeister, die früher mit der üppigen Vegetation vollauf zu tun hatten, nun auf einmal freigesetzt und verlieren die ihnen zugewachsene Aufgabe. Dann gibt es einen Aufruhr der Geister in den Luftregionen, wodurch es zu verheerenden Stürmen, Unwettern und Überschwemmungen kommt. – Ist das nun als Strafe Gottes anzusehen? Moses beschrieb diese Geschichte so wie alles andere in der damals üblichen Schreibweise, das heißt in Bildern. Sie hatten aber alle den Charakter von Entsprechungen.
Ich sage euch: Alle Naturkatastrophen haben ihre Ursache im ausbeuterischen Handeln der Menschen! Würden sie in der gottgegebenen Ordnung leben, so hätten dies alles nicht zu befürchten. Wenn aber die »gescheiten« und überaus »klugen« Menschen die Natur über den notwendigen Bedarf hinaus nutzen, verändern und zerstören, obwohl die Qualität der Lebensgrundlagen von einer großen Menge intelligentester Naturgeister gesichert wird, ist es da verwunderlich, wenn diese Erde von Katastrophen heimgesucht wird? Wenn man auch nur ein wenig mit den Gesetzen der Natur vertraut ist, wird man dies leicht verstehen. (GEJ 4,143-144)

2.3.2. Die geistige Hölle

Die geistige Hölle schaffen sich die Menschen selbst

Jesus zu Agrikola:
Es glaube aber ja niemand, Ich selbst habe dereinst die Hölle geschaffen. Auch ist sie keineswegs ein Ort zur ewigen Bestrafung der Übeltäter dieser Erde. Sie hat sich vielmehr von selbst gebildet und zwar aus jenen vielen Menschenseelen, die auf dieser Erde jede göttliche Offenbarung verhöhnten, Gott leugneten und nur taten, was ihrer leiblichen Sinnlichkeit und ihrem Machtstreben diente. Zur Verführung des Volkes wurden Götzen erfunden, die es dann anbeten oder denen es Opfer bringen mußte. Wer sich weigerte,

wurde grausam gemartert. So könnt ihr vielleicht erahnen, welche Macht die Hölle über die ganze Erde ausübte, und wie sehr es nun an der Zeit war, daß Ich Selbst in die Materie herabstieg, um dieses Gericht (Verderben, seelischer Irrweg) zu durchbrechen und dadurch der sich selbst geschaffenen Hölle einen Damm zu setzen, den sie nicht mehr so durchbrechen kann, wie es bis jetzt der Fall war. Ich, der Allerheiligste, mußte Mich mit der Unvollkommenheit der geschöpflichen Schwachheit bekleiden, um Mich der Hölle zu nähern. Nun bin Ich in ihrer Mitte, und alle Teufel und Satane fliehen vor Mir. – Nun habe Ich euch erklärt, was die Hölle ist, was sie tat, zum Teile noch tut, und was die Erlösung ist.

Agrikola:
Eine solche Beschreibung der Hölle ist noch nie zu meinen Ohren gekommen! Wir Römer haben sie nach unserer Phantasie unter dem Erdboden, besonders in der glühenden Lava der Vulkane vermutet. So aber sieht die Sache ja ganz anders aus! Da ist ja nun die ganze Erde mit ihrem Menschengeschlecht die reinste Hölle.

Jesus:
Ja, die Welt und die Hölle gehören zusammen wie der Leib und die Seele. Die Hölle bedient sich der äußeren Welt geradeso, wie sich die Einzelseele ihres Leibes bedient. Ist die Seele ein Engel durch ihre Liebe zu Gott und zum Nächsten, so wird auch der Leib nur Gutes tun, weil die Seele den Leib regiert. Ist aber die Seele ein Teufel, so ist es auch ihr Leib.

Wie früher, muß auch jetzt und künftig jede Seele im Fleisch ihre Willens- und Erkenntnis-Freiheitsprobe durchmachen. Eine solche kann jedoch ohne zugelassene Anregungen zum Guten wie zum Bösen nie stattfinden. Nun haben aber die Menschen durch Mich eine Hilfe an die Hand bekommen, mit der sie dem Satanischen in sich begegnen können. Die es nicht tun, werden der neuen Hölle noch mehr verfallen, als es die Alten bis heute taten.

2.3. Wo und was ist die Hölle?

Agrikola:
Da wäre es ja besser, solche neuen Höllenseelen nach dem körperlichen Tode sofort zu vernichten!
Jesus:
Das geht nicht. Denn alle Seelen, ob sie nun gut oder böse sind, kommen aus Mir. Und wie von Mir ewig nichts vernichtet werden kann, so kann auch die schlimmste Seele nicht sterben, sondern jede lebt in dem was sie liebt, fort. (GEJ 6,240:1-10)

Irdische Bosheit findet in der jenseitigen Hölle ihre Fortsetzung

Jesus zu einem Römer:
Kannst du dir vorstellen, wie die Seelen solcher Menschen im Jenseits miteinander umgehen, die zu Lebzeiten schon von Selbstsucht und Hochmut geprägt waren? – Bedenke dabei aber, daß sie auch im Jenseits ganz frei sind, daß kein Gesetz sie auf irgendeine Art bindet, und ein jeder tun kann, was er will! Wenn du dir das vor Augen führst, so wirst du eine Anarchie vorfinden, die auf der Erde beispiellos ist: Jeder will der höchste Herr sein; solche, die im Gleichen bös und falsch sind rotten sich gegen jene zusammen, die auf anderem Gebiet Tyrannen sind. Das ergibt einen ewigen Hader, Zank, Krieg und gegenseitige Verstümmelungen. Und klauben sich letztere wieder zusammen, sinnen sie erst recht auf Rache.
Für jede Art von Bosheit bilden sich eigene, große Vereine, die eine Weile in scheinbarer Harmonie zusammenhalten. Haben sie einen anderen Verein bestürmt, ihn gesprengt und Beute gemacht, will dann bei deren Aufteilung jeder der Anführer gewesen sein und somit auch die meiste Beute haben. Dadurch geraten dann die Sieger untereinander in Streit: Zuerst wird gelost. Ist einem damit der größte Teil zugefallen, werden ihm dann noch so allerlei Proben auferlegt. Dabei wird ihm vieles versprochen, sogar die Krönung zum König und Gott aller Vereine. Geht er jedoch auf die Bedingungen nicht ein, erhält er den kleinsten Teil der Beute, was

ihn natürlich in eine geheime Wut versetzt. Nimmt er dagegen die Proben an, wird er fürchterlich gedemütigt und muß sich alle möglichen Beschimpfungen und Marter gefallen lassen. Hier gilt dann euer römisches Sprichwort: AUT CAESAR, AUT NIHIL, also: entweder Cäsar oder nichts, oder: alles oder nichts. Hat er die Proben endlich überstanden, wird er zwar kurzzeitig König. Diese Ehre dauert aber nicht lange, denn es gibt bald Intrigen und Verschwörungen, der alte Machthaber wird abgesetzt und ein neuer Diktator gelangt an seine Stelle. – Zwar werden von Zeit zu Zeit bessere Lehrer zu solchen in sich zerstrittenen Horden gesandt. Aber denen geht es meist nicht besser als jenen Engeln, die damals nach Sodom und Gomorra geschickt wurden: Jede Gruppe möchte die starken Wesen gleich dazu mißbrauchen, ihre jeweiligen Feinde zu vernichten. Daraus kannst du ersehen, wie es mit der Besserung dieser Geister bestellt ist. (GEJ 6,238:2-6)

Die Rachsucht als Wesensmerkmal der Hölle
Jesus zu einem Römer:
An einem weiteren Beispiel will Ich dir das Wesen der Hölle klarmachen: Stelle dir zwei benachbarte, stolze und herrschsüchtige Könige vor. Sie stehen rein äußerlich in bester Freundschaft und wenn einer den anderen besucht, so überbieten sie sich an gegenseitig an Freundlichkeit, umarmen und küssen sich. Heimlich jedoch wünscht jeder dem anderen den Tod und wartet nur auf eine günstige Gelegenheit um sich seines Nachbarn entledigen zu können. Irgendwann findet sich dann ein Grund und die beiden überfallen sich mit einem Krieg. Der Stärkere besiegt den Schwächeren und diesem bleibt nichts als die Flucht. Der Besiegte geht nun eiligst zu einem dritten, noch mächtigeren Nachbar und wiegelt diesen gegen seinen Feind auf, verrät ihm dessen strategische Schwachstellen und bietet sich darüber hinaus selbst zum Führer an. Unversehens wird der frühere Sieger überfallen und aller seiner Güter und Länder beraubt. Wenn sich dieser durch Flucht retten

kann, wird er bald in einen Vierten einen Verbündeten finden, der gegen den Dritten zieht und ihn möglicherweise besiegt, und die Geschichte hat dann eine Weile scheinbar Ruhe. Die Besiegten aber ruhen in ihrem Innern keineswegs, sondern jeder sucht für sich nach einer Gelegenheit, sich an allen Siegern auf das Grausamste zu rächen. Und sieh, so wird ein höllisches Gemüt von seinem inneren bösen Wurm immer weiter und weiter angetrieben. – Und so, wie du an diesem Beispiel gesehen hast, ist die jenseitige Hölle bestellt. Wie aber willst du in diesen Wesen eine Besserung Ihres schwarzen Gemütes bewirken? (GEJ 6,237:6-9)

Leidender Zustand einer gottfernen Seele in der Hölle
Jesus zu Pharisäern:
Die Seelen der Gottfernen leben nach dem Tode auch fort, aber es handelt sich dabei nur um ein Scheinleben, gleich dem aller Materie und gleich dem, das gewisse Tiere haben, welche Winterschlaf in einer Erdhöhle halten und untätig sind. Wer die Hölle in sich birgt, dessen Gemüt ist taub und blind. Nur dann und wann ermahnt ihn sein Gewissen, sonst würde er der Hölle in sich gar nicht wahrnehmen. Denn eine satanische Seele befindet sich in einem todähnlichen Zustand und ist verfestigt wie alle Materie. (GEJ 8,18:5-7)

Ein höllischer Geisteszustand kann sehr lange andauern!
Ein Schriftgelehrter zu Jesus:
Wir alle zusammen werden nichts ausrichten können gegen die Willkür der Weltherrscher! Diese werden ihre Strafkodexe darum nicht ändern und werden ihre Todesurteile nach wie vor fällen. Und wenn sie dazu noch das beruhigende Gleichnis vom verlorenen Sohn hören, werden sie sich aus der Hölle nicht viel machen!
Jesus:
Sorge du dich um etwas anderes! Die Zeit, binnen welcher der verlorene Sohn – der dem sogenannten »Großen Weltmenschen« im

unendlichen All entspricht – Aussicht auf Wiederaufnahme ins Vaterhaus hat, ist nicht so kurz, wie du sie dir vorstellst. Denn solange dieser in der Materie gefangene »Weltenmensch«, der aus vielen Sonnensystemen besteht, sich nicht völlig ins Geistige aufgelöst hat, wird auch das Gericht und die Hölle fortbestehen.

Dieser »Weltenmensch« als eine allgemeine Entsprechung des verlorenen Sohnes, ist also in Umkehr begriffen und der Vater, der ihm entgegenkommt, bin Ich. Wohl dem Sünder, der Buße tut und reuig zu Mir zurückkehrt! Aber darum stelle sich ja keiner vor, daß die Umkehr im Geisterreich in einem zu kurzen Zeitraum erfolgen wird, und daß die Bewohner der Hölle oder des Gerichtes etwa nur eine kurze Zeit für ihre Untaten wegen ihrer selbst geschaffenen Unordnung zu leiden haben! Die Hartnäckigsten werden natürlich am längsten und die früher in sich Gehenden weniger lang brauchen. (GEJ 6,245:1-4; 246:1 & 9)

3. Die geistige Welt
3.1. Wer ist Gott?

Vorbemerkung

In diesem Abschnitt erfahren dort wir näheres über das Wesen Gottes, wo die Kürze des Johannes-Evangeliums der Bibel nicht erschöpfend Auskunft gibt. Dieses Lichtwesen von Ewigkeit her charakterisiert sich uns gegenüber selbst mit den Attributen: *Vollkommenheit, Liebe, Weisheit, ewige Schaffenskraft, Gerechtigkeit* und *Barmherzigkeit.*

»Gott«, »Raum« und »Ewigkeit« entsprechen den Begriffen »Vater«, »Sohn« und »Geist«. Der Vater steht für die Liebe in höchster Vollendung, der Sohn für das räumlich und (für uns Menschen) materiell Faßbare. Der Geist schließlich steht für Bewegung, Leben und Weisheit an sich. Alle Weltkörper des unendlichen Kosmos' sind nichts anderes als Ideen Gottes, die durch seinen starken Willen zu Materie wurden. Auch Luzifer als das erste, von Gott geschaffene Geistwesen ist eine Idee. Es durfte sich verselbständigen und wurde als gegenpolarer »Satan« abtrünnig. Jeder geistigen Abtrünnigkeit aber wohnt gemäß der göttlich-kosmischen Ordnung die Tendenz inne, sich zu verdichten; dies bis hin zu ihrer härtesten Form, beispielsweise in Fels und Gestein.

Ungeachtet der unterschiedlichen Religionsgemeinschaften auf Erden und ungeachtet der verschiedenen Namen für »Gott«, gibt es in der Geisterwelt wie auch im endlosen Weltraum nur eine einzige Gottheit! Als reinstes Geistwesen ist er unsichtbar, und zwar nicht nur für die materiellen Geschöpfe, sondern auch für die Engel, die gewissermaßen als seine geistige Gehilfen tätig sind.

3.1.1. Definition

Esoterische Definition des Begriffes »Gott«

Jesus:
Der Satz im Johannes-Evangelium »Im Anfang war das Wort und das Wort war bei Gott, und Gott war das Wort« lautet in der richtigen Übersetzung: In der Grundursache allen Seins war das Licht als der große Schöpfungsgedanke. Dieses Licht war nicht nur in, sondern auch bei Gott. Das heißt, das Licht gehört auch zum nach außen erkennbaren Wesen Gottes und umfließt es. So kann man auch sagen: In Gott war das Licht, das Licht durchfloß und umfloß Gott, und Gott Selbst war das Licht.

Ein Ur-Grundsein allen Seins (Licht allen Lichtes, Urgedanke aller Gedanken, Urform aller Formen) beinhaltet zum einen sowohl die sterbliche Form als Materie, zum anderen aber auch die unsterblichen Form als Geist. Dies bedeutet zwangsläufig, daß in Gott als dem Ur-Gundsein alle Gegensätze (Polarität) vereint sein müssen. Weiterhin ist in Gott das Leben und die Tätigkeit schlechthin.

Da dieses Ur-Leben aus sich heraus die Wesen schuf, enthalten auch sie sowohl das Licht wie auch das Leben. Da aber das Ur-Leben Gottes ein vollkommen freies ist und dasselbe Leben auch in seinen Geschöpfen wiederzufinden ist, fühlen sich die geschaffenen Wesen und auch der Mensch völlig frei. (GEJ 1,1:6-14)

Das Wesen Gottes

Gutsherr Lazarus zu Jesus:
Wie sieht es mit dem ewigem Bestand des Weltalls aus? Wer hat ihn so endlos weit ausgedehnt, und wie und wann? Was ist eigentlich die Ewigkeit, und wie ist in der Zeit und im Raume Gott Selbst ewig und in allem unendlich?

Jesus zu Lazarus:
Gott, Raum und Ewigkeit entsprechen den Begriffen Vater, Sohn und Geist. Der Vater oder Gott ist durchgehend Liebe in höchster Vollendung. Der Raum oder der Sohn ist das aus dem ewigen Stre-

3.1. Wer ist Gott?

ben der Liebe hervorgegangene Wesenhafte. Die Ewigkeit oder der Geist schließlich ist Bewegung an sich, worin die Bestrebungen der Liebe nach Verwirklichung drängen. Wollt ihr euch ein Bild über Gott machen, so müßt ihr den Tod und alles Vergängliche aus dem endlosen Weltraum wegdenken und euch nichts als Leben und Intelligenz vorstellen. Alle Weltkörper in ihren vielfältigen Bestandteilen sind nichts anderes als durch den starken Willen Gottes zu fester Materie gewordene Ideen. (GEJ 8,28:9 & 16-20)

Gott und seine Schöpfungsidee
Jesus zu einem Pharisäer:
Gott ist dem Geiste nach ewig und unendlich. Alles entsteht und besteht aus Ihm, alles ist in Ihm. Die Gedanken und Ideen denkt er im klarsten Licht Seines Selbstbewußtseins und will, daß sie Realität werden. Und sie sind dann schon das, was sie von Anfang an sein müssen. Dazu legt Er dann noch den Keimfunken Seiner Liebe, belebt sie, daß sie dann als selbständige Wesen bestehen können, und leitet sie dann zu einer möglichst hohen Stufe unzerstörbarer Selbständigkeit.

Weil die göttliche Liebe sie leitet und erhält, reproduzieren sich diese Wesen selbst und können sich ins Unendliche vermehren. Alles was aus ihnen schöpferisch hervorgeht, ist dem Erzeuger wesensgleich. Die Vermehrung der göttlichen Liebe in beiden macht es möglich, daß sich diese Wesen aus der Materie mit der Zeit ganz ins rein Geistige und damit Gottähnliche wandeln. Dennoch bleiben sie individuell und selbständig – und das für ewig. Auf diese Weise kehren die einmal hinausgestellten Gedanken und Ideen Gottes wieder völlig zu Gott zurück. Doch nicht mehr als das, als was sie einmal waren, sondern als lebendige, ihrer selbst bewußte, selbständige und selbsttätige Wesen. Sie bestehen dann aber unabhängig von Gott, wirken und schaffen wie er. Darum habe Ich auch zu Meinen Jüngern gesagt: »Werdet vollkommen, wie euer Vater im Himmel vollkommen ist«. (GEJ 6,226:8-10)

3. Die geistige Welt

Gott birgt in Harmonie alles Gegensätzliche in sich
Jesus zum Statthalter Cyrenius:
Jedes Dasein – das göttliche nicht ausgenommen – beherbergt in sich lauter Gegensätze: Verneinende und bejahende, die sich gleichermaßen gegenüberstehen wie Kälte und Wärme, Finsternis und Licht, hart und weich, bitter und süß, schwer und leicht, eng und weit, breit und schmal, hoch und nieder, Haß und Liebe, böse und gut, falsch und wahr, Lüge und Wahrheit.
Keine Kraft kann etwas bewirken, wenn sich ihr keine Gegenkraft entgegenstellt. Ein Sein ohne ein Gegensein wäre demnach so gut wie gar kein Sein. Und so muß denn auch das vollkommene Wesen Gottes in sich selbst Gegensätze beinhalten. Ohne diese wäre es so gut wie kein Wesen. Diese Gegensätze befinden sich aber in einem ununterbrochenen Kampf miteinander, und zwar so, daß der Sieg der einen Kraft immer auch zur Stütze der besiegten Kraft wird.
Wollte nun Gott aus Sich heraus Ihm ähnliche, freie Wesen erschaffen, so mußte Er sie ja auch mit eben diesen Gegensätzen versehen, die Er in Sich Selbst von Ewigkeit her in ausgewogener Weise besitzt. Sonst hätte er nie etwas erwirken können. Die Wesen wurden also völlig nach Seinem Ebenmaß gestaltet, und es war ihnen am Ende darum auch die Fähigkeit eigen, sich selbst zu konsolidieren. Jedem Wesen war Ruhe und Bewegung, Trägheit und Tätigkeit, Finsternis und Licht, Liebe und Zorn, Heftigkeit und Sanftmut gegeben; ein Unterschied bestand lediglich im Maß der Ausgewogenheit.
Während sich bei Gott all die Gegensätze schon von Ewigkeit her in ausgewogener Ordnung befanden, mußten sie bei den geschaffenen Wesen erst durch den freien Kampf in die rechte Ordnung gelangen. Nun entstanden verschiedene Siege. Im einen Teil wurde die Ruhe zum überwiegenden Sieger und die Bewegung war untergeordnet. Dann siegte wieder die Bewegung und sie wurde deshalb von der nunmehr schwächeren Ruhe bekämpft. Bei vielen Wesen

haben die Gegensätze ein rechtes Maß der Ausgewogenheit erreicht, und ihr Sein ist dadurch ein vollkommenes geworden, weil sie sich durch ihre gegenseitige Intelligenzfähigkeit bestens unterstützen. (GEJ 2,228-229)

Im unendlichen Universum gibt es nur einen einzigen Gott
Faustus zu Jesus:
Es gibt somit in aller Unendlichkeit nur ein Gott, eine Kraft und ein Gesetz von ewiger Ordnung. Wer sich dieses Gesetz zu eigen macht, für den ist alles und überall Himmel. Wer aber aus freiem Willen heraus diesem Gesetz widerstreben will, für den ist überall Hölle, Unglück und Tod.
Jesus:
Genauso ist es. (GEJ 2,10:1-2)

Die Geisterwelt ist auch auf Erden allgegenwärtig
Der Gutsherr Lazarus zu Jesus:
Wie sieht es eigentlich in und mit dem Weltall aus? Ist in ihm überhaupt geistiges Leben vorhanden?
Jesus:
Daß dem mit eigenen Bewußtsein ausgestatteten Menschen der endlose Weltraum wie leer, geistig tot und ohne Intelligenz vorkommt, liegt daran, daß sein Verstandesbewußtsein zwecks Erlangens einer eigenen Lebensselbständigkeit von der übrigen Geisterwelt des Universums' abgesondert ist. Dadurch wird das menschliche Bewußtsein gezwungen, sich selbst zu finden und weiterzuentwickeln. Solange aber der Mensch solchermaßen mit sich selbst zu tun hat, ahnt er kaum etwas davon, daß sowohl seine Umgebung als auch er selbst von lauter feinstofflichem Leben und geistiger Intelligenz umgeben ist. Ohne die wäre er eigentlich gar nicht da. Wenn er aber nach dem ihm geoffenbarten Willen Gottes mit sich selbst fertig geworden ist, indem der Gottesfunke in ihm seine Seele im Zuge der »geistigen Wiedergeburt« ganz durchdrungen hat,

tritt der ganze Mensch dann auch in den Verband der höchsten kosmischen Intelligenz ein. Dabei behält die Seele ihre individuelle Selbständigkeit. In diesem Stadium nimmt der nunmehr vollkommene Mensch die allgegenwärtige Geisterwelt mit ihrer Intelligenz wahr, die ihm zuvor verhüllt war.
So wird euch vielleicht auch Meine Allwissenheit begreifbar. Wie könnte Ich denn um gar endlos vieles und alles wissen, wenn der Raum zwischen Meiner individuellen Wesenheit und den unzähligen Sonnensystemen ein leeres, geist- und intelligenzloses Universum wäre? Euch sind ja auch hellsichtige Menschen bekannt, die, obwohl sie ihren Ort nicht verlassen, von etwas wissen, was sich irgendwo in weiter Ferne zuträgt. An den sieben Ägyptern habt ihr diesbezüglich ein gutes Beispiel: Wer hat sie benachrichtigt, daß Ich da sei? Sie erfuhren es von der allgegenwärtigen Geisterwelt, und auch, welchen Weg sie zu uns nehmen müssen. Wäre der Luftraum zwischen hier und Oberägypten ein geistloser, so wären sie auch unmöglich innegeworden, was hier ist und geschieht. (GEJ 8,29:1-4)

3.1.2. Personifizierung

Die drei Wesensformen Gottes
Gott zu Beginn des Diktats an sein Medium:
Ich bin der alleinige, ewige Gott in Meiner dreieinigen Natur als Vater Meinem Göttlichen nach, als Sohn Meinem Menschlichen nach und als Geist allem Leben, Wirken und Erkennen nach. Ich bin von Ewigkeit die Liebe und die Weisheit Selbst. Nie habe Ich von jemandem etwas empfangen. Alles, was da ist, ist von Mir, und wer etwas hat, der hat es, von Mir. (HG 1,2:10)
Jesus zu Pharisäern:
Ihr fragt nach der Dreigliederung Gottes in Vater, Sohn und Heiligen Geist? – Seht, Gott ist der Schöpfer aller Wesen, von denen er sich aber unterscheidet. Wenn sich schon der Mensch in jede Richtung körperlich frei bewegen kann und sein Geist noch um vieles

3.1. Wer ist Gott?

beweglicher ist, wie erst recht Gott! Er hat natürlich auch die Möglichkeit, zu inkarnieren, um den Menschen gegenüber als ihresgleichen sicht- und begreifbar zu sein.

Der räumlich unbegrenzte und zeitlose Gott hat aber nicht die Möglichkeit, andere, Ihm völlig gleiche Gottheiten außerhalb sich selbst zu schaffen. Könnte er das, so müßte es außerhalb des einen unendlichen Raumes auch noch mehrere, ebenso unendliche Räume geben, was aber verständlicherweise nicht sein kann. Denn wenn der eine Raum nach allen denkbaren Richtungen hin unendlich ist wo sollte dann ein zweiter ebenso unendlicher Raum seinen Anfang nehmen? So ist also ein zweiter vollkommener Gott ebensowenig denkbar wie ein zweiter unendlicher Raum. Würde Ich außer Mir noch zwei Götter schaffen, wie etwa den Sohn und den Heiligen Geist, so daß beide von Mir individuell verschieden wären, so müßten sie ja notwendigerweise auf alle Meine Machtvollkommenheit Anspruch haben. Es kann aber nur e i n solches endloses göttliches Hoheitsrecht geben. Denn gäbe es deren drei, so wäre ja das endlose Reich Gottes zersplittert und seine Existenz wäre ebenso undenkbar wie drei unendliche Räumen nebeneinander. Entsprechend kann man sagen, daß alle Zeiten in der Ewigkeit enthalten sind, sich in dieser bewegen und verändern. Dies läßt aber nicht den Kehrschluß zu, die Ewigkeit sei in einer noch so lange dauernden Zeit enthalten. So sind alle noch so großen, aber dennoch begrenzten Räume im endlosen Weltraum enthalten, dieser aber unmöglich in ihnen.

Wenn der Sohn ewig da war, wie konnte Er gezeugt werden? Und wenn der Heilige Geist eben auch von Ewigkeit her bestand, wie konnte er vom Vater oder Sohn ausgehen oder seinen Ursprung nehmen? Wenn die drei göttlichen Personen ewig, das heißt ohne Anfang sind, konnte ja keiner dem anderen den Anfang seines Seins geben. Ich, der nun als ein fleischlicher Mensch vor euch steht, bin der Sohn und als solcher niemals von einem anderen als nur von Mir Selbst gezeugt worden. Also bin Ich auch Mein eigener Vater. Wo anders könnte denn der Vater sein als nur im Sohn, und wo anders der Sohn als nur im Vater? Dieser Mein Leib ist die verherrlichte Gestalt des Vaters. Dies war notwendig, um den Menschen und Engeln ein begreiflicher und sichtbarer Gott zu werden. Ihr könnt mich jetzt sehen und mit mir reden und dennoch am Leben bleiben. Denn ehedem hieß es, daß Gott niemand sehen und dabei weiter leben könne. In Mir ist der Vater; in mir ist aber auch der Heilige Geist als die von Mir ausgehende Kraft, die das Universum schöpferisch erfüllt.

So, wie Ich als Gottmensch hier in diesem Speisesaal auf dem Ölberg bin, befinde Ich Mich in dieser Form nirgendwo anders, weder hier auf Erden noch auf einem anderen Gestirn. Aber durch die von Mir ausgehende Kraft in Form des Heiligen Geistes, erfülle Ich wirkend dennoch das endlose Weltall. Ich sehe alles, vom Größten bis zum Kleinsten, kenne alles, weiß um alles, verordne alles und schaffe, leite und regiere alles. (GEJ 8,26-27)

Gott als Vater und Sohn
Jesus zu Bewohnern Kanas:
Ihr sollt glauben, daß eben dieser Gott, der Mein Vater, also Meine Liebe ist von Ewigkeit her, Mich in diese Welt gesandt hat (vergl. Jh. 17,23). Jeder, der an Mich glaubt, kann das ewige Leben erhalten (vergl. Jh. 3,16) und ein Kind des Allerhöchsten werden. (GEJ 1,210:16)

Gott als geistige Sonne wurde erst in Jesus sichtbar
Jesus:
Gott war, bevor die Inkarnation in Mir erfolgte, unpersönlich. Daher war er auch für niemanden sichtbar. Man spürte nur Sein Wesen, das sich naturgemäß als Licht bemerkbar machte, da Gott in Sich Selbst reines Licht ist. Nicht einmal die reinsten Engelsgeister konnten die Gottheit je anders sehen als eine Sonne (vergl. GS 2,13:7). Wo aber Licht ist, durchflutet es alles und belebt alles.

3.1. Wer ist Gott?

Dieser unpersönliche Gott strahlt als Licht nun aber nicht nur von einem einzigen Punkt aus, wie es etwa eine Sonne tut, sondern ist ein Lichtmeer, in dem es keine Konzentration gibt. Jene, die geistig zum Gottwesen hinauf drangen, konnten es nicht anders empfinden als ein Leben im Licht, ein Schweben und Ruhen im Licht, ein wunschloses Sich-Vermählen mit dem Licht. Erst als der Menschensohn zur personifizierten Gottheit wurde, konnte man sich ihr nähern, wie man sich jedem anderen Menschen näher kann.

Nach dem Fall Luzifers, als nämlich die materielle Welt in Erscheinung trat, entstand als Gegenpol dazu die geistige Sonne, in der die Gottheit wohnt. Zwar war das Licht für die geistige Welt immer sichtbar, für den noch im Fleisch befindlichen Menschen vor Meiner Inkarnation aber nicht. Die geistige Sonne war demzufolge nur den hochentwickelten Geistwesen sichtbar, jetzt jedoch auch dem Menschen, der an Mich glaubt. (GEJ 11,75:9-10)

Die 7 Geister (= Gebote) Gottes
Gott zu Beginn des Diktats an sein Medium:
Das Wort stieg in der Gottheit empor und ertönte in ihr. Das Wort war zum Gesetz, und das Gesetz war die Liebe und strömte in alles über. Und siehe, da wurden drei gebildet und aus ihnen gingen sieben hervor. Die drei waren: Liebe, Licht und Gottheit. Die sieben waren die sieben Geister Gottes, nämlich:

1. Liebt die Liebe.
2. Fürchtet die Gottheit welche tötet damit ihr nicht getötet werdet.
3. Die Liebe in euch ist heilig; darum achtet euch untereinander, wie euch die Liebe in der Gottheit achtet und Freude an euch hat.
4. Jeder ist sein Eigentum und das Eigentum der Liebe Gottes. Daher werde keiner dem anderen zum Raub.
5. Keiner verdecke je sein Antlitz vor dem anderen, damit man in euch jene Liebe erkennt, die euch werden hieß.

6. *Euer Inneres sei auch euer Äußeres, damit keine falsche Regung in euch entstehe und ihr zugrunde geht.*
7. *Euer Äußeres sei der getreue Widerschein eures inneren Spiegels, in welchem Sich die Liebe der Gottheit beschaut. Sonst wird der innere Spiegel zerbrochen und euere Gestalt wird schrecklich werden (HG 1,5:11-12)*

Gottes Geisterwelt kennt keinen Raum und keine Zeit

Jesus zu Philopold:
Daß Raum und Entfernung für die Geisterwelt nicht bedeutsamen sind will Ich dir an einem Beispiel klar machen: Stelle dir die Weltstadt Rom vor, in der du schon warst. Ohne daß du irgendeine Zeit bräuchtest, bist du in Gedanken sofort dort und befindest dich auf den dir bekannten Plätzen, Gassen und Straßen. Dein Gedanke hat also bis nach Rom keine Zeit gebraucht, weil die Entfernung für ihn nichtig war.

Daraus kannst du ableiten, daß deine Seele als ein geistiges Wesen, samt ihrer Tätigkeit, sich ebenfalls außerhalb von Zeit und Raum befindet. In Gedankenschnelle kann sie sich auf einen weit entfernten Stern versetzen und wieder zurück, ohne daß Zeit zum Durchmessen eines so ungeheuer weiten Raumes nötig wäre. So gibt es auch für den Geist Gottes und die Engel weder Zeit noch Raum. Raum und Zeit sind lediglich für die materielle Schöpfung erforderlich. (GEJ 6,28:7-10)

Die Allgegenwart der unsichtbaren Geisterwelt

Jesus (erzählend):
Nachdem Ich dem Ratsherrn die kurzzeitig verliehene geistige Sehkraft wieder genommen hatte, sah er keinen jenseitigen Geist mehr. Er fragte Mich darauf ganz verwundert, wohin denn nun die Wesen gezogen seien.

Jesus zu dem Ratsherrn:
Da sind sie nach wie vor, nur kannst du sie nun nicht mehr wahrnehmen und zwar deshalb, weil deine Seele noch zu sehr mit deinem Fleisch und noch zu wenig mit dem Geiste Gottes vereint ist.

3.1. Wer ist Gott?

Wenn du aber bestrebt bist, dich mit dem göttlichen Geist in dir zu vereinen, wirst du auch mit den Geistwesen um dich herum wieder Kontakt aufnehmen können.

Der Ratsherr:
Jawohl, aber mir geht es nun wie einem Betrunkenen, der manchmal gescheit, gleich darauf aber auch wieder dumm ist und sagt: »Da werde ich Jahre brauchen, bis ich darüber in mir zur vollen Klarheit gelange.«

Jesus:
Wer eifrig sucht, wird auch finden, wonach er sucht. Der Mensch kann ja, statt sich ein Leben lang mit leiblichen Dingen abzumühen – wie es meist der Fall ist –, im Gegenteil sich doch auch für seine seelische Vervollkommnung abmühen. (GEJ 7,220:1-4)

3.2. Wo und was ist der Himmel?

Vorbemerkung

Der Himmel, den sich viele Menschen als irgendwo im unendlichen Weltraum befindlich vorstellen, ist selbstverständlich nicht räumlich definiert. Wie Gott selbst ein Geistwesen ist, so ist auch der Himmel analog dazu ein Geisteszustand.

Der Himmel oder das Reich Gottes ist für uns Menschen die Belohnung dafür, daß wir während der irdischen Probezeit uns *freiwillig* für unseren geistigen »Vater« (so möchte Gott von uns genannt werden) und gegen die Verführung durch das Weltliche (= Satan) entschieden haben. Dies geschieht durch das alltägliche *Handeln* im Sinne Gottes: Ihn selbst und den Mitmenschen lieben, anderen wo auch immer helfen, Nächstenliebe tätig praktizieren und seinen Widersachern verzeihen. Das gelingt aber nur, wenn der seelisch angeborene Egoismus und Hochmut durch Demut ersetzt und auf Machtausübung anderen gegenüber verzichtet wird. Theosophisch gesehen ist der Himmel eher dynamisch als seelisch-geistiger Prozeß des Erkenntniszugewinns zu sehen, und zwar zunächst unbewußt in der Evolution bis zum Tier, und ab dem Menschen dann bewußt.

Die im Zuge vieler Inkarnationen aus dem Pflanzen- und Tierreich sich entwickelnden Menschenseelen werden von unserem Himmlischen Vater als »Weltkinder« bezeichnet. Im Laufe des Bewährungslebens auf der Erde können diese dann zu »Gotteskindern« werden. Der Lohn dafür ist kein geringer: Wird eine Seele durch entsprechenden Erdenwandel gottähnlich, gelangt sie nach dem leiblichen Tod in einen der drei Himmel. Dort kann sie – wie Gott selbst – als vollkommenes und *freies* Geistwesen an der weiteren Schöpfung des Universums eigenständig mitwirken.

3.2.1. Geistige Gesichtspunkte

Der Himmel ist dort, wo der Geist Gottes herrscht
Jesus zu den Jüngern:
Mein wahres Reich ist nur dort, wo Ich Selbst wirklich bin! Gott ist aber auch ein Herr über die materielle Welt und braucht sich nicht darum kümmern, was sich in der beschränkten Welt schickt oder was nicht! – Habt ihr das verstanden? (GEJ 1,54:11)

Himmel und Hölle unterscheiden sich nur geistig
Jesus zu Faustus (römischer Oberrichter):
Ich gebe dir ein Beispiel: In einem Haus wohnen zwei Brüder: Der eine ist mit allem zufrieden, was er im Schweiße seines Angesichtes dem Erdboden entlockt. Zufrieden und heiter genießt er den spärlichen Ertrag seines Fleißes. Seine größte Freude ist es, mit den noch ärmeren Brüdern seinen mühsam erworbenen Besitz zu teilen. Kommt ein Hungriger zu ihm, macht es ihm Freude, ihn zu sättigen, fragt ihn aber nie nach dem Grund seiner Armut. Ferner murrt dieser Mensch nicht über den Staat und die Obrigkeit sondern zahlt bereitwillig seine Steuern, ganz nach Hiobs Worten: »Herr! Du hast es mir gegeben. Dein ist alles. Was Du gabst, kannst Du mir jederzeit wieder nehmen. Dein heiliger Wille geschehe.« Kurz, diesen Menschen kann nichts in seiner Heiterkeit und seinem Gottvertrauen stören. Zorn, Neid, Hader, Haß und Hochmut sind ihm fremd.

Sein Bruder aber ist der unzufriedenste Mensch: Gott ist für ihn nur ein leerer Begriff. Er ist der Überzeugung, daß nur dumme Menschen in Bescheidenheit und Armut glücklich sein können. Der Mensch aber, der sich mit seinem Verstand weit übers Tierische emporgehoben hat, muß sich nicht mehr mit magerer Kost begnügen und hat es nicht mehr nötig, mit den zu etwas Besserem bestimmten Händen zu arbeiten. Vielmehr muß er zur Waffe greifen, sich zum Feldherrn und Herrscher emporschwingen und durch Triumphbögen in die großen Weltstädte einziehen, die er erobert hat. Mit einer solchen Gesinnung verwünscht dann dieser Mensch seine Armut und sinnt auf Mittel, wie er sich Geld, Reichtum und Macht verschaffen kann, um mit ihrer Hilfe seine herrschsüchtigen Ideen zu realisieren. Seinen zufriedenen Bruder verachtet er, und jeder noch Ärmere ist ihm ein Greuel. Barmherzigkeit kennt er nicht, denn er hält sie für die Eigenschaft feiger Sklaven und deren Genossen. Dem Menschen gezieme nur Großmut, diese aber so selten wie möglich. Kommt ein Armer zu ihm, beschimpft er ihn als faulen, arbeitsscheuen Schmarotzer und verweist ihn an seinen »ungeratenen« Bruder. Weil er aber großmütig ist, schenkt er dem Bettler diesmal noch sein armseliges Leben.

Siehe nun, diese beiden Brüder, Kinder *eines* Vaters und *einer* Mutter, leben in dem Haus beisammen. Der erste ist ein Engel, der zweite ein Teufel. Dem ersten ist die ärmliche Hütte ein Himmel, dem zweiten eine Hölle. – So können Himmel und Hölle auf engstem Raum beisammen sein. Nun, man könnte den Herrschsüchtigen zur Macht kommen lassen, damit auch dieser glücklich wird. Aber wo liegt der Maßstab, der ihm vorschriebe, wie weit er seine Macht treiben darf? Was wird er mit jenen Menschen machen, die sich seinem Willen nicht beugen wollen? – Siehe, er wird sie auf qualvolle Weise martern lassen, denn an einem Menschenleben liegt ihm ebensowenig wie an einem zertretenen Grashalm. – Was aber ist dann ein solcher Mensch? Er ist ein Satan!

Freilich muß es auf der Erde Herrscher und Könige geben. Diese müssen aber von Gott dazu erwählt und berufen sein und von gesalbten Königen abstammen. Solche sind dann berufen. – Aber wehe jedem anderen, der seine arme Hütte verläßt und versucht, mit allen Mitteln an die Macht zu kommen. Wahrlich, es wäre für ihn besser, nie geboren worden zu sein. (GEJ 2,9:2-10)

Das Himmelreich gleicht einem guten Erdreich, auf dem sowohl die edelsten Weintrauben als auch Dorngesträuch und Disteln wachsen und reifen. Und doch haben beide ein und denselben guten Boden. Der Unterschied liegt nur in der Verwendung des Bodens: die Rebe wandelt ihn in Gutes und Brauchbares, die Distel aber in Nutzloses und Ungenießbares. Der Himmel ist somit Nährboden sowohl für den Teufel wie für den Engel; nur jeder der beiden verwendet ihn anders .

Der Himmel gleicht auch einem Fruchtbaum, der gutes, süßes Obst trägt. Nun kommen Leute, welche die Früchte genießen wollen. Da gibt es welche, die genießen mit Dank nur soviel, wie sie im Moment essen können. Andere aber wollen von den wohlschmeckenden Früchten nichts am Baum zurücklassen, sondern verzehren alles aus Neid, damit die anderen ja nichts mehr vorfinden. Sie essen so lange, bis die letzte Frucht verzehrt ist, werden daraufhin aber krank und müssen sterben. Die Genügsamen jedoch sind vom nur mäßigen Genuß der Früchte gestärkt! Und doch haben beide Parteien vom selben Baum gegessen! Somit wird der Himmel zu einer Nahrung, die den Mäßigen stärkt, den Unmäßigen aber zugrunde richtet. (GEJ 2,9:11-14)

Jesus zum Griechen Philopold:
Es gibt keinen räumlichen Unterschied zwischen Himmel und Hölle, sondern nur einen geistigen. Im Reich der Geister macht gewissermaßen nur der Lebenszustand die Entfernung aus. Der Himmel ist für jeden guten Menschen da, wo er sich eben befindet, und alle Guten und Reinen sind in seiner Nähe. Wie es in dieser Welt zugeht, so geht es auch in der Hölle zu, nur mit dem Unterschied, daß in der Hölle die Guten, Demütigen, Geduldigen und auf Gott Vertrauenden fehlen, und allein die Bösen unter sich ihr Unwesen treiben. Dem ist allerdings eine Grenze gesetzt, wo es heißt: »Bis hierher, und nicht weiter!« Dann kommt ein großes Strafgericht, welches die Bösen wieder zur Besinnung bringt, und ihnen die Möglichkeit gibt, sich zu ändern. (GEJ 6,33:1-13)

Jesus zu einem Römer:
Die Hölle befindet sich ebensowenig an einem bestimmter Ort, wie der Himmel auch. Hölle wie Himmel hängen lediglich nur vom inneren Zustand des Menschen ab. So können Engel und Teufel unmittelbar nebeneinander sein, sind geistig jedoch meilenweit voneinander entfernt und wissen nichts voneinander. Das kann man nur schwer begreifen, denn die geistigen Verhältnisse sind ganz andere als die irdischen.

Ein Beispiel: Du kannst einem Menschen, der insgeheim dein Feind ist und Tag und Nacht überlegt, wie er dir schaden könnte, körperlich durchaus nah, in der geistigen Einstellung aber fern sein. Er neidet dir deine gute Position, ist aber klug genug, dir seine Gesinnung nicht zu verraten. Kommst du zu ihm, wird er dich mit großer Höflichkeit empfangen und dir alle Ehre geben, während er dich am liebsten gleich vernichten möchte. Aber er wartet ab, bis sich eine günstige Gelegenheit bietet und du ihn auf seine Stufe heraufhebst. Ist er erst mal oben wird es für ihn ein Leichtes sein, dich zu stürzen. – Sieh, das ist ein vollkommener Teufel, und er befindet sich schon mit Leib und Seele in der Hölle, während du als rechtschaffener und biederer Mann dich im Himmel befindest. Wenn du und dein böser Nachbar euch nebeneinander befindet, liegen räumlich gesehen Himmel und Hölle knapp nebeneinander. Aber wie weit seid ihr in eurer moralischer Einstellung voneinander entfernt?! (GEJ 6,237:2-5)

Der Himmel ist so endlos wie das Weltall
Simon von Kana zu Jesus:
Herr, möchtest Du uns denn nicht sagen, wo denn der Himmel eigentlich ist, in dem die Engel wohnen, und wie groß er ist?
Jesus:
Freund, du bist blind, wenn du das nicht siehst und begreifst. Wenn Ich sagte, daß der Himmel unendlich groß ist, wie kannst du noch nach seiner Größe fragen? Das Himmelreich ist geistig eben so

3.2. Wo und was ist der Himmel?

endlos ausgedehnt wie der endlose Weltenraum, von dem du mit deinem Auge nur einen unnennbar kleinsten Teil sehen kannst. (GEJ 1,140:1-2)

Die unbeschreibbare Schönheit des Himmels
Jesus (erzählend)
Ich und Petrus, Johannes und Jakobus machten uns schon eine gute halbe Stunde vor Sonnenaufgang auf die Beine und beobachteten die aus ihrem Schlaf erwachende Natur. Die Vögel waren schon munter und begrüßten mit ihrem mannigfaltigen Gesang die bald aufgehende Sonne; im Osten prangten rosige, mit Goldrändern verzierte Wolken; die Spitzen der Gebirge glühten, und im Jordantal lagen weiße Nebel. Auch ein wohlgeordneter Zug von Kranichen kam von Galiläa herübergezogen.
Der Jünger Johannes zu Jesus:
Dies ist ein wunderschöner Morgen. Herr, wird es dereinst in Himmel auch solche herrliche Morgen geben?
Jesus:
Solche irdischen wohl nicht, aber noch unaussprechlich herrlichere und vor allem immerwährende. Diesen Morgen kannst du nicht verlängern, der himmlische aber wird ein ewiger sein. Denn Ich sage es euch, was Ich euch schon oft gesagt habe: Kein fleischlich Auge hat es je geschaut und kein Herz empfunden, was Gott denen, die Ihn lieben, alles für Seligkeiten bereitet. Davon würdet in eurem irdischen Zustand auch nicht die geringste ertragen können (vergl. auch GEJ 8,106:10ff). Wenn aber einmal Mein Geist euch ganz durchdrungen hat, dann werdet ihr auch den Morgen Meiner Himmel mit überschwenglicher Wonne erfahren. (GEJ 7,129:2-3)

Nach dem »Reich Gottes« muß man suchen
Ein Pharisäer zu Jesus:
Meister, wer bist du, daß du also gewaltig redest und über uns den Stab brechen kannst?

3. Die geistige Welt

Jesus:
Ich sagte ja eben, daß die da mit sehenden Augen blind und die mit hörenden Ohren taub werden durch ihre Verstocktheit. Reinige dich von dem Schmutz des Tempels, damit du hören und sehen kannst! Das Himmelreich ist nicht ein Schatz, der gleichgültig gesucht werden kann. Vielmehr muß es mit vielem Ringen und Streben in der Wüste des Lebens gesucht werden. Und wer das nicht tut, dem kann es geschehen, daß ein anderer kommt, der nach ihm an derselben Stelle eifriger sucht und gräbt und auf den Schatz stößt, den der erste an derselben Stelle nicht fand. Ihr seid nun ausgezogen; sucht daher eifrigen, nicht gleichgültigen Sinnes, damit ihr findet, um was ihr auszogt! (GEJ 11,6:1-5)

Das Himmelreich findet man in seinem Herzen
Ein Pharisäer zu Jesus:
Meister, du sagtest, die Pforte des Himmels würde uns allen offen stehen. Könntest du uns den Himmel vielleicht einmal zeigen?
Jesus:
Wie lange muß Ich noch euere materielle Gesinnung ertragen? Ich selber bin die Pforte, der Weg und der Himmel Selbst! Wer Mich hört, an Mich glaubt und den Vater in Mir über alles liebt, der geht durch die rechte Pforte in das Himmelreich. Richtet euere Augen in euer Innerstes, da werdet ihr den Himmel sehen. Und das überall, an welchem Ort Meiner Schöpfung ihr euch auch immer befinden mögt, ob auf dieser Erde oder auf einer anderen, das ist gleich. Denn die Gestalt des Himmels wird sich nach dem formen, wie der Inhalt eueres Lebensgrundes beschaffen ist. Merkt euch also: Das Reich Gottes ist kein äußeres Schaugepränge und kommt auch nicht in irgendeiner Gestalt zu euch, sondern es ist inwendig in euch und besteht aus dem Geist der Liebe zu Gott und zum Nächsten. (GEJ 8,18:1-4)

3.2. Wo und was ist der Himmel?

Das Himmelreich geht an die Heiden über
Jesus zu den Jüngern:
Da seht ihr abermals, wie schnell Mich die Heiden als Messias erkennen und bei sich aufnehmen, während die Auserwählten Mich verstoßen, zu fangen und zu töten suchen. Dieser Römer hat Mich nur mit seinem Herzen gefunden, während Ich anderwärts Wunder über Wunder wirken mußte, um die Menschen zu überzeugen. Darum wird auch den Juden das Himmelreich genommen und in aller Fülle den Heiden gegeben werden. Denn diese werden es besser zu wahren wissen als die ungläubig gewordenen Juden und Pharisäer. (GEJ 11,4:2-3)

3.2.2. Dynamische Gesichtspunkte
Den Himmel schafft sich jeder selber
Der römische Oberrichter Faustus zu Jesus:
Was ist das Himmelreich und wo ist es?
Jesus:
Eigentlich ist das Himmelreich Gottes für die Freunde Gottes überall, für seine Feinde aber nirgends. Denn für letztere ist alles Hölle, hier, wie auch im Jenseits. Blicke weder zu den Sternen empor – denn sie sind Erden wie diese – noch senke deine Augen zur Erde hinab, denn sie ist gerichtet wie dein Fleisch, das einmal sterben und verwesen muß! Forsche allein in deinem Herzen. Dort wirst du finden, wonach du suchst. Denn in jedes Menschenherz ist der Same für das ewigen Leben gelegt.
Nach dem leiblichen Tod wirst du durch dein Herz in den endlosen Gottesraum hinaustreten, und nach der Qualität deines Herzens wirst du ihn entweder als Himmel oder als Hölle antreffen. Denn es gibt nirgends einen eigens geschaffenen Himmel, noch irgendeine eigens geschaffene Hölle, sondern beides kommt aus dem Herzen des Menschen. Und so bereitet sich jeder Mensch im Herzen – je nachdem er Gutes tut oder Böses – entweder seinen Himmel oder seine Hölle. (GEJ 2,8:3-7)

Den Himmel muß sich der Mensch mit Mühe verdienen

Jesus zu den Jüngern:
... und deshalb gebe Ich euch für diese Welt auch keinen Frieden, sondern das Schwert (vergl. Mt.10,34); denn durch den Kampf mit der Welt und mit allem, was sie euch bietet, müßt ihr euch des ewigen Lebens Freiheit erringen! Denn Mein Reich erleidet Gewalt, und die es nicht mit Gewalt an sich reißen (vergl. Mt. 11,12; Lk. 16,16), die werden es nicht einnehmen. (GEJ 1,201:4-5)

Ein Magier zu Jesus:
Wo befindet sich denn das wahre Reich Gottes, welches der Mensch anfassen und an sich reißen kann?
Jesus:
Wer Gott mehr verehrt als die Menschen und trotz deren Verfolgung den erkannten Willen Gottes tut, der reißt das Reich Gottes »mit Gewalt« an sich; und er wird es auch sicher bekommen. Dazu gehört aber noch, daß man allen weltlichen Verlockungen möglichst entsagt, seinen Beleidigern verzeiht, gegen niemanden grollt, seinen Schädigern Gutes tut, sich über niemanden erhebt und sich von Völlerei, Hurerei und Ehebruch enthält.
Wer Gott zwar erkennt, Ihn achtet und liebt und seinen Nächsten wie sich selbst, aber dabei dennoch die Welt mehr fürchtet und Mich vor ihr wegen persönlicher Nachteile verleugnet, der reißt das Reich Gottes noch nicht mit Gewalt an sich. Daher wird er es zu Lebzeiten noch nicht ganz erlangen. Bis zu seiner Vervollkommnung hat er dann im Jenseits noch manche Prüfung zu bestehen. (GEJ 7,127:1-5)

Jesus zu dem Römer Agrikola:
Dem, der es erst meint, ist jede Mühe und Arbeit eine nur leichte Bürde. Wenn du aber für eine ernste Arbeit die Mühe scheust, so wirst du nicht ans Ziel kommen. Und Mühe und Kräfteanstrengung

3.2. Wo und was ist der Himmel?

ist ja eben die »Gewalt«, die ein jeder Mensch aufbringen muß, um das Reich Gottes zu erringen. (GEJ 8,105:1)

Jesus zu einem römischen Hauptmann:
Seht, diese Erde und der sichtbare Himmel mit allem, was er faßt, werden vergehen, aber Meine Worte und Meine Verheißungen werden nicht vergehen! Ich werde euere Bitten auch nicht unerhört lassen. Doch für das Reich Gottes braucht man Gewalt (man muß sich um den Himmel bemühen, vergl. GEJ 8,105), denn nur jene werden das ewige Reich erlangen, die darum kämpfen (vergl. Mt. 5,18 & 24,35; Mk.13,31; Lk.21,33).
In dieser Zeit, in der die satanischen Versuchungen auf dieser Erde unter den Menschen übergroß geworden sind, muß viel Mühe und Kraftanstrengung für das Göttliche aufgewandt werden. Denn nur jene werden das Himmelreich besitzen, die es mit Gewalt an sich reißen. (GEJ 10,110:4-5 & 117:12)

Vom Lohn der Gotteskindschaft
Jesus zu Schriftgelehrten:
Ihr seid nicht nur Meine Geschöpfe, sondern ihr seid wie euer Vater, endlos mehr. Wahrlich sage Ich euch: Euch ist als meinen Kindern im Himmel ein endlos großer Wirkungskreis zugedacht, dessen Größe ihr aber erst dann voll begreifen könnt, wenn ihr dereinst in Meinem ewigen Reich mit Mir wohnen und wirken werdet! Denn jetzt ist euch das alles nur ein wunderlicher Traum, wie es auch oft bei guten Kindern frommer Eltern der Fall ist. Aber was Ich euch hier sage, ist tiefe und göttliche Wahrheit. Wie Mir Selbst alle Macht und Gewalt im Himmel und auf dieser winzigen gegeben ist, ebenso soll sie auch euch allen, die ihr an Mich glaubt und Mich über alles liebt, eigen werden. Denn die Kinder eines Vaters dürfen nicht weniger vollkommen sein, als der Vater selbst. Wahrlich Ich sage euch: Keines Menschen Auge hat es je geschaut, keines Menschen Ohr gehört und keines Menschen Sinn je gefühlt,

was Ich für jene Meiner Kinder in der Bereitschaft halte, die Mich als ihren Vater wahrhaft mit einfältigem Herzen lieben! (GEJ 8,38:9-12)

Die Herrlichkeit des Himmels als Lohn für die Gottsuche

Jesus zum Römer Markus:
Aus dem, was Ich euch gelehrt habe, könnt ihr ersehen, in welchen Wahrheits- und Weisheitstiefen sich diejenigen befinden, welche die Wiedergeburt ihrer Seelen in Meinem Geist erlangt haben. Und Ich sage hier noch einmal, was Ich schon oft gesagt habe: Keines Menschen Auge hat je gesehen und keines Menschen Ohr hat je gehört, was Gott denen für eine endlose und nicht mit euren Sinnen vorstellbare Seligkeit bereitet hat, die Ihn werktätig lieben! Daher sage Ich als euer Vater: Was Ich habe, das sollt auch ihr als Meine Kinder haben! Denn wo auf dieser Erde ist der Vater, der mit den Kindern, die er mehr als sich selbst liebt, nicht alle seine Freuden teilen würde? Am Ende hat er selbst dann die größte Freude, wenn er seine lieben Kinder um sich versammelt hat.

Ist es denn zuviel verlangt, wenn Ich verlange, daß ihr auf alle Weltschätze verzichten und nur danach trachten sollt, die seelische Wiedergeburt zu erreichen? Ist es denn nicht besser, für das ewige Leben der Seele zu sorgen als für das Vergängliche dieser Welt? Zwar eignet sich die Seele während des Lebens auf dieser Erde aus dem Leib das ihr Artverwandte an; das ist jedoch für die Seele kein Lebensschatz an sich. Das einzig notwendige für sie ist, nach dem Geist Gottes in eurem »Herzenskämmerlein« zu suchen und ihn dort auch zu finden. Alles andere wird ihr von Mir frei dazugegeben. (GEJ 8,61:5-15)

Im Himmel herrscht ewiges Leben und Wirken

Kisjonah zu Jesus:
Wie viele solcher guten Geister mögen wohl im Himmel wohnen?

3.2. Wo und was ist der Himmel?

Jesus:
Deren Zahl in Meinem Reich ist endlos. Denn was wäre eine endliche Zahl für einen ewigen und in der Liebe und Weisheit unendlichen Gott? Sieh dir die zahllos vielen Sterne in einer hellen Nacht an: auch auf ihnen werden Menschen gezeugt und geboren! Auch aus ihnen werden Geister zum ewigen Leben und Wirken erweckt. Wenn du dich einst als vollendeter Geist im Himmel befinden wirst, dann wirst du alles selbst sehen, und deine Seligkeit wird keine Ende nehmen. Ich sage dir aber: Kein Auge hat es je gesehen, kein Ohr gehört und kein Sinn empfunden, was Wunderbares jene im Himmel erwartet, die Gott lieben und Seine Gebote halten. (GEJ 9,119:16-18)

Selige sind vom Himmel aus für die Menschen tätig
Petrus zu Jesus:
Im Namen aller möchte dich fragen: Was wird im Jenseits unser Lohn dafür sein, die wir alles verlassen haben um Dir nachzufolgen? (vergl.: Mt. 19,27; Mk. 10,28; Lk. 18,28)
Jesus:
Wahrlich, Ich sage es euch: Dereinst werdet ihr im Himmel zusammen mit Mir zum Wohle aller Menschen dieser Erde und auch der anderen Welten tätig sein: Ihr werdet als unsichtbare Schutzgeister die Menschen hier wie auch im Jenseits bewachen, leiten und führen! Denn nur in einer sich stets mehrenden Liebestätigkeit besteht das wahre Himmelreich und dessen wachsende Seligkeit. (GEJ 5,259:1-2)

3.3. Die Inkarnation Gottes im jüdischen Messias

Vorbemerkung

Dieser Abschnitt macht uns mit zweierlei bekannt: Mit den Gründen für die Menschwerdung Gottes in Jesus Christus und mit der Person des jüdischen Messias als Mensch.

Der Hauptgrund für die göttliche Inkarnation auf unserer Erde ist die Eröffnung der Möglichkeit für uns Menschen, einen sichtbaren und (be)greifbaren Gott zu erhalten. Als reines Licht- und Geistwesen ist Gott nicht nur für die Sterblichen unsichtbar, sondern sogar für die Engel. Durch Gottes Menschwerdung heilte Jesus die mythische Versündigung Adams insofern, »als sich Jesus jene Stufe errang, die Adam verlor, und auf diese Weise die Gottheit in sich versöhnte, die durch das mißachtete Gebot in Ihrer Heiligkeit verletzt war« (GEJ 11,75:20-21).
Ein weiterer Grund war die Gestaltung eines besonderen Verhältnisses zwischen Gott als dem geistigen Vater der Menschen und der Möglichkeit, sich zu »Kindern Gottes« entwickeln zu können. Durch die Menschwerdung wurde auch das Satanische in den Geschöpfen auf ein erträglicheres Maß reduziert. Zwar interpretiert die christliche Theologie den aufopfernden Kreuzestod Jesu als endgültige Befreiung des getauften Menschen aus den Fängen Satans, der Einzelne muß aber nach wie vor »das Himmelreich mit Gewalt an sich reißen«, wie es Gott im Lorber-Evangelium immer formuliert.
Die Geburt des Gottessohnes geschah gemäß Lorber-Evangelium am 7. Januar im Jahre 4151 nach Erschaffung des Adam. Mit Hilfe der, mit der Zeitqualität operierenden Horoskopie (Blick in die Stunde) läßt sich das Datum nach eigenen Forschungen auf den Abend des 7. Januar im Jahre 6 vor unserer Zeitrechnung festlegen (vergl. BRIEMLE, 2003). Wie auch das Neue Testament der Bibel andeutet, liegen zwischen den Aufsehen erregenden Geschehnissen von Jesu Geburt bis zum 12. Lebensjahr und dem Beginn der Lehrtätigkeit 18 Jahre, in denen Jesus ganz unauffällig als Zimmermann bei seinem Ziehvater Joseph arbeitete.

3.3. Die Inkarnation Gottes im jüdischen Messias

Menschlich war Jesus ein erster, eher introvertierter Zeitgenosse, der lustige und lärmende Gesellschaften mied. Auch hatte er nie ein intimes Verhältnis zu einer Frau. Obwohl er keine Schule besuchte und daher weder lesen noch schreiben lernte, wußte er über alles in der Welt Bescheid. In der Rede war er faszinierend und mitreißend und ein willensstarkes Auftreten war ihm eigen. Dennoch war nach der dreijährigen Missionszeit für den 33-jährigen Gottessohn die freiwillige Auslieferung an die herrschende Priesterschaft mit dem drohenden Martertod, eine schwere innere Entscheidung.

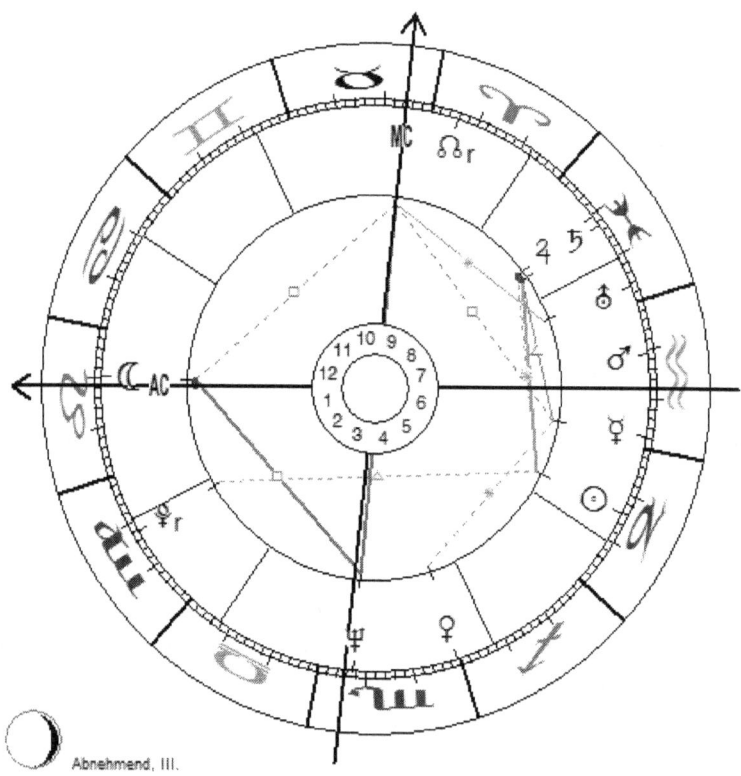

Jesu Geburtsbild (7.1.-6, 19.15 Uhr in Bethlehem LMT)

3.3.1. Gründe für die Menschwerdung in Jesus

Durch Gottes Menschwerdung heilte Jesus die Versündigung Adams

Gott hatte Adam ein Gebot gegeben: unbedingten Gehorsam. Er mißachtete es und fiel, und mit ihm alle Nachkommen. Der Mensch Jesus gab sich aus Liebe zu Gott freiwillig dieses Gebot, nichts ohne des Vaters Willen zu tun, und war dadurch das leuchtende Vorbild zur Nachfolge. Er errang also in sich die Stufe, die Adam nicht errungen hatte, und versöhnte in sich die Gottheit, die durch das mißachtete Gebot in Ihrer Heiligkeit verletzt war. Die göttliche Weisheit gebot, der Wille verlangte die Erfüllung und die Liebe fand im Menschensohn den Weg, die Bedingungen zu erfüllen, welche notwendig waren, um den früheren Seligkeitszustand für alle Geschöpfe zurückzubringen. – Darin nun liegt die Erlösung.

Das Sterben Jesu ist die Besiegelung des unbedingten Gehorsams. Es wäre nicht notwendig gewesen, aber da die Menschen in ihrem freien Willen und durch Luzifers Verführung den Tod verlangten, unterwarf sich Jesus auch dieser Forderung. (GEJ 11,75:20-21)

Gott inkarnierte in Jesus Christus das erste Mal auf dieser Erde

Jesus zu einem römischen Hauptmann:
In Mir betritt der Geist Gottes zum ersten Mal die Erde! Das ist derselbe Geist, von dem die Urväter, die alten Weisen und alle Propheten immer wieder in ihren Visionen geweissagt haben. (GEJ 2,109:7)

Gott ging ins Fleisch, um für den Menschen sichtbar zu werden

Jesus zu Philopold:
Ich habe diese Erde erwählt, weil deren Kinder in der ganzen Unendlichkeit die letzten und niedrigsten sind. Ich habe deswegen das Kleid tiefster Niedrigkeit angezogen, um es allen Geschöpfen zu

ermöglichen, sich Mir zu nähern: Von den untersten Planetenbewohnern bis hin zu den höchsten Urzentralsonnen-Bewohnern sollen nämlich alle auf einem und demselben Wege zu mir kommen können. Es braucht dich daher nicht zu wundern, daß du Mich auf diesem unvollkommensten, letzten Planeten der ganzen Schöpfung antriffst! (GEJ 1,216:4)

Der Grund für die Inkarnation Gottes in Jesus
Jesus zu Agrippa:
Als aber die Menschen mit der Zeit die Materie ihres Glanzes und Scheines wegen zu schätzen und zu lieben anfingen, wurden sie geistig blind. Ihre Seele verhärtete sich und sie wurden habgierig, geizig, lügnerisch, zänkisch, betrügerisch, hochmütig und kriegslüstern. So gerieten sie ins Götzen- und Heidentum und damit in die eigentliche »Hölle«, aus der sie ohne Mich nicht erlöst werden konnten. Darum mußte Ich Selbst das Kleid der Materie anziehen und mit ihr das Satanische. Ich muß es durchbrechen, um dadurch für alle Gefallenen zur Eingangspforte ins ewige Leben zu werden, sofern sie durch diese Pforte überhaupt zum ewigen Leben eingehen wollen. So bin Ich die Tür zum Leben und das Leben schlechthin. Wer nicht durch Mich eingeht, gelangt weder zum Leben im Licht der ewigen Wahrheit, noch zur geistigen Freiheit, sondern bleibt gefangen im »Gericht« der Materie. (GEJ 8,35:9-10)

Jesus zu einem Römer:
Alle Höllengeister sind Meister des Verstellens: Sie erscheinen oft äußerlich wie Engel und manchen gelingt es sogar, jene zu verführen. Ich bin hauptsächlich darum in Menschengestalt auf diese Erde gekommen, um die Hölle in ihre Schranken zu weisen. Als Gott von Ewigkeit, könnte Ich mit Meinem Willen freilich alles Satanische auslöschen. Dann aber würde Ich auch die ganze Schöpfung zunichte machen. – Was aber dann? Etwa eine neue Schöpfung beginnen? Ja, das ginge schon, aber eine neue Schöpfung materieller

3. Die geistige Welt

Welten ist in keiner anderen Ordnung denkbar, als in der gegenwärtigen. Denn die feste Materie ist dazu erforderlich, jene Wesen aufzunehmen, die mir in allem ähnlich werden sollen. Dazu aber müssen sie sich über die Fleischwerdung mit freiem Willen für mich entscheiden. Daher ist es besser, alles bestehen zu lassen, jedoch in einer veränderten Ordnung. Diese aber konnte nur dadurch errichtet werden, daß Ich selbst Mensch geworden bin, selbst alle Materie durchdrungen und damit ihren geistigen Inhalt zum Seligwerden reif gemacht habe. Das ist die sogenannte »Zweite Schöpfung«, die Ich schon von Ewigkeit her vorgesehen hatte. Ohne sie hätte nie ein Mensch dieser oder auch einer anderen Erde vollkommen selig werden können. Denn vor Meiner Inkarnation war Ich ein unsichtbarer Gott; wie es auch bei Moses heißt, daß niemand Gott lebend sehen kann. Von nun an aber bin Ich ein für jedermann sichtbarer Gott. Jeder, der Mich sieht, lebt und wird ewig leben. Die Erlösung besteht also erstens in Meiner Lehre, und zweitens in dieser Meiner Menschwerdung, wodurch die überwiegende Macht der alten Hölle gebrochen wurde. Dies kannst du auch beim Propheten Jesajas (Kapitel 63, Vers 1-9), bei Jeremias (Kapitel 46) und im Psalm 45 (Vers 4-8) nachlesen. Dort und noch an anderen Stellen ist dargetan, daß Ich hauptsächlich darum als Mensch in diese Welt gekommen bin, um den allzu gewaltigen Übergriffen der Hölle Einhalt zu gebieten. (GEJ 6,239:1-13)

Aus Jesus spricht Gott selbst
Polykarp zu Jesus:
Bist auch du auf geistigem Wege zu göttlicher Weisheit und Macht gelangt?
Jesus:
Als Mensch mit Fleisch und Blut sicher auf keinem anderen, weil es nach den Gesetzen Gottes keinen anderen Weg gibt. Dennoch bin nicht Ich es, der euch diese Lehre gibt, sondern es wohnt ein höherer Geist in mir. Jener ist es, der ebenso zu euch spricht, wie

3.3. Die Inkarnation Gottes im jüdischen Messias

dereinst zu Moses und zu den vielen anderen Propheten und Weisen. Und der ist es auch, an den ihr allein glauben und durch euer Handeln nach Seinem Willen leben sollt. In Mir ist demnach derjenige sichtbar in diese Welt gekommen, den ihr suchtet und dennoch in keiner Schule und in keinem Tempel finden konntet. Jene aber, die zwar an mich glauben und immerzu »Herr, Herr« rufen, in ihrem Tun jedoch lau sind, ihre Mitmenschen nicht lieben wie sich selbst, sind auf dem falschen Weg. In denen werde Ich nicht wohnen und Meine Kraft und Weisheit wird ihre Seele nicht erfüllen. Denn Ich will, daß jeder Mensch vollkommen freiwillig, vor allem aber durch das rechte Handeln zu Mir kommt. Dann komme Ich auch zu ihm, offenbare mich ihm und erfülle ihn dann durch den Heiligen Geist auch mit Weisheit und Macht. (GEJ 9,158:1-6)

Der Messias, die ungläubige Welt und deren Übel
Jesus:
Gottes Urlicht (das Wort) schuf den Menschen ehedem mit freiem Willen und freier Entscheidungsfähigkeit. Ich kam als Messias auf Erden, um die Menschenseelen als Teillichter dem göttlichen Urlicht wieder ähnlicher zu machen. Daß die »Welt«, also die von Meiner göttlichen Ordnung abgekommenen Menschen, den Messias trotz Prophetenworte nicht erkannt haben, liegt an der oben erwähnten Willensfreiheit und einer verlorengegangenen Gotterkenntnis. Unter »Welt« ist also nicht die Erde als Trägerin materieorientierter Seelen zu verstehen, sondern die Menschheit im engeren Sinne. Sie ist zwar aus dieser Materie genommen, gehört aber mit ihrem nunmehr freien Willen nicht mehr ausschließlich dieser an. Wie könnte Ich von einem noch in tiefster Materie befindlichen Stein verlangen, daß er Mich erkennt? Das kann Ich nur von einer selbstentscheidenen Seele verlangen, die allerdings Meinen Geist in sich trägt. Auch ist nicht die Erde an sich als das eigentliche Eigentum Gottes anzusehen, sondern vielmehr die Menschen mit ihrem seelisch-geistigen Wesen. Eigentum deshalb, weil sie selbst

Urlicht aus dem großen göttlichen Urlicht sind und somit Meinem Wesen ähneln. Bei all jenen, die mich nicht erkannten, war sozusagen die Verbindung zur Gottes Ordnung gestört. Mit dieser Störung ist ein leidender Zustand der Seele verbunden, der auch »Übel« oder »Sünde« genannt wird. (GEJ 1,2:4-9)

Der Gottesfunke im Herzen und die Inkarnation Gottes
Ein Römer zu Jesus:
Warum bist du als der Sohn Gottes ausgerechnet auf dieser Erde ins Fleisch gegangen, wo du dies doch sicher auf den zahllos anderen Welten hättest ebenso gut tun können?
Jesus:
Weshalb Ich gerade auf dieser Erde und eben in dieser Zeit das Leibliche angezogen habe könnt ihr in vollem Umfang erst begreifen, wenn ihr selbst im Geist wiedergeboren seid. Weil aber eben dieser Punkt unter den künftigen Gelehrten strittig sein wird, will Ich versuchen, es euch zu erklären:
Stellt euch euer Herz vor und darin zwei kleine Kammern; sie entsprechen den beiden großen Blutkammern. Diese Kämmerlein ermöglichen nun das eigentlich Leben des Herzens und damit auch das des ganzen Körpers! Eines der beiden – das wichtigere – beinhaltet nun alles Geistige und damit auch das Leben an sich; Ich nenne es das »bejahende«, wahre. Das zweite wollen wir das der Materie entsprechende, also das »verneinende« nennen. Dieses besitzt an und für sich kein Leben, sondern ist nur ein Aufnahmegefäß für das Leben, welches es mit jedem Herzschlag aus dem bejahenden Kämmerlein erhält. Diesem leicht begreifbaren Bild könnt ihr nun entnehmen, wie das Herz in seinem Lebensgrund beschaffen ist und sein muß, damit es dem ganzen Leib Leben verleihen kann. Daß das Herz dann noch eine rein organisch-mechanische Aufgabe als Blutpumpe hat, muß Ich euch ja nicht erklären. Wir aber brauchen zum Verständnis unserer Sache hauptsäch-

3.3. Die Inkarnation Gottes im jüdischen Messias

lich die beiden besagten Kämmerlein und von ihnen wiederum nur das bejahende.

Wie nun im Kleinen jeder Mensch in seinem kurzen leiblichen Probeleben auf Erden beschaffen ist, so ist entsprechend auch im weitesten Sinne der große Schöpfungsmensch eingerichtet. Bedenkt, daß das Universum, in dem sich diese Erde mit ihrem Mond, der Sonne und allen zahllos anderen Sonnen und Erdkörpern befindet, Bestandteil dieses großen Schöpfungsmenschen ist. Die Sonne mit ihren Planeten entspricht nun dem »bejahenden Kämmerlein«, worin wiederum die Erde den geistigen Grundlebensstoff ausmacht. Ich als der Ursprung allen Lebens und allen Seins bin somit auch die ursprüngliche »bejahende Lebenskammer« im Herzen des unendlichen Weltalls.

Nun war es für mich keineswegs zwingend, gerade auf diese Erde zu inkarnieren. Dazu hätte auch ein anderer Planet dienen können. Es war auch schon ein anderer dazu bestimmt, aber dessen Bewohner haben sich noch unwürdiger benommen als ihr, und so wurde jene Erde verworfen und samt ihren Bewohnern verwüstet. Da aber nun diese Erde seit Adams Zeiten für meine Fleischwerdung auserkoren war, wird sie es auch bis ans Ende aller materiellen Zeiten bleiben. Ihr wiederum werdet die Austräger Meines Urgrundlebens in die Unendlichkeit sein und somit auch Meine wahren Kinder.

Ein weiterer Grund für meine Fleischwerdung auf dieser Erde ist die gänzliche Demütigung und Erniedrigung. Ohne sie kann sich kein höherer Geist mit dem Fleisch der Lebensprobe umgeben um dann nachher wieder ins freie, selbständige Geistleben zurückzukehren.

Sicher ist das »bejahende Lebenskämmerlein« im Herzen der unauffälligste Teil des Körpers. Selbst vom Menschen, dem es das Leben schlechthin ermöglicht, wird es nicht erkannt. Auch die Wissenschaftler könnten sich nicht erklären, warum das Menschenleben von einem kaum sichtbaren kleinen Punkt im Herzen abhängen soll. Dies beweist aber nur, daß selbst die Gescheitesten

3. Die geistige Welt

unter ihnen den eigentlichen Lebensgrund nicht kennen, geschweige denn ein nicht studierter Mensch. Und doch muß jeder, der sich selbst und damit Gott erkennen will, über den Weg der Demut in dieses Lebenskämmerlein eingehen, um dann das hier empfangene Leben geistig wieder zurückgeben zu können. Wenn ein Mensch das tut, erweitert er das Lebenskämmerlein und erleuchtet es. Ist das erst einmal geschehen, wird dann das ganze Herz und von diesem aus der ganze Mensch mit Gotterkenntnis erleuchtet.

In dieser kleinen Herzkammer wohnt also der eigentliche Geist Gottes! Wenn nun die Seele durch Demut, Fügsamkeit und Gottesliebe in dieses Kämmerlein einzieht, vereinigt sie sich mit dem ewigen Gottesgeist und dieser wiederum mit der geschaffenen Seele. Das bezeichne Ich dann als »Wiedergeburt der Seele im Geist aus Gott«. Wie diese zu erreichen ist, habe Ich euch durch Meine Lehre und Mein Handeln gezeigt. Ich bin also darum auf d i e s e Erde gekommen, weil sie nach Meiner ewigen Ordnung dem »bejahenden Herzenskämmerlein« am ehesten entspricht.

Zwar war Ich schon von Ewigkeit her mit aller Macht und Herrlichkeit in Mir Selbst, aber dennoch für niemanden ein greifbarer Gott; auch nicht für die Engel. Wenn Ich Mich jemandem, wie beispielsweise dem Abraham, Isaak und Jakob zeigen wollte, geschah dies dadurch, daß Ich einen Engel mit Meinem Geist und Willen derart erfüllte, daß er dann für Augenblicke Meine Persönlichkeit darstellen konnte. Aber durch meine Inkarnation bin Ich allen Menschen und Engeln ein sichtbarer Gott geworden. Damit habe Ich ihnen ein selbständiges und freies Geistleben ermöglicht. Eben darin besteht auch Meine eigene Verherrlichung. Bisher konnten weder Engel noch Menschen dieser und aller anderen Erden den einen Gott sehen. Denn es hieß zurecht: »Niemand kann Gott schauen und dabei am Leben bleiben, denn die pure Gottheit in Sich ist ein verzehrendes, ewiges Feuer«. Dies Feuer ist nun durch diesen Meinen Leib bedeckt und gedämpft worden. – Damit habe Ich euch einen weiteren Grund für meine Fleischwerdung gegeben.

Zurück zum Bild des »bejahenden Lebenskämmerleins« im Herzen: Es ist das eigentliche Grundlebensprinzip des Menschen und somit schon das Licht, die Wahrheit und das Leben an sich. Entsprechend verhält es sich auch mit den Menschen dieser Erde: Sie sind gegenüber den Menschen anderer Planeten eher klein, unauffällig, schwach und ohnmächtig. Daher sind sie den Geistern anderer Weltkörper auch unbekannt. In ihrer verborgenen Lebenstiefe jedoch sind sie der Grundlebenspunkt des großen Schöpfungsmenschen, was sie dazu befähigt, aus sich heraus die höchste Lebensfähigkeiten zu entwickeln. Das ist den Menschen anderer Welten nur in einem beschränkten Grad möglich.

Angesichts solcher gottähnlichen Fähigkeiten der Erdenmenschen, zu denen auch eine wohlartikulierte äußere und innere Sprache, die Schreib- und Rechenkunst und noch manches andere gehört, sind sie auch allein geeignet, Mein geoffenbartes Wort zu verstehen. Anfangs allerdings nur dem Buchstaben- oder Bild nach, später dann auch dem geistigen und tieferen Sinn nach. Diese Fähigkeit ist etwas unschätzbar Großes, ähnlich der Erkenntnisfähigkeit des »bejahenden Herz-Lebenskämmerleins«. Darum konnte Ich nur zu euch auf diese Erde und zu niemand anderem kommen. (GEJ 8,56-57)

Der Sinn von Jesu Kreuzestod
Gott zu Beginn des Diktats an sein Medium:
Denn darum habe Ich den Tod überwunden und die Gottheit (das Gesetz) Mir untertan gemacht, damit Ich Gewalt habe über alles, was da ist. So herrscht Meine Liebe ewig und macht alles lebendig, was ihr untertan ist. (HG 1,4:13)

3.3.2. Jesus als Mensch

Jesus wurde am 7. Januar im Jahre 4151 nach Adam geboren
Der Römer Markus zu Schriftgelehrten:
Ich verstehe ja, daß ihr Juden die römische Herrschaft bald wieder abschütteln wollt und jeden für den rechten Messias halten würdet, der euch zu einem großen und mächtigen Volk auf dieser Erde machte. Davor aber haben wir überhaupt keine Angst, denn wir sind immer noch stark genug, das zu vereiteln. So halten wir uns an unser altes Sprichwort »Leo non capit muscas« (Der Löwe fängt keine Fliegen).
Was uns Römer aber wundert ist die Tatsache, daß ihr in der Schrift so wohlbewanderten Gelehrten einfach nicht begreifen wollt, was wir Römer schon lange wissen: Daß nämlich dieser Jesus aus Nazareth der von eueren Propheten verheißene Messias sein muß. Laut eurer jüdischen Rechnung ist er im 4151. Jahr nach der Entstehung Adams und zwar am 7. Tag des Januar um Mitternacht in Bethlehem geboren. Damit ist er Jude wir ihr. Im Gensatz zu euch haben wir aber nicht vergessen, was sich bei Seiner Geburt und auch später mit Ihm Wunderbares zugetragen hat. Denn wir erhielten Kunde von Jesus durch Cyrenius und Cornelius, und da wir selbst schon zwischen 50 und 65 Jahre alt sind, haben wir so manches über ihn erfahren.
Ausgerechnet wir Römer, die wir von euch als blinde Heiden gescholten werden, erkennen an seinen Lehren, daß er der große Weltmessias und Sohn Gottes sein muß. Daher gereicht es uns zur größten Ehre, wenn Er auch uns unter Sein allmächtiges und väterliches Zepter als seine Kinder aufnimmt. – Und ihr Juden sinnt in eurem Hochmut und eurer Blindheit nur danach, wie ihr den allmächtigen Herrn ergreifen und töten könnt! (GEJ 8,86:1-6)

3.3. Die Inkarnation Gottes im jüdischen Messias

Er lebte zwischen 12 und 30 Jahren ganz unauffällig
Jesus zu Petrus:
Philippus war ledig und bei den armen Fischern ein Lehrer, da er ihnen die Schrift auslegen konnte. Er war mit Joseph von Nazareth persönlich bekannt, kannte somit auch Mich und wußte so manches, was sich bei Meiner Geburt und in Meiner Jugend zugetragen hatte. Er war auch einer von den wenigen, die in Meiner Person heimlich den Messias erhofften. Da Ich aber von Meinem 12. Lebensjahr nichts Wunderbares mehr verrichtete, sondern wie ein ganz gewöhnlicher Mensch lebte und arbeitete, verlor sich bald die Erinnerung an meine wunderbare Geburt. Selbst die damals am meisten Erregten sagten später, Meine Geburt sei lediglich ein zufälliges Zusammentreffen verschiedener Ereignisse gewesen. Auch habe sich das geniale Wesen Meiner Jugend gänzlich verloren und in Meinen späteren Jahren sei keine Spur mehr davon übrig geblieben. Aber Philippus und noch einige wenige bewahrten eine gewisse Hoffnung auf Mich, denn sie wußten um die Weissagung Simeons und der Anna (Hanna) anläßlich Meiner Beschneidung im Tempel. (GEJ 1,9:5)

Ein angesehener Mann aus Kapernaum über Jesus:
Dieser Jesus ist aus dieser Gegend gebürtig und hat sich stets ordentlich benommen! Man sah ihn oft anhaltend beten; nie jedoch hat ihn jemand lachen gesehen. Dafür aber weinte er oft an stillen Orten, die er gern aufsuchte. (GEJ 1,106:1)

Joses, der älteste Sohn Josephs zu Jesus:
Herr und Bruder, wie sollten wir dir denn nicht glauben, da wir von Deiner Geburt an ja immer um Dich waren und unzählige Zeichen sahen, die uns bewiesen, wer Du bist. Der Bruder Jakobus hat ja ein ganzes Buch geschrieben von Deiner Geburt an bis zu Deinem zwanzigsten Lebensjahr. Von da an bis heute wirktest Du aber keine Wunder mehr und arbeitetest und lebtest mit uns wie ein

ganz gewöhnlicher Mensch. So hätten wir schon beinahe vergessen, wer Du bist, wenn nicht der vor ein paar Jahren erfolgte Tod unseres lieben Vaters Joseph uns nicht einen gewaltigen Stoß gegeben hätte. (GEJ 1,230:10)

Jakobus, der Sohn Josephs zum Statthalter Cyrenius:
Hoher Herr, hier auf dieser Rolle habe ich von Jesu Geburt bis zu Seinem 15. Lebensjahr alles aufgeschrieben. Erwähnenswert ist aber nur die Zeit bis zum 12. Jahr, denn danach verlor sich Seine göttliche Gabe völlig. Darum stehen die drei Jahre 13, 14 und 15 auch leer und so habe ich es denn auch über Sein 15. Jahr hinaus nicht mehr für nötig gefunden, etwas aufzuschreiben. (GEJ 2,25:2)

Chiwar zu Korah über Jesus:
Ich kenne Jesus schon mehrere Jahre, wie auch den alten Joseph, der erst vor einem Jahr gestorben ist. Ich habe an Ihm nie die leiseste Spur von etwas Außergewöhnlichem entdeckt. Man hat mir aber erzählt, daß sich bei Seiner Geburt in einem Schafstall zu Bethlehem recht ungewöhnliche Dinge zugetragen haben sollen, sowie nachher bis zu seinem 12. Jahr. Aber von da an hat sich alles Außerordentliche an ihm verloren, und die große Hoffnung seiner Eltern zerschlugen sich. Er blieb bis zu seinem jetzigen 30. Lebensjahr ein unbeachteter, einfacher Zimmermann. (GEJ 2,90:7)
Bis heute war er überaus wortkarg und man bekam auf zehn Fragen kaum eine Antwort. Stets aber war er wohltätig gegenüber Kindern und Armen. Man hat Ihn im Stillen öfters beten und auch weinen – nie aber lachen gesehen. Lustige und lärmende Gesellschaften mied er. Er liebte vor allem die Einsamkeit. Das Merkwürdigste aber war, daß man Ihn nur höchst selten in einer Synagoge sah, ebensowenig in einer Schule, die Er nur auf vieles Zureden Seiner Eltern ein paarmal im Jahr widerwillig besuchte. Auch in einem Bethaus hat Ihn nie jemand gesehen. Wegen dieser seiner Art wurde er von vielen sogar als blödsinnig angesehen. –

3.3. Die Inkarnation Gottes im jüdischen Messias

Mit Seinem 30. Jahr aber verschwand Er auf einmal aus Seinem elterlichen Haus und hielt Sich eine Zeitlang in der Wüste bei Bethabara auf, dort wo am kleinen Jordan auch der berühmte Johannes lebte. Von diesem ließ Jesus sich noch im selben Jahr taufen und zog daraufhin voll göttlicher Kraft aus, um das Volk zu lehren, Wunder zu wirken und böse Geister auszutreiben. (GEJ 2,90:8-9)

Cyrenius zu Jesus:
Ich ließ o Herr nach Dir in Nazareth forschen und man konnte Dich auch ausfindig machen. Meine Leute aber kamen mit der Hiobsbotschaft zurück, daß Du ein zwar ruhiger, aber sonst blöder Junge zwischen dreizehn und vierzehn Jahren seist, bei dem von Weissagen keine Rede mehr sein könne. (GEJ 4,28:5)

Jesus lernte weder lesen noch schreiben
Ein Schriftgelehrter über Jesu Familie:
Joseph hat mir öfters die Not mit seinem Knaben Jesus geklagt und gesagt: »Ich weiß nicht, was ich mit diesem Knaben machen soll. Seine sonderbare Geburt und die mit ihr verflochtenen Erscheinungen, die außergewöhnlichen Gegebenheiten aus seiner frühen Kindheit sowie dessen von hoher Weisheit zeugenden Reden haben hohe Erwartungen in mir geweckt. Und das um so mehr, da ich in der geradesten Linie von David abstamme. Aber gerade jetzt, wo es an der Zeit wäre, da der Knabe etwas lernen sollte, ist mit ihm nichts anzufangen. Von Lernen kann gar keine Rede sein. Gebe ich ihn zu einem Lehrer, so richtet er nichts mit ihm aus, denn der Knabe weiß alles besser. Und will ihn ein Lehrer gar mit Strenge behandeln, so ist es dann schon ganz aus! Was ihm seit seiner frühen Jugend blieb, ist seine unbegreifliche und unbeugsame Willenskraft, mit der er Wunder vollbringen kann. Was aber das Lernen betrifft, ist mit ihm nichts zu machen. Ansonsten ist er fromm, willig, gehorsam und sehr gesittet, sanft und bescheiden wie seine Mutter. Aber nur mit dem Lernen darf man ihm nicht kommen!« –

Seht, das hat mir der alte Joseph des öfteren geklagt, und es steht daher fest, daß Jesus außer dem Zimmermannshandwerk in seinem Leben nichts anderes gelernt hat, auch nicht Lesen und Schreiben. (GEJ 1,121:3-5)

Nie ein intimes Verhältnis zu einer Frau
Die Frau am Jakobsbrunnen zu Jesus:
Wenn du mich schon um einen Schluck Wasser aus meinem Krug bittest, wie willst du mir dann Dein »lebendiges Wasser« geben? – Oder willst du mir etwa verdeckt zu verstehen geben, daß du ein Verhältnis mit mir anfangen willst? Ich bin zwar jung und noch keine dreißig Jahre alt, aber solch ein Begehren seitens eines Juden gegenüber einer verachteten Samariterin käme fast einem Wunder gleich, wo euch doch die Tiere mehr wert sind als wir Samariter! Wie könntest du von mir verlangen, daß ich dich sogar noch bitten solle, um dir, einem stolzen Juden, in der Lust dienen zu dürfen? Pfui, wenn danach dein Sinn wäre!
Jesus:
Du fragst mich, was Ich mit dem »lebendigen Wasser« meine? Sieh, wer Meinem Worte glaubt, aus dessen Lenden werden Ströme des lebendigen Wassers fließen! Im übrigen bin Ich schon 30 Jahre in dieser Welt und habe noch nie eine Frau berührt. Wie sollte Ich nun auf einmal dich begehren wollen? O du blinde Törin! Selbst wenn Ich mich mit dir einlassen würde, so würdest du doch wieder durstig werden. Wenn Ich dir aber ein »lebendiges Wasser« anbiete, dann meine Ich damit meine Lehre, womit sich der Durst des Lebens für ewig stillen läßt. (GEJ 1,26:4-6)

Jesu Auseinandersetzung mit seinem Ziehvater Joseph
Jesus (erzählend) zu Lazarus und anderen Anwesenden:
Ich erzählte den Gästen so manches aus Meiner Jugendzeit. Bekehrte Pharisäer und Schriftgelehrte bestätigten dies. Einer erzählte sogar von der Begebenheit im Tempel, als Ich dort im Alter von 12

3.3. Die Inkarnation Gottes im jüdischen Messias

Jahren alle Hohenpriester, Ältesten und Schriftgelehrten mit Meiner Weisheit in Erstaunen versetzte. Man munkelte damals sogar, Ich könne möglicherweise doch der verheißene Messias sein. Später aber habe man von Mir nichts mehr gehört und vermutet, Ich sei als ein geistig frühreifer Knabe entweder gestorben oder die Essäer hätten Mich in ihre Schulen genommen. Und so sei diese Sache im Tempel dann nach und nach eingeschlafen und erst in jüngster Zeit durch Mein öffentliches Auftreten wieder wachgerufen worden. – Nun will Ich euch aber eine *Begebenheit* aus der Zeit *nach* Meinem 12. Lebensjahr erzählen, in der man von Mir nichts Besonderes vernommen hat:

Ich habe Meinem Nährvater Joseph als Zimmermann stets arbeiten helfen, und wo Ich mitarbeitete, da ging die Arbeit auch zügig voran. Einst aber kam ein Grieche namens Anastokles – für den Juden Joseph ein Heide – in der Absicht, mit ihm wegen eines Hausbaus mit angeschlossenem Schweinestall ins Geschäft zu kommen. Mein Ziehvater aber war wie gesagt ein frommer und strenger Jude, der den Auftrag mit dem Hinweis ablehnte, ein Jude dürfe weder mit einem Heiden verkehren, und noch weniger ihm einen Dienst erweisen. Jener verteidigte sich aber damit, daß er selbst als Grieche zusammen mit seiner Familie der griechischen Vielgötterei abgeschworen habe und nun auch an den gleichen Gott wie Joseph glaube. Daß er aber die Beschneidung ablehne, habe seinen Grund darin, daß er dem unersättlichen Judentempel nicht untertan sein wolle, sondern an Gott allein glaube, der im übrigen nirgends so sehr entheiligt würde, als eben in den jüdischen Tempeln. Wenn aber der gleiche Gott auch über die Heiden Seine Sonne scheinen läßt, warum würde er dann von Joseph verachtet? Joseph aber zog sich hinter das Gebot Moses zurück, wonach den Juden eben ein Umgang und Handel mit den Heiden generell untersagt sei. Wenn ein reiner Jude das tue, versündige er sich auf eine lange Zeit und das wolle er auf seine alten Tage nicht mehr. Warum aber, so entgegnete der Grieche, habe Joseph das Gesetz seinerzeit nicht so streng genommen, als er wegen der Verfolgung durch seine eigenen Glaubensgenossen mit Maria und den Kindern zu den Heiden nach Ägypten floh? Dort angekommen arbeitete er sehr wohl auch für die Heiden und er als Grieche habe ihm in Ostrazine doch bei manchem geholfen, ohne ihn dabei von seinem Judentum abbringen zu wollen. Warum sollte er nun ausgerechnet bei diesem Geschäft unrein werden? So in die Enge getrieben, wollte Joseph schließlich bei den Stadtältesten um Erlaubnis fragen. Dies aber ließ der Grieche so nicht stehen und erinnerte den Zimmermann daran, daß er in Ostrazine stets seinen aufgeweckten Sohn um Rat gefragt habe. (GEJ 7,205:2-16)

Dann zeigte Joseph auf Mich, der Ich einige Schritte von ihm entfernt in der Werkstatt einen Laden durchzusägen hatte.

Joseph zu Anastokles:
Dort siehst du ihn arbeiten! Es ist merkwürdig: Als er noch ein Kind war, waren Ich und seine Mutter überzeugt, daß Jesus der uns verheißene Messias werden würde. Doch nach seinem 12. Lebensjahr verlor sich alles Göttliche an ihm. Er ist zwar noch fromm, willig und fleißig und tut ohne Murren alles, was wir ihm auftragen, aber, wie gesagt, von all dem Wunderbaren ist nichts mehr übriggeblieben. Wenn du willst, rede mit ihm!

Anastokles zu Mir:
Höre, ich habe dich vor achtzehn Jahren schon gekannt und bewunderte deine damals göttlichen Eigenschaften und Worte, die mich bewogen, euren Glauben anzunehmen. Nun aber sagt dein Vater, daß du all das Wunderbare, das dir als Kind eigen war, gänzlich verloren habest. – Wie denn das?

Ich:
Wenn du in unseren Glauben eingeweiht bist, so werden dir auch Salomons weise Sprüche nicht unbekannt sein. Und einer davon lautet, daß alles in dieser Welt *seine* Zeit hat. Heute arbeite Ich als Erwachsener hier, weil das Mein Vater im Himmel so will. Ich kenne Ihn und erkenne auch allzeit Seinen Willen und tue nur das,

3.3. Die Inkarnation Gottes im jüdischen Messias

was Er will. Ich wirkte damals Wunder, um den Menschen anzuzeigen, daß Ich als ein Herr aus den Himmeln in diese Welt gekommen bin; aber die Menschen hielten im Laufe der Zeit nicht viel darauf und ärgerten sich sogar. Ich bin dennoch Derselbe geblieben, und werde wieder vor den Menschen die Zeichen wirken und ihnen anzeigen, daß das Reich Gottes nahe ist. Wann Ich aber das tun werde, das werde Ich selbst bestimmen. Du aber möchtest, daß dir Mein Nährvater ein Haus mit einem Schweinestall bauen soll. Und das soll er auch tun! Denn was vor Mir recht ist, das ist auch vor Gott keine Sünde. Den Juden war nämlich ein geschäftlicher Umgang mit ehrlichen Heiden nie verwehrt. Verwehrt war und ist ihnen nur, ihr Götzentum, ihre verwerflichen Lehren, Sitten, Gebräuche und Handlungen anzunehmen. Wenn aber ein Heide den jüdischen Glauben annimmt, darf man mit ihm sehr wohl Geschäfte treiben. (GEJ 7,206:1-5)

Joseph zu Mir:
Du hast ja recht. Aber man darf dennoch die Priester nicht vor den Kopf stoßen um nachher als Ketzer gescholten zu werden. Wenn man sich aber zuvor wegen einer Tätigkeit, die dem Buchstaben nach nicht ganz auf gesetzlichem Boden steht, berät und in der Synagoge etwas opfert, wird ein weiser Priester auch gern so eine Arbeit genehmigen. Ich werde darum jetzt zu unserem Ältesten gehen, ein kleines Opfer darbringen und ihm den Fall vortragen.

Ich:
Was machst du aber, wenn er dir diese Arbeit trotz des angebotenen Opfers nicht erlaubt?

Joseph:
Dann werden wir die Arbeit eben nicht annehmen können.

Jesus:
Höre, wenn Ich mit der Arbeit anfange, werde Ich keinen Priester fragen, ob sie den eitlen Tempelsatzungen entspricht oder nicht, sondern Ich werde sie aus Meiner eigenen Macht und Kraft heraus

beginnen. Denn was vor Gott recht ist, das muß auch vor allen Menschen recht sein, ob die Templer das so sehen oder nicht.
Joseph:
Mein lieber Sohn, wenn du so handelst, wirst du wenig Freunde in der Welt haben!
Ich:
Wer ängstlich nach der Freundschaft der Welt trachtet, der verwirkt dadurch leicht die Freundschaft Gottes. Ich aber gebe dir den Rat: Wir erfüllen diesem Griechen den Wusch und fragen unsere herrsch- und habgierigen Priester nicht, sondern tun, was recht ist. Denn dieser Mensch hat uns viel Freundschaft erwiesen, und wir sollten ihm nun sein Anliegen nicht versagen. Und wenn du dir das nicht getraust, werde Ich eben allein das Haus und den Stall bauen!
Joseph:
Nein, was hast du denn heute auf einmal? So eigensinnig kenne ich dich ja gar nicht! Wenn mich immer angesehene Juden und Älteste besuchen, bist du mit Worten ganz knapp und trittst nie gebieterisch auf. Und nun kommt ein Heide, und du willst ihm gleich alles tun, was er wünscht. Wie kommt denn das nur auf einmal?
Jesus:
Ereifere dich nicht, du Mein alter und gerechter Freund! Wenn Ich Mich vor den Juden zurückziehe, so habe da meine Gründe. Hat denn hier auch nur *ein* Jude außer dir einen wahren Glauben? Als Ich im Knabenalter dann und wann ein Zeichen wirkte, da sagten sie, Ich sei vom Teufel besessen. Dieser Grieche aber ist voll guten Glaubens und kennt das innere, wahre Lebenslicht. So ist es doch begreiflich, wenn Ich Mich gegen ihn ganz anders benehme, als gegenüber den falschen Juden. Ich aber weissage dir: Weil die Juden so sind, wird ihnen das Licht des Lebens genommen werden. Zwar kommt das Heil aller Völker durch mich und damit von den Juden, weil sie Mich aber nicht als Messias anerkennen, wird das ihnen das Heil genommen und den Heiden gegeben werden. (GEJ 7,206:5-16)

3.3. Die Inkarnation Gottes im jüdischen Messias

Jesus wirkt Wunder, um seiner Familie die Angst zu nehmen
Joseph zu Mir und zum Griechen Anastokles:
Mein wundersamer Sohn und auch du habt zwar recht. Kommt aber die Sache mit dem gesetzlich verbotenen Geschäft mit einem Heiden auf, so werden sie mich zur Verantwortung ziehen!
Ich:
Höre, Mein irdischer Ernährer! Von Meinem Willen allein hängt es ab, ob dich bei dieser Arbeit jemand verraten kann oder nicht. Denn obwohl Ich aus den genannten Gründen schon lange kein Wunder mehr gewirkt habe, bin Ich dennoch ganz Der, der Ich anfangs war. Mir sind alle Dinge möglich: Sonne, Mond, Sterne und diese ganze Erde, wie auch Himmel und Hölle müssen Mir gehorchen und sich nach Meinem Willen richten. – Und da soll Ich Angst haben vor den finsteren und blinden Priestern unserer Synagoge? Mache nur mit diesem Ehrenmann den Bauvertrag, alles andere überlasse Mir! Wir werden mit dem Bau leicht fertig. Denn wem es möglich war, Himmel und Erde zu erschaffen, dem wird es wohl auch möglich sein, einem biederen Griechen Haus und Stall zu bauen! Zwar zählt ein Schweinestall wahrhaftig nicht zu jenen Bauten, die dem menschlichen Geist Ehre machen, aber lieber ist Mir ein noch so schmutziger Schweinestall als der Tempel zu Jerusalem und manche Synagoge im Judenland! (GEJ 7,204:4-6)
Joseph:
Wie redest du heute gar so sehr vermessen? Wenn das jemand gehört hätte und verklagt uns, was würde aus uns werden? Wir würden der Gotteslästerung bezichtigt gnadenlos gesteinigt werden.
Ich:
Wer denn kann uns hören, wenn Ich es nicht will, und wer wird uns steinigen, wo Ich doch der Herr aller Steine bin? Da sieh hier diesen Stein, den Ich aufgehoben habe. Ich will nun, daß er völlig unsichtbar und ein Nichts ist – und sieh, er ist es schon! Würfe jemand damit nach uns, was könnte er uns schaden? Da, sieh hinauf

zur Sonne, wie sie leuchtet! Als Herr über die Sonne will Ich nun, daß sie für einige Augenblicke kein Licht mehr gibt. – Und sieh, es ist nun finster wie in der Nacht.
Da erschraken beide und auch die, welche im Haus waren, kamen voll Entsetzen heraus und fragten ängstlich, was das zu bedeuten hätte. Ich aber sagte: Nun bin Ich schon so lange bei euch, und ihr kennt Mich anscheinend immer noch nicht. Das ist die Macht Meines Willens. – Nun aber sei wieder Licht! Und seht, die Sonne leuchtet wie zuvor! Das alles hat sonst nichts zu bedeuten, als daß ihr erkennen sollt, daß Ich bei euch bin. Da sagten alle: Dem Herrn sei Dank, unser Jesus hat wieder seine Kraft von Gott bekommen! (GEJ 7,204:7-11)
Hierauf teilte Joseph den anderen Brüder mit, was zu geschehen habe. Aber Mein Bruder Joses meinte, daß es besser wäre, wenn einer daheim in der Werkstatt bliebe. Außerdem fiele es den Aufsehern der Synagoge weniger auf, die ohnehin Meinetwegen unser Haus im Auge behielten. Dies hieß Ich gut, ordnete aber an, daß außer Jakobus niemand mit uns zu gehen brauche. Auch nahmen wir nun das nötigste Werkzeug mit, damit man im Ort weiß, daß wir uns als Zimmerleute vom Haus wegbegeben. (GEJ 7,207:15-20)
Da fragte Meine Leibesmutter Maria, wie lange wir voraussichtlich wegbleiben würden. Joseph meinte, bei einem so großen Auftrag könne die Dauer nicht vorhergesehen werden. Ich aber sagte, wir würden nach drei Tagen wieder zurück sein.

Alle:
Wie wollt ihr drei denn in nur zwei Tagen ein großes Wohnhaus mit Schweinestall bauen?

Ich:
Das laßt nur unsere Sorge sein; ihr aber kümmert euch um die Arbeit Zuhause.

3.3. Die Inkarnation Gottes im jüdischen Messias

Maria zu Mir:
Aber lieber Sohn, wie bist du denn plötzlich so sonderbar, so gebieterisch; wie kommt denn das?
Ich:
Weil Ich das eures Heiles wegen sein muß! Aber nun halten wir uns nicht länger mit Geschwätz auf, den damit ist nichts gewonnen. Für den Menschen ist seine Zeit sehr kostbar! (GEJ 7,207:21-27)

Willensstarkes Äußeres, im Wort faszinierend
Ein Pharisäer über Jesus:
Dieser Jesus benötigt weder ein Amulett noch andere, zur Zauberei gehörige Gegenstände, weder Wundersalben noch Heilkräuter und wirkt auch nicht verschlossen oder mystisch. Er ist vielmehr ein offener, gutmütiger und überaus zuvorkommender Menschenfreund. Auch ist er kein Kopfhänger, sondern stets guter Laune. Seine Worte fließen wie Honig und Milch. Und trotz seiner Schlichtheit geschieht alles auf wunderbare Weise, wie er es will. Ich bin fest davon überzeugt, daß er eine neue Erde ganz leicht und bloß durch seinen starken Willen erschaffen könnte. Ich kenne ihn schon seit seiner Geburt und kann bestätigen, daß er schon als Kind dasselbe verrichtete, was er nun als Mann vor unseren Augen wirkt. (GEJ 1,172:6-7)

Jarah zu Jesus:
Dieser Engel hat sicherlich eine schöne Gestalt. Aber neben Dir o Herr erblassen alle Engel. Denn all ihre Schönheit kommt ja nur durch Dich.
Jesus zu Jarah:
Aber Ich bin doch, wie Ich vor dir stehe, sicher nicht schöner als dieser. Siehe, Meine rauhen, ausgearbeiteten Hände und Meine von der Sonne gebräunte Haut können doch kaum anziehend wirken.

Dagegen ist dieser Engel mit allem versehen, was die Himmel nur immer schön nennen können! (GEJ 2,135:1-2)

Jarah zum Engel Raphael:
Spricht Jesus von noch so ernsten Dingen, klingt seine Rede dennoch so sanft wie die Wolle eines Lammes ist, und Seine Worte fließen wie Milch und Honig. In seinem Redeton liegt stets große Kraft. Sieh dir das gleichermaßen freundliche Gesicht des Herrn gegenüber Freunden wie Feinden an! Wen kann es da noch wundern, wenn Kranke gesund werden, wenn Er sie nur ansieht? So, lieber Raphael, solltest auch du in Wort und Tat mir gegenüber und gegenüber jedermann sein. (GEJ 2,166:2)

Jarah über Jesus:
Mich hatte Er sehr lieb, wie auch ich Ihn über alles liebte, obwohl Er äußerlich nicht gerade ein schöner Mann ist. Denn Er ist eher klein von Statur, und Seine Hände sind rauh und arbeitsnarbig. Sein Kopf aber ist würdevoll und Sein Auge wohl das schönste, das mir je zu Gesicht kam. Auch um den Mund hat Er einen überaus freundlichen, wenngleich aber auch würdevollen ernsten Zug. Seine Stimme kann man eine wahrhaft männlich hinreißende nennen; denn sie klang wenigstens für Mein Ohr angenehmer als der schönste Gesang. (GEJ 2,240:12)

Cyrenius über Jesus:
Er trägt darum auch einen schön rosenroten Leibrock, um zu zeigen, wie sehr Er noch immer Sein Volk liebt. Mit dem blauen, weiten Mantel zeigt Er aber an, daß Er auch zu uns Heiden gekommen ist, um auch uns zu Seinen Kindern zu machen! Denn der Mantel umfaßt die ganze Welt, und dazu gehören auch alle Heiden. (GEJ 3,156:7)

3.3. Die Inkarnation Gottes im jüdischen Messias

Der Nubier Oubratouvishar über Jesus:
Nun sind wir an dem heiligsten Ort meiner prophezeiten Weisung angelangt. Er ist bedeutender als MEMPHIS, KARNAG ZU KORAG und der größte Tempel der Welt JA BU SIM BIL und auch mehr als das geheimnisvolle ISIS-Bild!
Seht da hinten den großen Tisch. In dessen Mitte, mit rosenrotem Leibrock und darüber mit einem blauen Faltenmantel bekleidet, sitzt Er, über seinen Schultern ein volles, goldblondes Haar: Nicht nur allerhöchst gottgeistig, sondern auch körperlich das höchste Gottwesen! (GEJ 4,194:2)

Ein Samariter über Jesus:
Freunde, das ist also Gott Selbst, als ein sichtbarer Mensch unter uns Menschen! Welch eine herrliche Gestalt! Welch ein himmlisch-sanftes Feuer göttlicher Liebe leuchtet aus Seinem Auge, welch eine Weisheit strahlt aus Seiner hohen Stirn, und welcher Worte muß Sein Mund fähig sein! Wenn man Seine erhabene Gestalt so betrachtet, besteht kein Zweifel mehr, daß in diesem Körper ein besonderer Geist wohnt. (GEJ 9,126:1-2)

Jesus (erzählend)
Während Ich meinen Jüngern verschiedenes über den Wert der Wälder auf der Erde lehrte, kamen wir auf eine Lichtung, die mit alten Zedern bestanden war. Eine davon war hohl und beherbergte eine große Menge Wildbienen. Diese erzeugten so viel Honig, daß der Überschuß aus Ritzen und Spalten des mächtigen Baumes herausfloß und sich in einer Bodenvertiefung unterhalb ansammelte.
Petrus:
Da gibt es tatsächlich noch ein Stückchen des alten Kanaan, in dem Honig und Milch in Bächen floß! Es ist nur verwunderlich, daß die Menschen in ihrer unersättlichen Habsucht diesen Honigteich bis jetzt noch nicht entdeckt haben. Herr, schade, daß wir kein Brot bei uns haben, da könnten wir uns gut sättigen!

Philippus:
Einen Laib Brot hätte ich bei mir. Der reicht aber bei weitem nicht für alle 40.
Die Johannesjünger:
Wir haben auch noch ein paar Laibe, die wir schon in Jericho gekauft haben.

Ich ließ die Laibe unter ihnen verteilen. Darauf segnete Ich das Brot, und es vermehrte sich so, daß wir nun genügend für alle hatten. Wir setzten uns um den Teich herum, tauchten das Brot in den Honig, und die Jünger – und ganz besonders Judas Ischariot – konnten sich an dem süßen Brot nicht genug satt essen.
Ich:
Nun haben wir alle genug Honigbrote gegessen, und es wird Zeit, diese schöne Waldstelle zu verlassen, um noch vor Sonnenuntergang Galiläa zu erreichen. Denn hier sind wir noch in Samaria.
Petrus:
Herr, es wäre aber gut, ein paar Tage lang zu bleiben und auszuruhen! Hier wären wir auch vor der oft lästigen Zudringlichkeit der Menschen sicher, denn diese Stelle hat vor uns ganz sicher noch kein Mensch entdeckt.
Ich:
Die Menschen haben zwar diese Waldstelle nicht entdeckt, aber die Bären dieses Waldes schon lange. Wollt ihr mit ihnen die Nacht an diesem Honigteich zubringen, könnt ihr ja da bleiben. Doch Ich selbst will die Gesellschaft der Bären nicht, und mit der Macht Meines Willens will Ich sie auch nicht bezwingen und ihnen ihr Futter wegnehmen.

Nach einer Weile gelangten wir wieder zum befestigten Waldweg zurück, auf dem wir dann das Land Galiläa erreichten. (GEJ 9,63:8-18)

3.3. Die Inkarnation Gottes im jüdischen Messias

Hang zu den Geächteten der Gesellschaft
Johannes über Jesus:
Jesus kam ganz arm und schwach zur Erde, trat fast 30 Jahre lang – mit Ausnahme seines 12 Lebensjahres – vor den Augen der Welt kaum in Erscheinung, sondern arbeitete zusammen mit seinem Ziehvater Josef als Zimmermann und gab sich schließlich noch mit dem gewöhnlichen Volk ab. Wie konnte er so in den Augen der stolzen und eingebildeten Juden der so lange erwartete Messias sein? Die Priesterschaft sagte: »Weg mit so einem Gotteslästerer und Magier, der seine Werke nur mit der Hilfe des Teufels ausführt. Ein roher Zimmermannsgeselle, der irgendwo mit der Hilfe Satans zaubern gelernt hat, barfuß herumläuft und das gemeinste Gesindel zum Freund hat, Huren annimmt und mit öffentlich bekannten Sündern speist, der soll Christus, der verheißene Messias sein? – Nein, niemals!« (GEJ 1,5:15)

Anmerkung
Zum Schluß der Betrachtung des Jesus von Nazareth als Mensch möchte ich noch das innere Zwiegespräch wiedergeben, das vor seinem Leidensbeginn Ende April des Jahres 28 nach Beginn unserer Zeitrechnung (vergl. BRIEMLE, 2003) und damit in Jesu 33. Lebensjahr auf dem Ölberg bei Jerusalem stattfand. Es macht sehr schön deutlich, wie stark doch die Bindung an die materielle Welt mit der bedingungslosen Gefolgschaft Gottes in seelischem Konflikt stehen kann.

Inneres Gespräch zwischen Gott und dem Menschensohn
Jesus (erzählend)
Ich aber verließ das Haus und begab Mich allein auf die Höhe des Ölberges, von wo aus man eine weite Aussicht über Jerusalem und die ganze Umgegend hat. Hier trennte sich die Gottheit in Mir von dem Menschensohn und sprach zu Mir:

3. Die geistige Welt

»Siehe, vor dir liegt die Stadt deines Leidens, das in den nächsten Tagen beginnen wird, wenn du freiwillig das Joch auf dich nehmen willst, das der Erlösung der gesamten Menschheit dienen kann. Du bist in deinem irdischen Leib, getrennt von Mir, ein Mensch wie jeder andere. Du hast dich bemüht, den Geist in dir zu erwecken, der die Fülle der Gottheit Selbst ist. Du hast mit Aufopferung deines Willens den Willen der Allmacht in dir wachsen lassen. Jetzt aber hängt es von deinem Willen als Mensch selbst ab, ob du das letzte und schwerste Werk übernehmen willst. Daher frage Ich dich: Willst du als Mein Sohn aufgehen in dem Vater, indem du alles, was Dieser dir zu tun befiehlt, ausführst? Oder willst du dieser Menschheit allein angehören und nur dieser Welt dienen? Du kannst ein Herrscher der Welt sein und ein Erlöser der Welt bleiben. Du kannst aber auch ein Wegweiser zu Mir sein, der zu Meinem innerstem Herzen führt, indem du völlig in Mir aufgehst und damit zum Herrscher des Lebens in allen Ewigkeiten wirst. Du kannst ein Fürsprecher der Menschen als meine Geschöpfe sein, du kannst aber auch ein Fürsprecher der Liebe sein. – Und so wähle jetzt, wo dir vor Augen liegt, was dir leiblich bevorsteht: Ob du den Weg neben Mir oder den Weg in Mir nehmen willst.«

Da sprach die Seele in Mir:

»Vater, Dein Wille ist allezeit der meine, und nur das, was Du willst, soll geschehen! Denn was mir die Erde geben kann, ist erst ja erst durch Dich geworden. Ich aber will den geraden Weg gehen und aus Deiner Hand das empfangen, was mit mir werden soll. Und somit will Ich Deinem Willen folgen.« (vergl. Mt. 6,10; Lk. 22,42; Jh. 4,34; 6,38; 5,30 und 6,38)

Darauf sagte die Gottheit in Meinem Herzen:

»Noch einmal werde Ich dich so fragen wie heute, und dann soll es so geschehen, wie du es willst, sofern du noch dieselbe Antwort gibst! Jetzt aber sieh, was die Welt mit dir machen wird!«

Im stillen Gebet verblieb Ich nun auf dem Berg und begab mich dann noch vor Sonnenaufgang hinab in das Haus des Lazarus.

3.3. Die Inkarnation Gottes im jüdischen Messias

Im Haus des Lazarus war es ruhig, und niemand störte Mich. In Meiner Kammer war Ich allein und hielt nochmals Zwiesprache mit Meinem Vater in Mir. Es wird aber kein Mensch so recht begreifen, wie letzteres möglich war. Darum sei hier gesagt, daß Meine Seele sehr wohl die Möglichkeiten sah, wie Ich allem Leiden entgehen könnte. Meine Seele wollte verzagen, weil auch sie – wie die Seele eines jeden anderen Menschen – an die Erde gekettet war. Nur der Geist in Mir, von dem jedermann weiß, wer dieser war, beschrieb Mir den Weg und stellte der Seele frei, ob sie aus Liebe zu Ihm und den Menschen die gewiesenen Wege gehen wolle oder nicht. So trat denn auch jetzt in letzter Stunde die Entscheidung wiederum näher, und Ich entschied mich abermals für die Wege des Vaters. (GEJ 11,65 & 68)

4. Die Entwicklung vom Materiellen zum Geistigen

4.1. Unsere Erde als Entwicklungsanstalt für die Seele

Vorbemerkung

Wie ein roter Faden zieht sich die Besonderheit dieser Erde in ihrer Funktion als Bewährungsanstalt für den Menschen durch diese Neuoffenbarung. Danach kann sich der Mensch völlig frei und ohne Zwang zwischen der materiellen, diesseitigen Welt einerseits, und Gott und der geistigen Welt einerseits entscheiden. Die Erde mit ihrer Evolution des Lebens hat letztendlich einzig und allein diese Aufgabe. Entscheidet sich der Mensch für das Angebot Gottes, kann er vom »Weltkind« zum »Gotteskind« aufsteigen und erhält als vollendetes Geistwesen im Jenseits dieselbe schöpferische Willens- und Gestaltungskraft wie Gott selbst. Entscheidet sich der Mensch für die vergängliche Welt des Diesseits, geht seine Seele zwar nicht für alle Ewigkeiten verloren, doch muß sie sich erneute Inkarnationen auf der Erde oder auf Planeten anderer Sonnensysteme gefallen lassen.

Die Erde als seelischer Bewährungsort wurde von Gott so eingerichtet, daß das Böse in ihr das Gute überwiegt. Nur auf diese Weise – so läßt uns Gott wissen – bekommt die Menschenseele die Möglichkeit, sich geistig höher zu entwickeln. Das heißt, im täglichen Daseinskampf hat unser irdisches Leben die seelische Vervollkommnung in Form einer »Wiedergeburt des Geistes« und damit die Kindschaft Gottes zum Ziel. So erfahren wir in diesem Kapitel auch, daß unsere Erde – aus den genannten Gründen – kein Paradies sein kann und darf, worin Friede, Gerechtigkeit und Toleranz herrschen.

Der Mensch als der evolutionäre Schlußstein der Lebewelt ist aufgerufen, die Vergänglichkeit der satanischen Weltreize und die eines bequemen, materiellen Lebens geistig zu durchschauen. Schon im Alter von 30 Jahren sollte der Mensch den Sinn des Le-

4.1. Unsere Erde als Entwicklungsanstalt für die Seele

bens erkennen, und nicht erst kurz vor dem Tod mit der Gottsuche oder mit der Verrichten guter Werke beginnen. Zur Gotterkenntnis verhilft nicht zuletzt die Beobachtung der Natur, die Liebe zur ihr und der Respekt gegenüber den Mitgeschöpfen.

Die ungezügelte Triebhaftigkeit und Sexualität bewertet unser Himmlischer Vater als eines der größten Laster, weil »kein Teufel schwerer aus dem Menschen zu vertreiben ist, als eben der Fleischteufel«. Er warnt die Weltkinder daher vor sexuellen Entgleisungen aller Art, insbesondere aber vor der Hurerei und bezahltem Beischlaf, welche die betroffenen Frauen immer noch tiefer in Abhängigkeit und Unfreiheit stürzt.

Die Suche nach Gott und die letztendlich moralische Vervollkommnung ist die wichtigste Aufgabe im Leben eines Menschen. Dies gelingt ihm um so leichter, je mehr er sich mit den göttlichen Attributen identifiziert, die auch schon im Neuen Testament der Bibel stehen. Der Weg dahin führt über die uneigennützige Liebe zum Nächsten, demütiges Dienen oder eine verzeihende Haltung gegenüber seinen Feinden.

4.1.1. Spannungsfeld zwischen Materialismus und Spiritualismus

Die Situation auf der irdischen Pilgerreise
Jesus zu Markus:
Der Hang der Menschen zu den Dingen der Welt ist wie eine graue Wolke, die sich zwischen das Auge der Seele und das Licht aus den Himmeln stellt. Aus diesem Grunde haben die meisten Menschen kaum Ahnung von etwas geistig Höherem und Übersinnlichem. Weil aber die besagte Wolke nicht weicht und statt heller eher noch dunkler wird, bekommen die Leute Angst, glauben an allerlei dummes Zeug und suchen schließlich Trost und Beruhigung bei den toten Götzen und ihren Priestern.
Denn seht, der Mensch gleicht einem Wanderer, der an einem trüben Tag reist, wenn Nebel die Täler und Berge bedecken. Obwohl

solche Nebel die ganze sonst so herrliche Gegend unsichtbar machen, besteht die Gegend freilich dennoch. Lediglich ihr Abbild ist dem Auge unsichtbar und der Wanderer kann sich darum auch keine Vorstellung von der Landschaft machen. Er nimmt wohl einen Weg wahr und erkennt aus den nur schwach ersichtlichen Wegzeichen, daß er möglicherweise auf dem rechten Weg ist. Aber kommen dann Abzweigungen, wird er schon wieder unsicher. Er wartet dann, ob nicht ein anderer Pilger ihm nach- oder entgegenkäme. Es kommen wohl welche, aber denen geht es ebenso. Der eine meint, es führe wohl der Mittelweg zum Ziel, ein anderer hält die Abzweigung nach rechts, ein dritter jene nach links für den richtigen Weg und ein vierter will gar umkehren. – Aus diesem Gleichnis könnt ihr nun erkennen, wie es den meisten Menschen auf der Wanderung zum Reiche Gottes ergeht.

Weil also der »Nebel der Weltliebe« die herrlichen Fluren, Berge, Täler, Gärten, Städte, Bäche, Flüsse und Seen dem seelischen Auge verbirgt, ist es euere Aufgabe, den Nebel zu lüften, indem ihr ihnen Mein Wort verkündet. Niemand kann zwei Herren, die einander anfeinden, dienen (vergl. Mt. 6,24; Lk. 16,13). Entweder hält er es mit dem einen oder mit dem anderen, und muß demnach auch ein Freund oder ein Feind des einen oder des anderen sein! Genauso kann auch niemand den Verführungen und Reizen der Welt und gleichzeitig dem Reich Gottes dienen. (GEJ 8,77:9ff.)

Unsere Erde darf weder Paradies sein, noch werden!
Agrikola zu Jesus:
Als allmächtiger Gott müßte es Dir doch ein Leichtes sein, dem gegen Dich wirkenden Fürsten der Lüge und Finsternis für ewig sein Handwerk zu legen! – Was tun denn wir Menschen mit einem unverbesserlichen Verbrecher? Wir werfen ihn entweder ins Gefängnis, oder wir geben ihm nach dem Gesetz den Tod! Tue Du doch dasselbe mit dem Satan und es werden dann nur noch Ord-

4.1. Unsere Erde als Entwicklungsanstalt für die Seele

nung und Wahrheit, Liebe und Gerechtigkeit auf der Erde herrschen.

Jesus:
Du hast gut reden, weil du jetzt noch nicht verstehst, worin die Hölle und worin der Fürst der Lüge und der Finsternis besteht! Wenn Ich das täte, hättest du augenblicklich keine Erde mehr unter deinen Füßen, es gäbe keine Sonne, keinen Mond und auch keine Sterne mehr. Denn die materielle Schöpfung ist ja nichts anderes als eine fortwährende Täuschung, ganz nach Meiner ewigen Ordnung. Dies muß so sein, damit sich die Seelen der Menschen auf dem harten Boden der Versuchung die Freiheit und Selbständigkeit des ewigen Lebens verdienen können. Löschte Ich nach deinem Rat alles Materielle aus, so müßte Ich ja auch jeden menschlichen Leib vertilgen. Dieser ist aber ein notwendiges Werkzeug der Seele, weil sie nur mit diesem Hilfsmittel das ewige Leben erwerben kann. – Siehe, was dein Leib für deine Seele ist, das ist die Erde für das ganze Menschengeschlecht. (GEJ 8,12:2-7)

Die Besonderheit der Bewährungsanstalt »Erde«
Der Erzengel Archiel zu Philopold:
Hier auf Erden geht es darum, ein völlig neues Geschöpf zu werden, und das aus und in Gott. Bist du erst einmal ein solches geworden und hast die »Kindschaft Gottes« erreicht, erhältst du alle Erinnerung wieder zurück, auf die du im Fleisch verzichten mußtest.

Jeder Geist, der in die Seele kommt, muß diese zuerst durch die Einhaltung der göttlichen Gesetze weiterentwickeln. Hat die Seele dann einen bestimmten Reifegrad erreicht, geht der Geist völlig in der Seele auf und der Mensch wird dadurch vollendet. Denn der Geist im Menschen ist nichts anderes als ein Gott im Kleinen. Vollkommenheit erlangt der Mensch aber nicht durch Gottes Zutun, sondern nur durch seine eigene Taten.

In all den vielen anderen Welten wirst du äußerlich und innerlich so gestaltet, wie du sein mußt. Hier auf der Erde aber legt Gott die äußere Gestaltung des Leibes in die Hände deiner Seele. Nur so kannst du ein »Kind Gottes« werden. Ein Mensch, der die irdische Fleischprobe bestanden hat, wird demnach in allem Gott gleich. (GEJ 1,214:9f)

Auf der Erde dominiert das Böse über das Gute
Jesus zum Pharisäer Stahar:
Auf der Erde ist es so eingerichtet, daß alles Schlechte das Gute mit viel geringerer Mühe in das seinige umwandelt, als das Gute etwas Schlechtes in sein Gutes. Seht euch beispielsweise einen unduldsamen, intoleranten Menschen an, der alles um sich herum aus lauter Haß gleich umbringen möchte. Tausend gute Menschen, die ihn beobachten, werden am Ende selbst unduldsam und möchten sich ebenso an allen Andersdenkenden vergreifen. Nun, warum bewegt hier ein Herrschsüchtiger Tausende zur Intoleranz, und warum nicht die tausend Gutmütigen einen Bösen zur Verträglichkeit? Das liegt daran, daß sich insbesondere diese Erde als Erziehungs- und Bewährungsort für die Kinder Gottes eignen muß. Hier soll der Anreiz zum Schlechten und Bösen ein größerer sein, als der Anreiz zum Guten.
Ein anschauliches Gleichnis: Seht euch noch einmal die Heilpflanze und die Giftpflanze an und stellt euch einen großen eisernen Kessel vor. Darin wollen wir tausend Heilpflanzen zu einem heilsamen Tee sieden. Werfen wir nun aber diese spezielle Giftpflanze auch mit in den Kessel, wird diese einzige Giftpflanze die gesamte Heilwirkung der anderen in ihren tödlichen Giftstoff verkehren. Nehmen wir aber nun den umgekehrten Fall: Kochen wir tausend Stück dieser Giftpflanzen im selben Kessel zu einem todbringenden Tee und legen am Ende nur eine von diesen Heilpflanzen in den Kessel. – Oh, wie schnell werden alle ihre guten und heilsa-

4.1. Unsere Erde als Entwicklungsanstalt für die Seele

men Naturgeister in das tödliche Gift der tausend Giftpflanzen verwandelt sein! Diese von Mir in die Natur der Dinge gelegte Ordnung muß natürlich bleiben, solange die Erde besteht. Sonst würde sie sich auflösen und dem Menschen keine Wohnstätte für sein Probeleben mehr bieten. Darum gilt es, das Gute mit allem Ernst und mit aller Kraft an sich zu reißen, will man von dem vielen Schlechten nicht verschlungen werden. Wenn ihr aber bemüht seid, euer inneres Leben an Meiner Lehre auszurichten, werden euch die Gifte der Welt keinen Schaden mehr zufügen können. (GEJ 4,145)

Unser irdisches Leben hat die seelischen Vervollkommnung zum Ziel

Jesus zu einem römischen Hauptmann:
Diese Erde ist nun mal so eingerichtet, daß auf ihr Kinder Gottes erzogen werden können. Das Leben ist und bleibt so lange ein Kampf, bis es sich aus den materiellen Fesseln als Sieger aus eigener Kraft emporgerungen hat. Und so darfst du dich über die materiellen Feinde nicht wundern; denn sie sind nicht Feinde des geistigen Lebens, sondern nur solche des materiellen Scheinlebens. Dieses aber ist wiederum nur ein Werkzeug, mit dessen Hilfe sich die Seele höher und höher zur eigentlichen Lebensfreiheit und zum ewigen Geistleben emporarbeiten kann. (GEJ 6,133:9)

Jesus zu einigen Judgriechen:
Die Gläubigen werden unter dem Einfluß der »Weltmenschen« viel zu leiden haben. Diese Leiden haben dann aber den Sinn, die blinden Zeitgenossen zu bekehren und zwar insofern, als sie an unserem Handeln sehen, welch kleinen Wert wir den vielen Verlockungen dieser Erde beimessen, und welch großen dem ewigen Seelenleben. Darin nämlich besteht die eigentliche Erlösung des Menschen vom Tod zum Leben. – Künftig wird es sogar so sein, daß

jeder, der sein Leben liebt, es verlieren wird. Wer es aber verachtet und der Welt flieht, der wird es für ewig behalten. Was nützte es dem Menschen, wenn er mit diesem Erdenleben die ganze Welt gewänne, aber Schaden an seiner Seele nähme? Was könnte denn ein solcher Mensch anbieten, um seine Seele zu erlösen? – Darum sollte der Mensch dieses irdische Leben allein nur dazu benutzen, das ewige Leben für seine Seele zu erlangen. Tut er das nicht, ist er selbst schuld daran, wenn er die Erlösung seiner Seele verwirkt oder zumindest hinauszögert. Die Seele braucht nämlich hernach im Jenseits überaus lange, sich so zu verändern, daß sie in ein bewußteres und besseres Geistleben übergehen kann. Denn solange eine Seele noch an der Welt und ihren Verlockungen hängt, kann sie im Geist auch nicht wiedergeboren werden. Eine Seele aber, die in ihrem Geist nicht wiedergeboren ist, kann auch nicht ins Reich Gottes eingehen. Dort nämlich existieren keinerlei materiellen Atome mehr. (GEJ 6,162:7-11)

Ein halbherziger Gottesglaube ist nichts wert!
Jesus zu Schriftgelehrten:
Nehmt für euere Mir dargebrachten kleinen Opfer keine Entschädigungen von dieser Welt an, denn sonst seid ihr nicht Meine, sondern dieser Welt Kinder. Tut vielmehr alles, was ihr macht, aus wahrer, lebendiger Liebe zu Mir, eurem Vater, und Ich werde euch dann auch eine Gegenfreude machen. Denn nur halbherzig neben der Welt her will Ich nicht verehrt werden! Entweder ganz oder gar nicht! Jede Halbheit ist ein Ding der Heiden und trägt ihnen auch schlechte Früchte. (GEJ 8,38:13-15)

Der Daseinskampf dient der seelischen Höherentwicklung
Jesus zu Cyrenius:
Alles, was man als gesetzwidrig, als arg oder schlecht bezeichnet, ist lediglich ein zugelassenes Mittel, um die Menschenseele zu

4.1. Unsere Erde als Entwicklungsanstalt für die Seele

veranlassen, besser zu werden. Denn jede Entwicklung setzt eine Tätigkeit voraus. (GEJ 5,158:1-2)

Jesus zu einem römischen Hauptmann:
Es entspricht Meinem Gesetz, daß auf dieser Erde alles Leben fortwährend Angriffen und Leiden ausgesetzt ist und sich ständig neu behaupten muß. Dieser Kampf gilt der gerichteten Materie, die dann am meisten zu leiden hat, wenn ihr inneres Geistwesen, das wir Seele nennen, sich von der losen Materie trennt und in einen vollkommeneren Lebensgrad aufsteigt. Alle Materie dieser Erde – vom Stein bis zum Äther hoch über dir – ist Seelensubstanz; aber in einem notwendig gerichteten und somit verfestigten Zustand. Ihre Bestimmung aber ist, wieder in den rein geistigen Zustand zurückzukehren, sobald sie durch diese Probezeit die Lebensselbständigkeit erreicht hat. Um aber letztere zu erlangen, muß die sich entwickelnde Seele alle möglichen Lebensstufen durchmachen. Für jede neue Lebensstufe muß sie sich wieder von neuem in einen materiellen Leib begeben. (GEJ 6,133:2-3)

Ein bequemes Leben verhindert die seelische Höherentwicklung

Jesus zu Pharisäern:
Der Garten Eden war ein fruchtbares Land, bestens bestellt mit den erlesensten Früchten der ganzen Erde; und doch hatte ihn nie zuvor eines Menschen Hand gestaltet. Die ersten Menschen hatten weder Häuser noch Städte. Ihre wenigen Bedürfnisse waren leicht zu befriedigen, blieben dabei aber gesund, erreichten stets ein hohes Alter und hatten deshalb viel Zeit, sich mit ihrer inneren Seelenbildung zu beschäftigen. So standen sie fast immer in Verbindung mit den Himmelsmächten. Erst Kain erbaute durch Eingebung des Satans seinem Sohn Hanoch eine Stadt gleichen Namens. Damit war der Grundstein zu allem Übel auf Erden gelegt.

4. Die Entwicklung vom Materiellen zum Geistigen

Denn eigentlich braucht der Mensch zum Leben auf dieser Erde nicht viel. Hoffart, Bequemlichkeit, Hochmut, Selbstsucht und Machtlust jedoch erzeugen Bedürfnisse, die nie zu befriedigen sind. Dadurch haben die Menschen keine Zeit mehr, sich mit dem abzugeben, womit sie sich eigentlich abgeben sollten und weswegen sie von Gott in diese Welt gesetzt wurden. Von Adam bis Noah führten die Kinder der Berge nie einen Krieg, weil sie nur sehr geringe Bedürfnisse hatten und keiner sich über seinen Bruder stellen wollte. Die Eltern aber wurden von ihren Kindern stets respektiert, weil sie weise Führer, Lehrer und Ratgeber ihrer Kinder blieben. Dort aber, wo die an Herz und Verstand blinden Menschen aus Anbiederung an ihre Führer damit begannen, ihnen die Häupter zu salben und mit Kronen zu zieren, nur um deren Gunst zu erhaschen, da war es auch um das einfache Leben geschehen. Denn Pracht und Prunk haben einen großen Magen, der nie zu sättigen ist.

Seht, Ich komme aus dem Himmel, um euch wieder auf den glücklichen Urzustand der ersten Menschen zurückzuführen und den rechten Weg ins Gottesreich zu zeigen. Wie könnt ihr da sagen, daß die von Mir gestellten Bedingungen zu hart unannehmbar seien? Das Joch, das Ich auf euere Nacken lege, ist sanft und die Bürde, die Ich euch zu tragen anbiete ist federleicht gegen das, was ihr Tag für Tag tragt: Weit in alle Welt hinaus sind euere Sorgen gerichtet. Tag und Nacht habt ihr weder Ruhe noch Rast, um Geld und Besitz zu sichern oder euere Macht zu erhalten. Und das Ganze auf Kosten eurer schwächeren Brüder und Schwestern! Wie soll bei solch einem Sorgen euere Seele noch Zeit für die Erweckung von Gottes Geist in euch finden? Ja, die Seelen von Millionen wissen nicht einmal mehr, daß sie Träger des Geistes Gottes sind, geschweige, daß sie sich zu freien und selbständig handelnde Wesen entwickeln sollen. Statt dessen werden die Armen und Schwachen von euch ausgebeutet und zu knechtischer Arbeit angetrieben. So seid ihr samt euren Untertanen tot und wahrhaftige Kinder des Satans geworden und nicht mehr fähig, Mein Wort zu verstehen. (GEJ 3,10:1-13)

Jesus zu Agrikola:
Weil nun aber die Menschen es verstehen, der Erde immer mehr Schätze zu entlocken, um damit ihrem Körper die größtmögliche Bequemlichkeit und Wollust zu verschaffen, ist gerade darin die besondere Verführungskunst des »Fürsten der Hölle« zu sehen. Das wiederum ist aber nichts anderes als das Gottferne an sich, der Tod der Materie und damit auch der Mit-Untergang jener Seelen, die sich von diesem Blendwerk haben gefangennehmen lassen.
So geht es auch einem Menschen, der nicht schon von früher Jugend an von seinen Eltern und Lehrern dazu angehalten wurde, möglichst auf die fleischlichen Leidenschaften und Gelüste zu verzichten. Denn sind sie einmal der Seele über den Kopf gewachsen, gelingt es ihr immer weniger, den Reizungen ihres Fleisches zu widerstehen. Wird aber eine Seele schon früh in Wahrheit und Vernunft erzogen, damit sie die Herrschaft über den Leib behält, wird sie verständig, gegenüber den weltlichen Verlockungen gleichgültig und damit auch unangreifbar für die Mächte der Hölle und der Finsternis.
Womit aber läßt sich am besten gegen diese satanischen Verlockungen ankämpfen? Ich sage es dir und euch allen: Mit nichts anderem als mit der von mir gelehrten Wahrheit, mit Selbstverleugnung und mit einem demütigen Herzen! Wenn du das erkennst und wahrlich danach handelst, und nicht nur zum Schein wie es die Templer und viele Heiden tun, dann hast du schon die ganze Hölle mitsamt ihrem Fürsten in dir besiegt! Alle bösen Geister, die in der Materie vorhanden sind, werden dir dann nichts mehr anhaben können.
Sieh dir unsere sieben Ägypter an! Sie kennen die verborgenen Schätze der Erde und könnten sie auch in größerer Menge für sich nutzen und ausbeuten. Aber sie verachten das, leben lieber einfach

und bescheiden und streben nur nach geistigen Werten. Dadurch haben sie sich jene unverfälschten und urmenschlichen Eigenschaften bewahrt, die sie zu den wahre Herren und Gebietern über die Natur machen. (GEJ 8,12)

Der Mensch braucht seine Zukunft materiell nicht absichern!
Jesus zum Römer Markus:
Wenn ihr heute arbeitet, eßt und trinkt, habt ihr in irdischen Dingen für diesen Tag schon genug gesorgt. Es ist nicht notwendig, sich auch schon für den nächsten Tag abzusichern. Erlebt ihr ihn, wird er alles Nötige für euch mit sich bringen. Denn nur mit dem Tag, an dem ihr noch lebt und arbeitet, müßt ihr rechnen; der kommende ruht noch in Meiner Hand. Deswegen ist es töricht, sich im Materiellen heute schon für morgen zu sorgen. Denn es liegt allein in Meiner Macht, ob Ich einen Menschen den kommenden Tag erleben lasse, oder nicht.

Ein Gleichnis: Es sorgte sich einmal ein Mensch viel um seine großen Ländereien und Herden. Um seinen irdischen Reichtum zu erhöhen und zu sichern, ließ er neue Scheunen, Stallungen und große und beständige Getreidekästen bauen. Zur zusätzlichen Sicherheit errichtete er noch eine Mauer um die Neubauten. Als dann alles fertig war, sagte er zu sich: »Ah, nun ist es mir leichter ums Herz; denn von nun an werde ich ohne Sorgen und Kummer mit meinem Besitz in Ruhe leben können«. Aber als er sich tröstend so zuredete, ertönte eine Stimme wie ein Donner: »O du eitler Tor! Was rühmst und tröstest du dich, als wärst allein du der Herr über dein Leben? Noch in dieser Nacht wird man deine Seele von deinem Leib und Besitz trennen, um das du dir so viel Sorgen gemacht hast. Was nützt dir dann all dein Mühen, Arbeiten und Sichern?« Da erschrak der Mensch und erkannte, daß er zu wenig für sein Seelenleben gesorgt hatte, und verstarb bald nach dieser Botschaft.

Damit sei aber keineswegs gesagt, der Mensch solle gar keine irdische Arbeit verrichten! Denn leiblicher Müßiggang würde nur Laster erzeugen! Im Gegenteil, jeder Mensch soll stets fleißig tätig sein und im Schweiß des Angesichts sein Brot essen. Es kommt also immer auf die Absicht an, mit der jemand tätig ist und arbeitet. – Wer beispielsweise so arbeitet und lebt wie Mein Freund Lazarus, der sucht auch gleichzeitig in sich nach Meinem Reich und wird es auch finden. So, wie es auch du schon zum größten Teil gefunden hast, lieber Markus. (GEJ 8,61:16-20)

4.1.2. Entwicklung des Menschen zur Gottähnlichkeit

Mit 30 Jahren sollte der Mensch den Sinn des Lebens erkannt haben

Jesus zum Statthalter Cyrenius:
Spätestens bis zum 30. Lebensjahr sollte jeder Mensch so weit mit der Bildung seines Ichs vorangeschritten sein, daß ihm das selige Leben nach dem Tod bewußt ist. Alle, die danach erst zu fragen beginnen, sind noch weit von der Seelenreife entfernt. Jene aber, die gar nichts davon hören wollen oder diesen Glauben gar für Dummheit halten, befinden sich ihr ganzes Leben hindurch in Finsternis. Auch bei schon in ihrer Entwicklung fortgeschrittenen Seelen kann es vorkommen, daß sie auf die Verlockungen des Leibes und seiner Geister eingehen. Solche Seelen können aber nicht mehr völlig zurückfallen, sondern sind nur so lange unrein, als sie sich im Sumpf ihrer Leibesgeister aufhalten. Darin fühlen sich aber nicht mehr lange wohl und kehren bald in ihren fortgeschrittenen Zustand zurück. (GEJ 2,210, 14-17)

Wie kommen wir in den Himmel?

Jesus zum Philosophen Epiphan:
Als ein aus dem Tod erwecktem Wesen hat die Menschenseele die Bestimmung, sich für ewig mit Gott als dem positiven Gegenpol Satans zu vereinen, ohne dadurch ihre Freiheit und Selbständigkeit

einzubüßen. Die wichtigste aller Lebensfragen lautet daher: Was hat ein Mensch zu tun und zu beachten, um seine Seele vor dem Rückfall in die tote Materie der satanischen Welt zu bewahren? Er soll die zehn Gebote halten, die Moses den Menschen gegeben hat. Diese aber lassen sich verkürzen auf das Gebot, *an Gott zu glauben und Ihn, wie auch seine Mitmenschen über alles zu lieben.* Wer das tut, wird sein Herz und somit auch seine Seele vor Hochmut, Härte, Haß, Selbstsucht, Neid, Geiz, Habgier, Herrschsucht und allgemeiner Weltliebe bewahren. Auf diese Weise kann er dann in den göttlichen Lebenspol eingehen. Denn die Gottesliebe erfüllt den ganzen Menschen mit dem Geist des Himmlischen Vaters und die Nächstenliebe befestigt ihn in der Seele. Dadurch wird diese zwangsläufig mit Gott selbst identisch. Ist sie das, wird sie auch identisch mit dem positiven Lebenspol und wird dann mit Gott in Ewigkeit über alle Materie herrschen. (GEJ 5,230:2-7)

Der Weg zur Gottgleichheit
Die Materie unterliegt der Macht und dem Gesetz Gottes. Deshalb kann sich auch kein Geschöpf anders verhalten, als es seine göttliche Bestimmung ist. Daher stellten schon die alten Weisen, welche die göttlichen Gesetze kannten, fest: »Erschreckend ist es für den frei werden sollenden Menschen, wieder in die Machthände Gottes zu gelangen!« Wie aber kann der schwache Mensch sich der Gesetzlichkeit Gottes entziehen? Das kann einer, dessen Seele noch am Diesseitigen hängt, nur schwer. Aber durch den freien Willen und die Liebe zum Himmlischen Vater ist es ihm möglich, vollkommen zu werden wie dieser, und kann dann selbst die Macht Gottes erlangen. (vergl. Lk. **6**,36 / GEJ **1**,155:15 / 50:13 / 71:13 / 39:5-10 / **2**,159:14 / **3**,180:6 / **4**,1:4 / 39:1 / 110:11 / 245:4 / **5**,271:6 / **6**,226:10 / **7**,54:12-13 / 139:6 / **8**,27:11 / **9**,22:5 / 24:5 / 102:7).
Worin besteht nun diese Macht Gottes im Menschen?: In der Liebe zu Gott, in deren Weisheit und daraus in der Liebe zum Nächsten; ferner in Sanftmut und Demut und schließlich in der Selbstver-

4.1. Unsere Erde als Entwicklungsanstalt für die Seele

leugnung gegenüber den Verlockungen der satanischen Welt. Ein solcher Mensch hat den Zwang von Zeit und Raum abgelegt und ist in und aus Gott heraus sein eigener Herr geworden. Er hat den sogenannten »Zorn Gottes«, also dessen allmächtigen und alles vermögenden Willen. So wie nun Ich im Vater und der Vater in Mir ist, so werden auch alle, die nach Meiner Lehre leben, in Mir sein und Ich in ihnen! (GEJ 9,102:6-9)

Auf der Erde sollen sich »Weltkinder« zu »Gotteskindern« entwickeln

Jesus zum Statthalter Cyrenius:
Diese Erde ist für die Erziehung jener Menschen ausersehen, die berufen sind, Meine Kinder zu werden. – Wenn Ich aber den Menschen so geschaffen hätte, daß er schon von Geburt an die höchste Vollendung ohne eigenes Zutun besäße, welches selbstgewählte Entwicklung wäre für ihn da noch denkbar? Wäre der Mensch schon von Anfang an ein vollkommenes Geschöpf in einer vollkommenen Umwelt, würde er aus sich heraus nichts dazulernen wollen. Solch einem Menschen würden selbst Meine größten Wunder gleichgültig sein! Oder meinst du, daß Mir Meine eigene Vollkommenheit etwas nützte und Mich zufrieden stellte? – Wahrlich nicht! Vielmehr liegt in dem Mitwachsen in Meinen zahlloses Gotteskindern, in ihrem zunehmenden Erkennen und Vollkommenwerden auch Mein höchstes Glück. Ihre Freude über eine mühsam errungene Fähigkeit ist auch stets Meine Freude und Meine von Ewigkeit her vorhandene Vollkommenheit bekommt erst dadurch einen Sinn. Wäre es nicht so, meinst du, Ich hätte je eine Welt mit ihren Lebewesen geschaffen? dies zu tun war Mir schon von Ewigkeiten her ein Bedürfnis. So wie es ist, muß es bleiben! Ich bin nicht gekommen, der Erde eine »tote Ruhe« zu geben, sondern den Existenzkampf und die Höherentwicklung. Denn erst durch Haß wird Liebe möglich und erst durch das allgemeine Erdenübel entwickeln sich die Menschen weiter; sie werden mit der

Zeit geduldig, sanft und in Meinen Willen ergeben. Gäbe es keine Lüge, welchen Wert hätte da die Wahrheit für sich?! Wer zündet schon am Tage ein Licht an, oder wer schätzt den Wert einer Öllampe beim Sonnenschein? (GEJ 5,157:2-10)

Menschen wie Völker müssen sich geistig höherentwickeln
Jesus zu seinen Jüngern:
Was auf den Meeren die Winde und Stürme sind, das sind beim Menschen die zugelassenen geistigen Prüfungen und Kämpfe. Sie muß jeder Mensch bestehen und sich dadurch zum wahren Leben emporarbeiten. Wenn dies im Kleinen für die Lebenszeit des einzelnen Menschen gilt, so trifft das im Großen auch für die langen Zeiträume ganzer Völker zu.
Je mehr die Menschen in ihrer inneren (seelischen) Lebenstätigkeit träger, schläfriger und lichtloser werden, um so mehr stellen sich innerhalb der Geisterwelt gleich starke Gegenkräfte ein, die unter den Menschen allerlei Bewegungen und Turbulenzen verursachen. Es erhebt sich dann ein Volk gegen das andere und eine Lehre bekämpft die gegnerische. Es kann lange dauern, bis die Völker dadurch auf eine höhere Lebensstufe gelangen. Im laufe der Zeit aber wird es dann heller und lichtet unter ihnen. Die Not macht sie erfinderisch und zwingt die Menschen zu einem humaneren Zusammenleben. Dadurch werden dann Völker, die vorher nichts voneinander wußten, miteinander bekannt und helfen sich gegenseitig.
Wenn dieses Bedürfnis schließlich Allgemeingut wird und die Menschen sich mit dem bloßen Autoritätsglauben, der immer seine Ursache in einer satanischen Denkweise hat, nicht mehr begnügen, dann ist auch die Zeit gekommen, ihnen ein greifbares Lebenslicht in Klarheit und Wahrheit zu geben. So müssen denn viele, in seelischen Tiefschlaf versunkene und in Finsternis geratene Menschen und Völker in eine stürmische Bewegung versetzt werden, um nach und nach zu merken, was ihnen zum wirklichen Heil fehlt. (GEJ 8,162:10-19)

4.1. Unsere Erde als Entwicklungsanstalt für die Seele

Die »Weltkinder« entwickeln sich durch Schulung nach und nach höher

Jesus zu Aziona und Epiphan:
Die dem Schlamm (Erdgeistern) dieser Erde entwachsenen Weltmenschen, sind noch sehr sinnlicher Art, weil Ihre Seelen bislang noch nie eine Inkarnation als Mensch und damit als freies, sich selbst bestimmendes Wesen durchgemacht haben. Sie können daher anfangs auch nur über kultische Zeremonien und Rituale zur Erkenntnis Gottes hingeführt werden. Diesen »Kindern der Welt« lassen sich die göttlichen Offenbarungen zunächst nur über die Bildersprache nahebringen. Dabei wird ihnen von höherentwickelten Menschen, den sogenannten »Kindern Gottes« geholfen. Deren Seelen stammen von anderen Sternen oder aber es handelt sich um freiwillig inkarnierte Engel. Den »Weltkindern« wird aber nie zuviel auf einmal gelehrt, sondern nur so viel, wie sie vertragen und in ihrem »seelischen Magen« verdauen können. (GEJ 5,225:5-7)

Die »Wiedergeburt des Geistes« und die Gotteskindschaft

Jesus zu den Jüngern:
Jene, die an mich glauben gebe Ich die Möglichkeit, »Kinder Gottes« zu werden. Sie sind dann nicht mehr Kinder, die aus dem Fleisch einer Frau geboren sind, sondern geistige Kinder. Damit ist die Rede von einer zweiten Geburt »aus dem Geist der Liebe zu Gott« bzw. der Geburt eines lebendigen Glaubens an Gott namens JESUS-JEHOVA-ZEBAOTH. Diese Geburt kann man auch »Wiedergeburt des Geistes« durch die Taufe aus den Himmeln nennen. Unter der »Taufe aus den Himmeln« verstehe Ich wiederum den Übergang des Geistes wie auch den der Seele samt all ihren Begierden in eine ausschließliche Liebe zu Gott. Ist ein solcher Übergang einmal aus freiem Willen erfolgt, befindet sich auch der ganze Mensch in Gott. In ihm wird der Mensch – nun in seinem Schöpfer wiedergeboren – zu einem gänzlich neuen Wesen. Erst

mit dieser »zweiten Geburt« wird der Mensch zum Wahren Gotteskind, ermöglicht durch die Gnade der freien Willensentscheidung. (GEJ 1,2:12-15)

Auch Engel werden erst durch Inkarnation zu »Kindern Gottes«
Jesus zu einem römischen Hauptmann:
Gott in Seiner Allmacht kann freilich einen Geist (z.B. Engel) mit vollendeter Weisheit und Macht aus Sich heraus erzeugen, und das zahllos viele. Aber alle solche Wesen haben keine geistige Selbständigkeit, denn ihr Wollen und Handeln ist kein anderes als das göttliche. Sie sind für sich gar nichts, sondern lediglich Gedanken und Ideen Gottes. Sollen diese Geister aber selbständig werden, so müssen sie inkarnieren und den Weg der Materie durchmachen, und zwar auf die Art, wie ihr es auf dieser Erde erlebt. Dann erst können sie zu selbstdenkenden und selbständig handelnden Kinder Gottes werden, die zwar auch den Willen Gottes tun, aber nicht aufgezwungenermaßen, sondern freiwillig. Sie erkennen Gottes Willen als höchst weise und sind bestrebt, selber danach zu handeln. Dies empfinden die Geistwesen als eigenen Verdienst, was ihnen dann auch des Lebens höchste Seligkeit gibt. (GEJ 6,133:10-11)

4.1.3. Gottes Ratschläge an die »Weltkinder«

Gottsuche im Herzen als die wichtigste Aufgabe im Leben
Jesus zu den Jüngern:
Für die Seele ist nur wichtig, daß sie in ihrem Herzenskämmerlein Mein Reich sucht und findet. Ihr sollt euch nicht ängstlich sorgen, was und wo ihr etwas zu essen und zu trinken bekommen und womit ihr euren Leib bekleiden werdet, sondern sucht vor allem nur Mein Reich in euch! Alles andere wird euch schon dazugegeben werden. Denn euer Vater im Himmel weiß, was ihr zu eurem irdischen Unterhalt nötig habt. (GEJ 8,61:14-15)

4.1. Unsere Erde als Entwicklungsanstalt für die Seele

Mensch, erkenne die Vergänglichkeit der Weltreize!
Gott zu Beginn des Diktats an sein Medium:
Den Hoffärtigen und Modesüchtigen sage ernstlich, daß sie einst nackt vor ihrem jenseitigen Richter stehen werden. Ihre Schönheit wird vergehen wie ein Schaum. Die Eitelkeit wird in Sklaverei verwandelt werden, und sie werden sich ewig ihrer Torheit schämen müssen. Ist denn nicht ein großer Tor der, welcher sich vornimmt, einen Schmeißhaufen vergolden zu wollen und die Edelsteine, statt in Gold, in Kot fassen läßt?! Oh, daß es in der Welt doch gar so viele Irrsinnige gibt: Das Licht halten sie für Finsternis, und die Finsternis fürs Licht! (HG 1,1:11)

Den Spielsüchtigen sage, daß sie zuerst ihr Leben und hernach alles, was ihnen zu diesem gegeben wurde, verspielen werden. Denn das Spiel ist ein Brunnen voll giftigen Unrats. Die Spieler glauben aber, es sei eine verborgene Goldquelle. Daher wühlen sie täglich in ihr herum, atmen deren Pesthauch ein, vergiften sich und finden statt des vermeintlichen Schatzes am Ende nur den geistigen Tod. (HG 1,1:8)

Den Buhlern und Buhlerinnen aber sage: Wer im Leben nur nach sexueller Wollust trachtet, der hat es mit dem Tod, denn sein Lustobjekt wird bald zur Speise von Würmern werden. Wer aber die geistigen Werte sucht, der gelangt zum Licht als der Urquelle alles Lebens. Dieser Anteil wird sich vermehren und bleibt ewig bestehen. (HG 1,1:10)

Die Suche nach Erkenntnis und geistigen Werten ist wichtig!
Jesus zu den Jüngern:
Es gibt viele Menschen, die sich in ihrer Täuschung durch die Welt vergleichsweise auf dem Grund eines »Wahnmeeres« befinden. Denn die Güter dieser Erde sind in Wirklichkeit bloß Schein und

gleichen denen im Traum. Der Unterschied besteht nur darin, daß der Traum die Seele etwas kürzer täuscht als es die materiellen Welt tut. Aber beide vergehen und danach wird sich vor dem geistigen Auge alles Materielle als Trug und Schein entpuppen. Darum trachtet vor allem nach den Besitztümern des Geistes, die da sind: Erkenntnis, Wahrheit und Seelenleben. Auch den Orientierungslosen sollt ihr das Evangelium predigen, und es werden auch einige zu mir finden. Jeder Arbeiter in Meinem Weinberg wird gemäß dem Fleiß seines Suchens belohnt. Hier auf dieser Erde wird der Lohn zwar nur gering sein, aber um so größer für Seele und Geist im Jenseits. (GEJ 8,163:7-10)

Nicht erst kurz vor dem Tod mit der Gottsuche beginnen!
Jesus zu dem Römer Agrikola:
So wie heute wird es auch in Zukunft immer weltsüchtige Menschen geben, die den Weg zu mir nicht finden. Und wenn diese nach einem umnachteten Erdenleben in ihren letzten Lebenstagen sich dann doch noch aufmachen, Mein Reich zu suchen, so werden sie auch nur wenig Brot zur Sättigung ihrer Seele aus den untersten Himmeln erlangen. Darum wird der, welcher um Meinetwillen viel tut und viele Tatenopfer bringt, auch einen großen Anteil vom Reich Gottes erhalten. Denn mit welchem Maß jemand im Diesseits mißt, mit demselben Maß wird ihm auch im Jenseits zurückgemessen werden. (GEJ 8,105:5-7)

Auf das Gewissen hören!
Jesus zu Cyrenius:
Jedem Menschen ist eine warnende Stimme in sein Herz gelegt worden, die ihm zeigen will, was gut und wahr ist. Wer diese Stimme hört und sich danach hält, wird zur Erkenntnis gelangen, und diese wird ihm alle Wege göttlicher Ordnung zeigen. (GEJ 2,230:11)

4.1. Unsere Erde als Entwicklungsanstalt für die Seele

Vom rechten Beten

Jesus zu Jarah:
Damit der Mensch in der Reife seiner Jahre völlig frei und unbeeinflußt handeln kann, lasse Ich ihn für eine bestimmte Zeit allein und nehme keine Kenntnis über sein Handeln. Außer er bittet Mich inständig, ihm beim Kampf in der Welt zu helfen. In diesem Fall sehe Ich nach ihm, helfe ihm auf den rechten Weg und gebe ihm die nötige Kraft. (GEJ 2,137:16)

Jesus zu den Jüngern:
In der Schrift steht, daß der Mensch Gott anbeten soll. Wie aber soll er einen Gott anbeten, von dem er zum einen höchstens vom Hörensagen weiß und dabei kaum glaubt, daß es einen solchen Gott überhaupt gibt; zum anderen auch nicht die geringste Ahnung davon hat, was Beten heißt? Gott anbeten heißt: Ihn stets über alles lieben und den Nächsten wie sich selbst.

An dem oft geübten Lippengebet, bei dem das Herz ferne ist, hat Gott aber keinen Gefallen. Leider gibt es nun unter den Juden eine Menge solcher Narren und es wird auch künftig Menschen geben, die Gott mit endlos langen Lippengebeten anbeten und dies für einen gottgefälligen Gottesdienst halten. Besonders unwirksam sind hingemurmelte Lippengebete, die von den Priestern ums Geld verrichtet werden, weil derjenige, der um Lohn beten läßt, zu träge ist, selbst seine Knie vor Gott zu beugen.

Daher liebt Gott über alles und euere Nächsten wie euch selbst. Tut denen Gutes, die euch böse sind, und betet für euere Feinde. Bittet für die, welche euch hassen und verfluchen, und vergeltet nicht Böses mit Bösem. Diese Art von Gebet werde Ich erhören. Ein bloßes Lippengebet aber ohne Herz und Glauben, nehme Ich nicht an. (GEJ 9,37:6-11)

Jesus zu einem Gastwirt:
Daß das Reich Gottes in Mir zu euch gekommen ist und sich damit in eurer Mitte befindet genügt noch nicht zur Erreichung des ewigen Seelenlebens. Dies liegt daran, daß Mein Reich damit noch nicht zwangsläufig auch in euer Inneres vorgedrungen ist. Das kann erst dann geschehen, wenn ihr ohne alle Rücksicht auf die Welt Meine Lehre ganz in euren Willen und somit auch in praktisches Handeln aufgenommen habt. Dies ist dann der Fall, wenn ihr nicht mehr davon redet, Christus, und mit Ihm das Reich Gottes sei zu euch gekommen und wohne unter euch, sondern wenn ihr sagt: »Nun lebe nicht mehr ich, sondern Christus lebt in mir.« Dann nämlich werdet ihr begriffen haben, daß Religion nichts mit äußerem Schaugepränge zu tun hat, sondern sich ausschließlich inwendig im Menschen entfaltet.
Zwar muß den Menschen durch das Wort Gottes von außen her der Weg gezeigt werden. Allein dadurch kommen sie aber noch nicht in den Himmel. Sobald aber die Menschen – ohne zu zweifeln – zu glauben anfangen und durch ihr Handeln diesen Glauben lebendig machen, dann erst entfaltet sich das Reich Gottes in ihnen. Das Ganze ist vergleichbar mit einer Pflanze, deren Leben sich im Frühjahr von innen heraus zu regen beginnt, sobald sie vom Sonnenlicht beschienen und erwärmt wird. Ihr Wachsen wird zwar von außen her angeregt, aber ihre Entwicklung, Entfaltung und Formung geht immer von innen aus. (GEJ 9,72:9-12)

Ein Gastwirt zu Jesus:
O Herr, daß ich und der Priester Dich um eine Bewässerung dieser Gegend gebeten haben, war doch hoffentlich nichts Ungerechtes?
Jesus:
Nein, durchaus nicht, aber bittet mich nicht zuviel um rein irdische Dinge, denn zu große materielle Vorteile sind stets zum Nachteil für die Seele. Ich bin nämlich nicht auf die Erde gekommen, um den Nutzten für das leibliche Wohl zu erhöhen, sondern den für der

4.1. Unsere Erde als Entwicklungsanstalt für die Seele

Seele! Darum sollt ihr Mich vor allem um das bitten, was eurer Seele zum wahren, ewig währenden Heil verhilft. Denn was nützte es dem Menschen, wenn er alle die vergänglichen Schätze dieser Welt gewänne, an seiner unvergänglichen Seele aber dadurch Schaden nähme? (GEJ 10,109:1-3)

Jesus zu Schriftgelehrten:
Das von Mir euch gezeigte Beten, nämlich den verstorbenen Seelen das Evangelium vortragen und sie damit geistig zu bereichern, wirk wie ein fruchtbarer Segen auf sie. Im Gegenzug werdet ihr euch dadurch selber wahre, mächtige und sehr dankbare Freunde im Jenseits schaffen. Diese Geister lassen dann auch euch nicht im Stich, weder dies- noch jenseits! Solche Freunde werden dann euere Schutzgeister sein und sich allzeit um das Wohl ihrer Wohltäter kümmern. (GEJ 8,38:6-7)

Tut immer das Gegenteil, wonach es euch gelüstet!
Jesus zu Philopold und zu Griechen:
Wäre das Böse und das Unrecht auf den ersten Blick als solches erkennbar, würde mancher den Kampf mit ihm wagen. Alles Satanische aber tritt maskiert als verführerischer Schönheit oder als leibliche Wohltat auf. Dennoch merkt euch: Der Satan kann nur auf euere Sinne, nie aber auf eueren Willen einwirken.
Tut also gerade das Gegenteil davon, wonach es euch gelüstet, so werdet ihr Meister des bösen Geistes! Und wenn ihr ihn in seinen Kennzeichen wie: »hartherzig, unkeusch, ehebrecherisch, selbst- und herrschsüchtig, lügnerisch, geizig, unbarmherzig, gleichgültig und gefühllos« besiegt habt, wird er euch künftig in Ruhe lassen. Aber sowie ihr in dem einem oder anderen Punkt immer wieder nachgebt, werdet ihr ihn ein Leben lang nicht los! (GEJ 1,217:4-6)
Jesus zu Jarah:
Du bist jetzt noch mehr Kind denn ein erwachsenes Mädchen. Bis jetzt standest du unter dem Schutz Meiner Engel, und die verführe-

rischen Geister konnten sich dir nicht nähern. Wenn aber deine Jahre reifer werden, mußt du aus eigener Kraft der Welt und ihren Versuchungen widerstehen lernen. Die Welt hat eine große Macht über den Menschen, da sie von der Hölle beherrscht wird. Daher kostet es die Seele einen harten Kampf, um nicht von ihrem eigenen Fleisch und dann auch von der Welt vereinnahmt zu werden. (GEJ 2,137:13)

Das Befolgen der Lehren Gottes schützt vor Krankheit
Jesus zu einem Griechen:
Würden die Menschen sich nie von Gott abwenden, so würden sie auch nie in Not und Elend verfallen. Wenn also ihr und euere Kinder nach Meiner Lehre lebt und handelt, kommt ihr auch nie ins Elend. Auch vor Krankheiten des Leibes braucht ihr euch nicht zu fürchten, denn sie sind immer nur die Folgen der Nichtbeachtung Meiner Gebote. Wer meine Gebote schon von Jugend an befolgt, wird bis ins hohes Alter keinen Arzt brauchen. Auch die Nachkommen werden nicht an den Sünden ihrer Eltern leiden müssen. So war es Jahrhunderte lang bei den alten, Gott getreuen Völkern. Wenn aber die Menschen anfangen auszuarten, sind sie auch bald schweren Körperleiden ausgesetzt. (GEJ 9,35:5-7)

Hinweise zur gesunden Ernährung
Jesus zum Oberstadtrichter:
Die Urmenschen, die in der durch Meinen Geist gezeigten Ordnung und Einfachheit geblieben sind, wußten von keiner, dem Leibestod vorangehenden Krankheit etwas. Sie erreichten zumeist ein hohes Alter, wurden nie krank und schliefen am Ende ganz ruhig ein. Ihre Seele empfand dabei keine Schmerzen und keine Todesangst. Ihre Nahrung war auch immer eine gleiche, und nicht heute so und morgen anders. Zumeist lebten sie von Milch, Brot und guten und reifen Baumfrüchten. Das war ihr ganzes Leben hindurch ihre Nahrung, und zum Stillen des Durstes diente frisches Quell-

4.1. Unsere Erde als Entwicklungsanstalt für die Seele

wasser. Auf diese Weise wurden ihre Leibesnerven stets von denselben guten Seelensubstanzen ernährt und es konnte sich keine unreine oder schädliche Seelensubstanz in den Leib einschmuggeln. Daher blieben diese Menschen kräftig und gesund, sowohl geistig als auch leiblich. (GEJ 10,182:1-4)
Aber wenn du dir die vielen tausend Leckerbissen vorstellst, mit denen die Menschen ihre Mägen und Bäuche füllen, wird dir klarwerden, welche Unzahl von unreinen und schädlichen Substanzen in den Leib gelangen und ihn schädigen. Denn schädliche Naturgeister sind allgegenwärtig und halten sich in der Luft, der Erde und im Wasser auf. Solchermaßen verunreinigte Substanzen verursachen im Körper einen ständigen Kampf. Diesen mag der Leib zwar vorübergehend mit Hilfe von Heilkräutern gewinnen, indem die revolutionäre Neigung der Seelensubstanz verringert wird. Aber so eine Gesundheit ist nur von kurzer Dauer, es sei denn, die Kranken stellten gänzlich auf eine ganz einfache Nahrung um. Dies geschieht aber gewöhnlich nicht, denn sobald es ihnen wieder besser geht, bekommen sie wieder Lust auf die alten, schädlichen Leckereien. Darum hat auch Moses den aus der Knechtschaft Ägyptens erlösten Israeliten den Speisezettel vorgeschrieben. Jene, die danach lebten, blieben gesund bis ins hohe Alter. Viele aber sehnten sich bald zurück nach ihren ägyptischen Fleischtöpfen, mit der Folge, daß sie bald schwach wurden und unter allerlei Krankheiten ihr Leben beschließen mußten.
Wenn der Mensch schon im Kindesalter kränkelt, liegt dies daran, daß schon die Eltern in ihrer Ernährung sündigten und ihren Leib dadurch mit einer großen Anzahl schädlicher Seelensubstanzen angefüllt haben. Das Kind wird sozusagen von einem sündigen Vater in den Leib einer sündigen Mutter hineingezeugt. Wie soll aus einem solchen Leib ein gesundes Kind hervorgehen? Zweitens ist die Mutter in ihrer Schwangerschaft am meisten lüstern nach allerlei Leckereien, und ihre Familie weiß ihr keinen besseren Dienst zu erweisen, als diesem Verlangen nachzukommen. Bei dieser Gele-

genheit bekommt das Kind den zweiten Stoß: Kommt das Kind schon kränklich aus dem Mutterleib, wird es darauf gleich mit einer minderwertigen Muttermilch genährt. Hat dies das Kind mit Hilfe verschiedener Arzneien einigermaßen überstanden, kommt ein dritter Gesundheitsstoß: Das Kind wird größer und lieblicher und aus diesem Grund bald über alle Maßen verzärtelt und mit allerlei Näschereien verwöhnt. Was aber ist die Folge davon? Das Kind verdirbt sich dadurch schon frühzeitig die Verdauungsorgane, was später wiederum ernstere Krankheiten nach sich zieht. (GEJ 10,182:5-14)

Die Erziehungstätigkeit der Hausfrau ist von hohem Wert!
Jesus zu Essäern und zu dem Griechen Roklus:
Es wurde bisher zwar noch nie eine Frau dazu berufen, als Prophetin ihrem Volk die Weisheit Gottes zu verkünden. Aber wenn eine Frau fromm ist, die Gebote Gottes achtet und ihre Kinder weise und liebevoll in Meinem Sinne erzieht, ist sie soviel Wert wie ein Prophet. Und der Geist Gottes nimmt auch in ihrem Herzen Wohnung. Darum sollt ihr in Zukunft bei der Verbreitung Meiner Lehre die Frauen nicht mehr ausschließen oder ihnen Offenbarungen über das Reich Gottes vorenthalten. Denn was die Frauen als Mütter und erste Erzieherinnen die Kinder lehren, ist bleibender und mehr wert als der Unterricht aller hohen Schulen dieser Welt!
Wenn eine Frau weise ist, so werden auch ihre Kinder weise; ist sie aber dumm und ungebildet, so werden auch die Kinder schwerlich weise Menschen werden. Es ist zwar gut und recht, wenn die Frau eine gute Hauswirtschafterin ist und auch ihre Kinder darin ausgebildet werden. Noch besser aber ist es, wenn sie – als selbst von der göttlichen Wahrheit durchdrungen – auch die Herzen ihrer Kinder mit demselben Geist erfüllt. Solchen Kindern wird dann leicht und wirksam Mein Evangelium zu predigen sein.

4.1. Unsere Erde als Entwicklungsanstalt für die Seele

Roklus zu Jesus:
Ja, Herr und Meister, es war bei uns und ganz besonders auch hier bei den Juden stets ein großer Fehler, daß auf die Herzens- und Verstandesbildung der Frauen viel zu wenig Rücksicht genommen wurde. Darin ist denn auch der Grund des religiösen und sittlichen Verfalls der Menschen zu suchen. Wir werden daher von nun an auch den Frauen nichts vorenthalten, was zu ihrer geistigen Bildung wichtig ist.

Jesus:
Ja, tut dies, und es wird dann bald heller unter den Menschen werden! Wenn man aber irgendwann späterhin diesen Meinen Rat nicht mehr befolgt, und die Frauen wieder weltlich und hoffärtig werden, dann wird die alte Finsternis unter den Menschen wieder einkehren: Der Glaube wird erlöschen, die Liebe erkalten und es wird von neuem Trübsal unter den Menschen herrschen, wie sie zuvor noch nie da war. (GEJ 8,213:9-14)

Einige Ratschläge für ein soziales Miteinander
Jesus zu 5 Pharisäern:
Leiht euer Geld nicht denen, die euch hohe Zinsen dafür geben können, sondern den Armen und Bedürftigen. Dann wird euer Geld im Himmel mit hoher Rendite angelegt sein, und der Vater im Himmel wird euch das Kapital für ewig ausbezahlen. (vergl. Mt. 5,42; Lk. 6,30, 34).

Nehmt wegen guten Taten von der Welt nicht zu viel Lob und Dank. Denn wenn ihr das der Welt wegen tut, welchen Lohn wollt ihr dann im Himmel erwarten? Ich sage euch; Wer auf der Welt einen Lohn nimmt wegen einer guten, an armen Menschen erwiesenen Tat, dessen Lohn im Himmel ist dahin!

Wer für den Himmel arbeitet, der wird vom Himmel aus belohnt werden, sowohl hier, wie auch im Jenseits. Wer aber nur für diese Welt arbeitet, der wird zwar von ihr einen Lohn bekommen, aber das himmlische Verdienstbuch bleibt leer und er bleibt geistig arm. (GEJ 1,222:8-10)

Jesus zu Cyrenius:
Eine wahre, aufopfernde Nächstenliebe wiegt bei mir am meisten. Wer von euch gerecht ist, soll dies bloß im Herzen vor Gott sein, die Welt aber soll davon nicht viel erfahren. Wer für seine guten Werke öffentlich gelobt wird, hat von Mir nur noch wenig Lob zu erwarten. Am liebsten sind mir jene, die über niemanden schlecht reden, für ihre Feinde beten oder ihnen sogar Gutes tun. Wahrlich, wer so handelt ist dann auch vor meinen Augen rein, selbst wenn ihn sein Fleisch dann und wann zu einer Sünde verführt. Ja, er ist sogar Mein Bruder und mit Mir ein König der Himmel. (GEJ 2,209)

Jesus zu Umstehenden:
Die Nächstenliebe muß nur dem unter die Arme greifen, der sie braucht. Sie hat vor Gott einen hohen Wert. Wenn jemand ein Gastmahl gibt und dazu nur seine wohlhabenden Nachbarn und Freunde einlädt, wird im Himmel keinen Lohn zu erwarten haben, weil ihm seine Freunde alles hier entgelten können. Daher ladet die Armen zu Gast, und es wird euch im Jenseits vergolten werden, denn die Armen können es euch hier auf Erden nicht bezahlen. Dasselbe ist auch mit denen, die ihr Geld gegen Zinsen ausleihen und nach einer bestimmten Zeit das Kapital wieder zurückbekommen. Im Himmel werden aber nur jene eine Verzinsung zu erwarten haben, die den Armen in ihrer Not Geld ohne Zinsen und auch ohne Aussicht auf Rückzahlung des Kapitals geliehen haben. Also, den Armen auf jede mögliche gute Weise helfen, das ist das wahre Werk der Nächstenliebe. (GEJ 6,56:10-14)

4.1. Unsere Erde als Entwicklungsanstalt für die Seele

Jesus zu Agrikola:
Selbst wenn bei einem rechtmäßig Verurteilten Besserung eintritt, dürfen die Strafen für einen Verbrecher nicht zu früh enden. Denn der Übeltäter begann sein böses Verhalten vorderhand nur darum zu verabscheuen, weil die Strafe ihm körperliche Schmerzen bereitet. Durch zusätzliche Belehrung wird er dann zu der Erkenntnis gelangen, daß das Böse in ihm immer nur Böses erzeugt, und Reue nicht zwangsläufig deshalb eintritt, weil die Folgen des Fehlverhaltens für ihn schmerzhaft sind. Ist er dann soweit und fängt er an, das Böse des Bösen wegen zu verabscheuen und das Gute des Guten wegen zu suchen, so wird er in seiner Strafe geduldiger, weil er sie als gerechtfertigt empfindet.
Wenn die Weltrichter das verstehen würden, könnten sie aus manchem Verbrecher einen guten Menschen machen. Aber oft fällen sie zu schnell die Todesstrafe und machen so aus einem noch ungebesserten Übeltäter des Diesseits erst recht einen Teufel für die jenseitige Geisterwelt. – Wenn ihr also richten müßt, richtet wenigstens so, daß der Verurteilte Gelegenheit hat, sich zu bessern. (GEJ 7, 93:9-12)
Agrikola:
Sollte man dann die Todesstrafe nicht allgemein aufheben?
Jesus:
Wenn du gleich Mir einen Verbrecher inwendig als Teufel erkennen könntest, so dürftest du über ihn die Todesstrafe verhängen. Da du das aber nicht kannst, spreche niemals voreilig die Todesstrafe aus! Zwar steht mir allein das Recht zu, das Menschengeschlecht dem Fleische nach zu töten. Aber was Ich der Materie nach töte, das mache Ich auf der anderen Seite geistig wieder lebendig. Da du das aber nicht kannst, darfst du auch nicht töten. Ausgenommen in einem Notfall, zum Beispiel in einem Verteidigungs- oder in einem von Gott aus gebotenen Strafkrieg gegen unverbesserliche, böse Völker. Erlaubt ist es auch bei Notwehr gegen einen möglichen

4. Die Entwicklung vom Materiellen zum Geistigen

Mörder und Räuber. In allen anderen Fällen sollst du weder töten noch töten lassen. (GEJ 7, 94:1-5)

Jesus zu Agrikola:
Will ein Hausherr eine gute Ordnung in seinem Hause erhalten, so darf er mit seinem Gesinde nicht gemein werden, sich auf dessen Stufe stellen oder ihre Laster teilen. Tut er das, so wird er deren Gefangener. Will er dann Befehle erteilen oder etwas anordnen, werden ihn seine Untergebenen nur verhöhnen und auslachen. (GEJ 8,12:13)

Jesus zu Agrikola:
Die Kinder sollen mit wahrer und ernster Liebe behandelt und erzogen werden. Jede Verzärtelung und Nachgiebigkeit von seiten der Eltern ist ein Seelenschaden für die Kinder, der den Eltern als Schuld gerechnet werden wird. So werden weise Eltern auch mit weisen Kindern gesegnet werden. Bei der Erziehung der Kinder ist Strenge so lange nötig, bis das Gute zu einem freiwilligen Gehorsam geworden ist. Ist das der Fall, so hat das Kind das »Muß« der göttlichen Gesetze in sich selbst aufgehoben, und ist zu einem freien Menschen geworden. (GEJ 8,22:7-9)

Naturbeobachtung verhilft zur Gotterkenntnis
Jesus zum Wirt:
Wer die Natur um sich herum immer wieder betrachtet, der wird eine große Freude daran finden. Und Ich sage dir: So eine Betrachtung gibt dem Menschen mehr, als es eine gute Mahlzeit geben kann. Denn um in den Dingen Gott zu erkennen brauchst du nicht erst zu den Tiefen des Meeres vordringen um auch dort die Verkörperungen der Gedanken Gottes zu finden. Wo der Mensch es aber gefahrlos tun kann, da tue er es von Zeit zu Zeit, und er wird daraus nicht nur Nutzen für Seele und Leib ziehen, sondern mit der Zeit auch in sich die Liebe zum Nächsten und zum Himmlischen

4.1. Unsere Erde als Entwicklungsanstalt für die Seele

Vater finden. Denn um Gott wahrhaft lieben zu können, muß man bemüht sein, ihn mehr und mehr zu erkennen.
Der Wirt zu Jesus:
Die meisten Menschen interessieren sich aber für solche Lehren nicht. Was ist denn die Ursache dafür, daß sie so geworden sind?
Jesus:
Denke nach, was Ich darüber schon gesagt habe: Vor allem sind Hochmut, Selbstliebe, Bequemlichkeit und die daraus erwachsene Herrschsucht die Ursachen solch eines Verfalles der Menschen. (GEJ 6,75:8-11; 75:1)

Die Notwendigkeit der Urwälder für die Erde
In einer Stunde kamen wir in Samaria zu einem dichten Wald, durch den der Weg in Richtung Galiläa führte. Der Wald dauerte gut drei Stunden Weges, und es war nirgends ein Haus zu sehen.
Die Jünger zu Jesus:
Warum wird ein solcher Wald von niemandem genutzt?
Jesus:
Seid froh, daß es im Gelobten Land noch einen so gesunden Wald gibt, der noch nicht der menschlichen Habgier zum Opfer gefallen ist! In diesem Wald könnet ihr noch Stellen finden, wo der Honig aus den Bäumen wie ein kleiner Rinnsal fließt; denn in solchen Wäldern sind noch reichlich Bienen vorhanden, die den Honig herstellen. Dazu habe Ich auch die Tierwelt erschaffen, die vor allem zur fortschreitenden Ausbildung der Seelen auf dieser Erde unerläßlich ist.
Außerdem sind auch hie und da auf der Erde größere und dichtere Wälder notwendig. Diese stellen wichtige Aufnahmegefäße für zahllose Naturgeister dar, die im Pflanzenreich ihre erste, schon mit einer geordneten Intelligenz versehene Inkarnation (Umhüllung mit einem Körper) erhalten, von wo aus sie dann ins intelligentere und freiere Tierleben übergehen können.

Solange derlei Wälder auf der Erde in ausreichender Größe vorhanden sind, und in diesen die fortwährend aus allen Sternen zur Erde kommenden Naturgeister einen geeigneten Wohnort vorfinden, so lange wird es auf der Erde weder zu heftige Stürme, noch weit verbreitete schwere Seuchen geben. Wenn aber einmal die gierende Gewinnsucht der Menschen sich zu sehr an den Wäldern der Erde vergreifen wird, dann wird es für die Menschen schwierig werden zu leben und weiterhin zu existieren. Am schlimmsten ist es dort, wo Rodungen zu sehr überhandnehmen. – Warnt daher die Menschen rechtzeitig vor solch einer verhängnisvollen Industrie!
Seht, in der frühesten Menschheitsgeschichte wußte man weder von gezimmerten Häusern und noch weniger von gemauerten Burgen. Den Menschen dienten solche Wälder als Wohnung, und sie wurden in dieser Umgebung auch sehr alt. Im Norden Asiens wie auch Europas, in anderen Weltteile und auch auf der südlichen Erdhälfte, wohnen noch heute ganz gesunde Menschen in Urwäldern. – Sie sind also alles andere als nutzlos! Wenn ihr das begriffen habt, dann freut euch darüber, daß wir hier noch so einen unberührten Urwald angetroffen haben! (GEJ 9,63:1-7)

Die göttliche Sittenlehre
Jesus zu Kanaer Bürgern
So sage Ich euch allen: Geiler, Unzüchtige und Huren werden ins Reich Gottes solange nicht eingehen, bis sie sich gewaltig bekehrten! Denn seht, alle anderen Sünden begeht der Mensch außerhalb des Fleisches und kann sie daher auch leichter ablegen. Denn was äußerlich geschieht, verdirbt den Menschen nicht so sehr, als was innerlich geschieht. Die Hurerei geschieht mit dem Leib selbst, verdirbt Seele und Geist und ist daher auch das gefährlichste aller Laster. Darum meidet es und erkennt den Kitzel der Wollust als des Satans Kunstgriff. Wehe, wer sich vom Satan so hat ergreifen lassen! Jeder wird am Ende große Not haben, sich aus den Krallen

4.1. Unsere Erde als Entwicklungsanstalt für die Seele

des Satans zu befreien. Leiden und Schmerzen werden sein Anteil sein. (GEJ 1,86:8)

Jesus zu Johannes und Zorel:
Der Mann soll vor seinem 24. Lebensjahr keine Jungfrau anrühren und das Mädchen sich vor dem 18. Lebensjahr keinem Mann hingeben. Wird sie von einem geilen Mann zu früh berührt, besteht die Gefahr, daß ihre Seele schwach und leidenschaftlich wird. Es ist schon schwierig, einen lüsternen Mann zu heilen; noch schwieriger ist es, einer zu früh verführten Jungfrau zu helfen. Denn zum einen besteht die Gefahr, daß sie kranke Kinder zur Welt bringt, und zum anderen wird sie mit der Zeit immer beischlafsüchtiger und am Ende sogar eine Hure. (GEJ 4,80:10-11)
Bewahrt vor allem die Kinder vor zu frühem Kontakt mit der Sexualität und erhaltet ihnen ihre Schamhaftigkeit. Dann nämlich werden sie als Erwachsene ihre Triebe leichter beherrschen können und nicht so schnell verführt werden können. Kein Teufel ist schwerer aus dem Menschen zu vertreiben als eben der »Fleischteufel«. Dieser kann nur durch Fasten und Beten in Zaum gehalten werden. Hütet euch also davor, Kinder und Heranwachsende zu verführen oder sexuell zu reizen. Wehe dem, der sich so an ihnen versündigt! Wahrlich, es wäre besser, er wäre nie geboren worden. Denn ist das Fleisch einmal schwach geworden, hat die Seele keine feste Unterlage mehr, und sie kommt in ihrer weiteren Entwicklung schlechter voran. Eine schwache Seele braucht viel Kraft, um ihr brüchiges Fleisch wieder zu heilen. Da die Sittenverderbnis ist in den Städten stets größer ist als auf dem Land, sollt ihr als meine Jünger zuerst die dort lebenden Menschen auf die seelischen Folgen von zu frühem Geschlechtsverkehr aufklären. (GEJ 4,80:4-8)

Jesus zu Zorel:
Wehe dem, der die Armut einer Frau nutzt um sie zu sexuell zu benutzen! Für den wäre es besser, er wäre nie geboren worden. Aber

auch jener, der eine schon verdorbene Hure beschläft, anstatt ihr aus ihrem Übel herauszuhelfen, macht sich schuldig. Denn wer einen Gesunden schlägt, versündigt sind weniger, als jener, der einen Kranken mißhandelt.

Wer außerehelich eine reife Frau mit ihrem Einverständnis beschläft, macht sich nur *einfach schuldig*.

Wer aus purer Geilheit mit einer Frau das tut, was er mit einer Hure gern täte (nämlich ohne die Absicht, ein Kind zu zeugen), der macht sich *doppelt schuldig*.

Geht er aber zu einer Hure, macht er sich *zehnfach schuldig*. Denn bei ihr handelt es sich um eine leiblich und seelisch zerbrochene Frau. Beschläft er sie gegen Geld, treibt er sie in immer noch größeres Unglück. Deswegen wird er im Jenseits dieselbe Strafe erhalten wie ein Totschläger.

Wer einer Hure jedoch aus ihrer schlimmen Lage heraushilft, damit sie wieder ein normales Leben führen kann, wird im Jenseits einmal großen Lohn erhalten. – Wehe dem Volk und dem Land, in dem die Hurerei überhandnimmt! Über solche Länder und Städte werden Tyrannen kommen, welche die Menschen ausbeuten, damit sie in Hunger und Not leben müssen und dadurch wieder zu einem gesitteten Lebensstil zurückfinden. (GEJ 4,80:12-16)

Greift ein geiler Mann zu anderen Befriedigungsmitteln als des von Mir im Schoß der Frau gestellten Organs, wird er schwerlich zur Anschauung Meines Angesichtes gelangen! Moses hat dafür die Steinigung angeordnet. Ich aber erteile euch den väterlichen Rat, solche Sünder aus der Gesellschaft zu entfernen und sie in eine Seelenheilanstalt zu bringen. Diese dürfen solche Menschen nicht eher verlassen, bis eine vollständige Besserung eingekehrt ist. Hat diese Bestand, können wieder in die Gemeinde zurückkehren, andernfalls bleiben sie besser ihr Leben lang unter Gewahrsam.

Du, Zorel, warst diesbezüglich eben auch nicht ganz rein, denn schon als Knabe warst du mit allerlei Unlauterkeit behaftet und eine Gefahr für deine Jugendgefährten. Dennoch wird es dir nicht als

4.1. Unsere Erde als Entwicklungsanstalt für die Seele

Sünde angerechnet, denn du hattest keine gute Erziehung erhalten. Ich merke aber, daß in dir noch viel fleischliche Geilheit vorhanden ist. Auf diese mache Ich dich besonders aufmerksam und rate dir, daß du dich in diesem Punkt sehr in acht nehmen solltest. Denn selbst wenn du einmal in einer etwas bessern Inkarnation stecken wirst, wird sich deine alte Fleischeslust noch lange regen und dich verführen. Hüte dich deshalb vor aller Übermäßigkeit! Denn in der Un- und Übermäßigkeit ruht der Same für fleischliche Wollust. (GEJ 4,80:17-19)

Jesus zu Cyrenius:
Merkt dies: Was immer für Sünder und Sünderinnen in euer Haus hilfesuchend kommen, weist sie nie von der Türe, sondern helft ihnen. Wie ihr wißt gilt eine Ehebrecherin bei den Juden als Sünderin, die nach dem Gesetz Moses sofort gesteinigt werden soll, und zwar auf dem kürzesten Wege von jedermann, der ihr nach der Tat zuerst begegnet.
Ich aber sage euch: Wer die Flüchtige in sein Haus aufnimmt und sucht sie zweifach zur retten – nämlich leiblich *und* geistig –, der handelt ganz in Meinem Sinne und seine alten Sünden sind ihm vergeben. Denn wer Mir wiederbringt, was da verloren war, der soll im Himmelreich hoch belohnt werden. Wer aber einen Stein nach ihr wirft und selbst nicht frei von jeglicher Sünde ist, der wird im Jenseits in ein hartes Gericht kommen. (GEJ 2,209:2-8)

4.2. Gottes Verhältnis zu den Menschen

Vorbemerkung

An verschiedenen Stellen weist das Lorber-Evangelium auf den Unterschied zwischen »Gott« und »Himmlischem Vater« hin: Die Menschen sollen mit der Zeit zu der Erkenntnis kommen, daß es klüger ist, das väterliche Angebot anzunehmen, als es auf die »Richterschaft« Gottes ankommen zu lassen. Im erster Fall wird sich uns Gott mit seinem Herzen zuwenden, im zweiten Fall überläßt er uns seinen kosmischen Gesetzten und damit einer schicksalhaften Entwicklung.

Damit aber die Eignung der Erde als seelische Bewährungsanstalt erhalten bleibt, greift der Schöpfer in irdische Vorgänge nicht ein. Soll also die Möglichkeit einer Gotteskindschaft bewahrt bleiben, will und kann Gott beispielsweise Kriege nicht verhindern oder Verbrecher von ihren Taten abhalten (weiteres dazu finden wir in Kapitel 4.4). Dennoch werden von Zeit zu Zeit Mahner, Seher und Propheten unter den Menschen erweckt, die einer im Grunde unverbesserlichen Welt die göttliche Botschaft nahebringen. Alle Lippengebete und Fürbitten, die oft auch kirchlicherseits in der Hoffnung auf eine gerechtere und friedlichere Welt vorgetragen werden, sind vor Gott solange wertlos, als sie nicht von entsprechendem Verhalten bzw. von guten Werken der Nächstenliebe begleitet werden.

Die Amtskirchen und die Priesterschaft werden ermahnt, der göttlichen Ordnung keine zusätzlichen, strengeren Gesetze hinzuzufügen. Jesus weist in den Gesprächen mit seinen Jüngern immer wieder darauf hin, daß das Universum nur *einen* Gott hat und es auf Erden nur *eine* wahre Kirche gibt. Auch wohne Gott nicht in Kirchengebäuden, sondern stets nur als göttlicher Funke im Herzen der Menschen.

4.2.1. Freie Entscheidung zwischen Gott und der Welt

Der Unterschied zwischen »Gott« und »Himmlischem Vater«
Gott zu Beginn des Diktats an sein Medium:
Die Liebe wohnt nur im Vater und heißt der Sohn. Wer diese verschmäht, der wird der mächtigen Gottheit anheimfallen und wird seiner Freiheit beraubt werden, und der Tod wird sein Anteil sein. Denn die Gottheit wohnt auch in der Hölle, aber der Vater wohnt nur im Himmel. Gott richtet alles nach Seiner Macht, aber die Gnade und das ewige Leben ist nur im Vater und heißt der Sohn. Die Gottheit tötet, aber der Sohn oder die Liebe in Mir hat Leben, gibt Leben und macht lebendig. (HG 1,3:6)
Wer Mich liebt, der betet Mich im Geiste an, und wer Meine Gebote hält, der ist's, der Mich in der Wahrheit verehrt! Meine Gebote aber kann nur derjenige halten, der mich auch liebt. (HG 1,1:4)

Der Unterschied zwischen Welt- und Gottesliebe
Gott zu Beginn des Diktats an sein Medium:
Die Liebe an und für sich ist blind, dadurch auch frei und unabhängig, aber auch deshalb dadurch in großer Gefahr, sich zu verlieren und zugrunde zu gehen. Wenn jemand seine Liebe an die materielle Welt heftet, so wird sie durch die Macht des Satans erdrückt. Die Folge ist dann das Los der Materie oder der Tod. Wer aber seine Liebe zu Mir richtet und an Mich heftet, der verbindet seine Liebe mit dem Leben an sich. (HG 1,4:4-6)

Warum Gott in irdische Vorgänge nicht eingreift
Jesus zu einem Gastwirt:
Was die menschlichen Auseinandersetzungen auf der Welt betrifft, will und kann Ich in die Geschehnisse nicht eingreifen. Denn wäre Mir beim Menschen alles möglich, hätte Ich es niemals nötig gehabt, zu euch in diese Welt als Mensch zu kommen und euch höchstselbst zu belehren. Ich habe euch nicht umsonst den freien

Willen und einen Verstand gegeben, mit dem ihr das Wahre und Gute vom Falschen und Bösen unterscheiden könnt. Erst dadurch wird der Mensch zum Menschen und hebt sich so vom Tier ab. Dieses kann ja nach Meinen Gesetzen nur das tun, was ihm sein Instinkt gebietet, womit es weder Freiheit noch Selbstbestimmung besitzt. Der Mensch aber ist außer mit seinem Leib keinem Muß-Gesetz unterworfen. Er ist im Willen ganz frei und hat einen unbeschränkten Verstand, mit dem er alles erforschen, prüfen, begreifen und behalten kann, um dann schließlich das zu seiner Handlungsrichtschnur zu nehmen, was er als richtig erkannt hat. Darum prüft erst alles. Und das, was ihr als wirklich wahr und gut befunden habt, behaltet und handelt und lebt danach, und ihr werdet euch dadurch zu Meinen lieben Kindern entwickeln, und wie Ich, frei und selbständig werden.

Damit der Mensch aber zur höchsten Seligkeit gelangen kann, muß er mit Hilfe seines freien Willens, des unbeschränkten Verstandes und seiner Vernunft sich selbst in der Welt orientieren. Darum kann und darf Ich mit Meiner Allmacht nicht in diese freie Willensentscheidung eingreifen oder ihn zu irgendeinem Handeln zwingen. – Das seht ihr doch wohl ein! Bittet also vor allem um das, was dem Wohl eurer Seele dient, und weniger um das, was eurem Leib nützt. Das heißt aber nicht, daß ihr in euren körperlichen Nöten nicht zu Mir um Hilfe rufen dürft. Wenn ihr euren Nächsten aus Liebe zu Mir und in Meinem Namen körperliche Wohltaten erweist, werdet ihr dafür mit geistigen Gütern zum Heil eurer Seelen belohnt. Seid ihr im festesten Glauben an mich, erhaltet ihr von Mir die Kraft, Kranke durch Auflegung der Hände zu heilen oder sie von Besessenheit zu befreien. Kurz, *mit* Mir werdet ihr alles vermögen, *ohne* Mich aber nichts! (GEJ 10,109:4-13)

4.2. Gottes Verhältnis zu den Menschen

Unsere materielle Welt ist unverbesserlich
Der Römer Pellagius zu Jesus:
Wäre es nicht besser, du würdest von Zeit zu Zeit mächtige Engelsgeister auf die Erde entsenden, die dann Wunder wirken, um mit deren Hilfe die Ungläubigen und die bösen Menschen auf eine rechte Lebensbahn zu bringen?
Jesus:
Lieber Freund, dein Vorschlag ist von Mir auf dieser Erde wie zuweilen auch im Jenseits schon oft ins Werk gesetzt worden und war für die noch Rettbaren auch stets nützlich, für die Verstockten aber leider umsonst. Denke nur an die Geschichte von Sodom und Gomorra! Da kamen Engel aus den Himmeln zu Lot, aber was richteten sie aus? Oder lies, was zu Noahs Zeiten geschah! Wer, außer Noah und den Seinen kehrte sich daran? Was tat Moses vor dem Tyrannen Pharao? Wie du weißt wurde letzterer nur noch böser und ließ nicht nach, Moses und die Israeliten auf das Ärgste so lange zu verfolgen, bis das Meer ihn schließlich samt seinem Heer verschlang! Sieh dir die Geschichte von Jericho an! Da geschahen unter Josua große Wunder, aber außer einer Hure bekehrte sich niemand! Lies dann die Geschichte aller großen und kleinen Propheten und du wirst finden, wie wenig sie bei den verstockten Sündern bewirkt haben!
Aber lassen wir das Vergangene und betrachten die heutige Zeit: Sieh Meine Jünger an; wer sind sie? Meist arme Fischer. Sicher, auch von Jerusalem sind einige hier, die Mir nun schon eine Zeitlang nachfolgen. Wo aber sind die wirklich Einflußreichen und Mächtigen dieser Stadt? Sie haben doch auch Meine Worte vernommen und die Wunder gesehen, die Ich zum einen selbst und zum anderen ein Engel vor ihren Augen gewirkt haben. Was aber hat das alles bewirkt? Nur das, daß sie mich nun noch mehr hassen, mich verfolgen und zu töten suchen! – Wie es durch die Propheten angezeigt wurde, werde Ich am Ende auch das noch zulassen, werde aber am dritten Tag wieder auferstehen und zu Meinen Freun-

den kommen um sie zu trösten und zu stärken. Die Unverbesserlichen werden sich aber auch dadurch nicht ändern, sondern ebenso auch Meine Jünger verfolgen. Dies so lange, bis das Maß ihrer Greuel voll ist und Ich sie von der Erde wegfege.
Ich werde aber auch in Zukunft bis ans Ende der Welt Meine Boten vom Himmel senden, damit meine Lehren von den satanischen »Weltkindern« nicht vertilgt oder zu sehr verunglimpft werden. Aber auch diese Boten werden meinetwillen mehr oder weniger verfolgt werden bis zu dem Zeitpunkt, da Ich wiederkomme wie ein Blitz, der vom Aufgang bis zum Untergang alles ans Licht bringt, was auf Erden gut oder böse gewirkt hat. Dann aber wird das Böse ausgelöscht und nur das Reine und Gute erhalten werden. Aus dem Gesagten magst du entnehmen, daß Ich deinem Wunsch seit Urbeginn der Menschheit stets nachgekommen bin und auch bis ans Ende der Zeit nachkommen werde. Aber des Menschen freier Wille wird dennoch unangetastet bleiben müssen! Auch in Zukunft wird jeder Mensch die Fleisch-Lebensprobe durchzumachen haben und muß lernen, all den weltlichen Gelüsten und Verführungen zu entsagen, um so Meinem Reich würdig zu werden. Denn jeder, der zu Mir kommen will, wird auch so vollkommen sein müssen, wie Ich es Selbst bin. Damit er aber das auch werden kann, bin Ich Selbst leibhaftig zu euch auf diese Erde gekommen und zeige euch allen den Weg zum ewigen Leben.
Laßt euch also von der satanischen Welt, ihrer Materie und den Gelüsten des Fleisches nicht verführen, damit diese eigentliche Hölle als der »zweite Tod der Seele« nicht in euch Platz greift. (GEJ 10,115:1-12)

Gestörtes Verhältnis der Menschen zum ihrem geistigen Vater
Gott zu Beginn des Diktats an sein Medium:
Bin Ich denn ein Tyrann und ein Verkünder von Verdammungsurteilen? O ihr Toren! Ich liebe euch, aber ihr verachtet Mich. Ich bin euer Vater, aber ihr macht Mich zum Scharfrichter. Wo Ich segne,

4.2. Gottes Verhältnis zu den Menschen

da flucht ihr; wo Ich baue, da zerstört ihr; was Ich aufrichte, das reißt ihr nieder; wo Ich säe, da leitet ihr die Fluten darüber. Ihr seid in allem gegen Mich. Wäre Ich, wie ihr sagt, daß Ich sei, wahrlich, die Erde bestände schon lange nicht mehr. Ja sie wäre sogar nie erschaffen worden! Weil Ich aber bin, wie Ich bin, so besteht noch alles, wie es war, und wie es ewig sein wird. Und auch ihr werdet sein, wie ihr sein wollt – ohne Mein Verdammungsurteil. Denn ihr werdet das sein, wozu ihr euch selbst gemacht habt. Die aber Mich so nehmen, wie Ich bin, und Mich lieben, wie Ich sie liebe, aus denen werde Ich das machen, was sie wollen. Damit ihre Freiheit und Freude ewig vollkommen sei. (HG 1,2:10)

Die Menschen dieser Erde rief Ich aus dem Zentrum Meines Herzens hervor und schuf sie nach Meinem Ebenbild. Sie sollten nicht nur Meine Geschöpfe sein, sondern Meine lieben Kinder, die Mich nicht als Gott und Schöpfer, sondern als ihren guten Vater erkennen sollen. Sie sollen nach kurzer irdischer Prüfungszeit wieder ganz zu mir kommen, damit sie da alles haben, was Ich selber habe, bei Mir ewig wohnen und mit Mir zusammen das Weltall leiten. Aber siehe, Meine Geschöpfe lieben Mich als ihren Schöpfer in dankbarer Freude ihres Daseins, aber Meine Kinder wollen ihren Vater nicht und verschmähen Seine Liebe!
So bin Ich traurig, wenn Ich sehe, wie stündlich Tausende und tausendmal Tausende dahinwelken und -sterben! Oh, wenn Ich ihnen doch nur helfen könnte! Ist es nicht traurig, wenn der Allmächtige nicht helfen kann?! Du fragst Mich, wie denn das möglich sei? Siehe, Meine Geschöpfe hängen an Meiner Macht, aber Meine Kinder hängen an Meiner Liebe! Meine Macht gebietet und es geschieht. Aber Meine Liebe wünscht nur und gebietet in aller Sanftmut den freien Kindern.
Aber die freien Kinder verstopfen ihre Ohren und wollen nicht in das Gesicht ihres Vaters schauen. Daher, weil sie frei sind, wie Ich es bin, kann Ich ihnen nicht helfen, wenn sie es nicht wollen. Denn

Meine Macht geht über alles; aber Mein Wille ist Meinen Kindern untertan. Dieses soll sich jeder hinter die Ohren schreiben: Ich bin euer Vater, bin aber auch euer Gott, und außer Mir ist keiner mehr. Wollt ihr Mich nun als Vater oder als Gott? Euere Taten werden Mir die entscheidende Antwort geben. (HG 1,3:3-6)

Seher und Propheten werden von der Welt ignoriert
Jesus zu einem Schriftgelehrten:
Du meinst wohl, Gott habe die Menschen so verlassen, daß sie aus der Geisterwelt keine Botschaft mehr erhalten? Oh, da irrst du dich! Vielmehr haben sich die Menschen eigenwillig von Gott und vom Geistigen abgewandt, damit begonnen, im Materiellen ihr Heil zu suchen und allein dafür zu arbeiten. Wen wundert es da, wenn sie vom jenseitigen Leben nichts mehr wissen wollen?
Wie oft sind Menschen, die mit Geistern oder Engeln in Verbindung standen, von den Juden und Pharisäern als Lügner zu Tode gesteinigt worden, weil man von einem sie mahnenden Geist nichts hören und wissen wollte! Waren der alte Simeon und die alte Anna im Tempel nicht ein großes Licht aus der Geisterwelt, wo doch beide sich täglich stundenlang mit Engeln unterhalten konnten? Wer glaubte ihnen denn und was sagte man von jener großartigen Erscheinung im Tempel? Simeon und Anna hätten im geheimen Bund mit Essäern und ägyptischen Zauberern einen frommen Spuk veranstaltet! Und das, wo doch Hunderte der Templer Augen- und Ohrenzeugen waren! Warum glaubte man ihnen denn nicht? Auch der spätere Hohepriester Zacharias hatte Gesichter. Wer glaubte ihm? Selbst dann, als man einsah, daß seine Visionen wahr sind, was tat man da mit ihm? Als sein vom Gottesgeist durchdrungener Sohn, nämlich Johannes der Täufer, in der Wüste predigte und die Juden sich von der Wahrheit seiner Worte durch allerlei Wunder überzeugen konnten: hätten sie dann nicht seiner Lehre folgen können? O nein, sie wurden zornig, ergriffen ihn und warfen ihn ins Gefängnis. (GEJ 6,107:1-6)

4.2. Gottes Verhältnis zu den Menschen

Gottes Verbundenheit mit den Armen
Gott zu Beginn des Diktats an sein Medium:
Der Arme ist Mein nächster Bruder. Ich sorge für ihn. Daher soll er sich nicht bettelnd von den Hunden entheiligen lassen. Die Reichen der Welt, die nicht teilen, sind Brüder des Satans und Kinder des Teufels aus der Hölle. (HG 1,2:3)

Der Wunsch Gottes an uns Menschen
Jesus zu Pharisäern:
Mein Liebeswunsch ist es, daß alle Menschen dieser Erde den Weg der Wahrheit gehen mögen um darauf dem ewigen Leben entgegenzugehen. Weil Ich mich aber – aus den euch schon genannten Gründen – trotz Meiner Allmacht hier auf dieser Erde ganz zurückhalten muß, ist jeder Mensch völlig frei und kann glauben und tun, was er will. Denn alles, was der Mensch durch ein Gebot oder äußeres Muß erzwungenermaßen macht, ist für die Seele ohne Wert. Es würde sie nicht beleben, sondern erdrücken, weil sie es nicht freiwillig und aus innerer Überzeugung heraus tut, sondern aus Furcht vor der angedrohten Strafe. Wenn Ich euch also sage, ihr sollt in Erkenntnis und Liebe so vollkommen werden wie euer Vater im Himmel, gilt das auch für euere Schüler und Nachkommen. Darum sage Ich euch nochmals: Prüft immer alles vorher, dann behaltet das Gute und Wahre! (GEJ 8,27:8-11)

Der unbeschreibbare Lohn der freiwilligen Gotteskindschaft
Gott zu Beginn des Diktats an sein Medium:
Du darfst die Welt nicht fürchten, wenn du Mich lieben willst; denn Ich bin mehr als alle Welt. Wer Mich nicht erkennt, wie Ich bin, und wer Ich bin, dem wäre es besser, daß er von Mir gar nichts wüßte, denn dann könnte Ich ihn dort im Reich der Geister noch lebendig machen. So aber machen sie sich Meiner Hilfe unfähig, denn sie töten dadurch das Leben in sich, wenn sie Mich in sich tö-

ten. Sie gleichen dann den vom Weinstock getrennten Reben. (HG 1,2:7-9)

Ich gebe aller Liebe zu Mir nach dem Grad ihrer Größe auch gleich den gerechten Anteil des Lichtes hinzu. Dieses Geschenk heißt Gnade. Mit ihr fließe Ich bei jedem Menschen ein nach dem Grad seiner Liebe zu mir. Wenn jemand die Liebe hat und dadurch Mein Gesetz in sich lebendig macht, über den werden Ströme des Lichtes ausgegossen und sein Auge wird die Erde durchdringen und in die Tiefen der Himmel blicken können. (HG 1,4:7-8)

Ich bin der Herr über alles, was da ist! Ich bin Gott, der ewige und mächtige, und als solcher bin Ich auch euer Vater, der heilige und liebevollste. Und dieses alles bin Ich im Wort. Das Wort aber ist im Sohn, und der Sohn ist in der Liebe, und die Liebe ist im Gesetz, und das Gesetz ist euch gegeben. Wenn ihr es beachtet und danach handelt, habt ihr es in euch aufgenommen. Dann wird es in euch lebendig und es erhebt euch und macht euch frei. Dann steht ihr nicht mehr unter Meinem Gesetz, sondern über ihm in der Gnade und im Licht, welche alles Meine Weisheit ist. (HG 1,4:10)

Jesus zu den Jüngern:
Ich sage es euch hier noch einmal: Keines Menschen Auge hat je gesehen, keines Menschen Ohr je gehört und keines Menschen Sinn je empfunden, was Gott denen für eine herrliche, nie endende Seligkeit bereitet hat, die Ihn wahrhaft, das heißt werktätig lieben! Ich als euer Vater sage euch: Was Ich habe, das sollet auch ihr als Meine liebsten Kinder haben! Denn wo ist schon auf dieser Erde irgendein Vater, der mit den Kindern, die er mehr denn sich selbst lieb hat nicht gern alle seine Freuden teilen würde, und am Ende selbst erst dann die größte Freude hat, wenn er seine lieben Kinder voll Freuden um sich versammelt hat? (GEJ, 8,61:5-6)

4.2.2. Gott und die Amtskirchen

Es gibt nur *eine* wahre Kirche auf Erden
Gott zu Beginn des Diktats an sein Medium:
Sage es allen, sie mögen sein, welcher Religion sie wollen – ob Römische, ob Protestanten, ob Juden, ob Türken, ob Brahmi, ob finstere Heiden –, für alle soll es gesagt sein: Auf der Erde gibt es nur eine wahre Kirche, und diese ist die Liebe zu Mir in Meinem Sohn. Dieser aber ist der heilige Geist in euch, der sich euch kundtut durch Mein lebendiges Wort. Dieses Wort ist der Sohn. Der Sohn ist Meine Liebe, er ist in Mir, Ich durchdringe Ihn ganz und Wir sind eins. Euere Seele, deren Herz Meine Wohnstätte ist, ist die alleinige wahre Kirche auf der Erde. In ihr allein ist ewiges Leben und sie ist die allein seligmachende Kirche.
Wie könnt ihr meinen, Ich würde auf euch im Tod warten, wo Ich doch das Leben selbst bin?! Daher geht zuerst in die lebendige Kirche in euch und dann erst in die tote, damit sie durch euch lebendig werde! (HG 1,4:9 & 14)

Gott wohnt nicht in den Kirchengebäuden
Gott zu Beginn des Diktats an sein Medium:
Meint ihr denn, Ich wohne in den Mauern, oder in der Zeremonie, oder im Gebet, oder in der Verehrung? Nein, da irrt ihr euch. Da bin Ich nirgends, sondern nur dort, wo die Liebe ist. Denn Ich bin die Liebe oder das Leben selbst. Ich gebe euch Liebe und Leben und verbinde Mich nur mit Liebe und Leben, niemals aber mit Materie und Tod. (HG 1,4:12)

Allwöchentliche Gottesdienste in Kirchen sind überflüssig
Ein Grieche zu Jesus:
Da wir alle nun das Glück hatten, Dich Selbst in deiner göttlichen Persönlichkeit kennenzulernen, und aus Deinem Munde die Worte des Lebens vernehmen zu können, wäre ich wenigstens für uns

Griechen der Meinung, daß wir Dir ein Haus erbauten. Dort könnten wir uns allwöchentlich einmal versammeln, Deine Lehre besprechen und darin über Moses und die Propheten lesen. Herr und Meister, wäre das in Deinem Sinne?
Jesus:
Wozu da ein eigenes Haus bauen, da ihr ja ohnehin euere Wohnhäuser habt, in denen ihr euch auch in Meinem Namen versammeln könnt, um euch über Meine Lehre zu besprechen und die gemachten Erfahrungen auszutauschen, die sich aus dem Wandel nach dem Willen Gottes für jedermann ergeben werden. Es ist auch nicht notwendig, einen bestimmten Feiertag dazu einzuführen, den ihr, etwa wie die Pharisäer den Sabbat, als den »Tag des Herrn« benennt, wo doch jeder Tag ein Tag des Herrn ist, an dem man Gutes tun kann. Denn Gott sieht weder auf den Tag und noch weniger auf ein Ihm zur Ehre und Anbetung erbautes Haus, sondern Gott sieht nur auf das Herz und den Willen des Menschen. Seht, das ist die Wahrheit, und bei der sollt ihr auch bleiben! Alles andere aber ist eitel und hat vor Gott keinen Wert.
In späteren Zeiten werden Mir die Menschen zwar gewisse Häuser bauen. Darin werden sie – wie die Pharisäer im Tempel zu Jerusalem und wie die Heidenpriester in den Götzentempeln – an einem bestimmten Tag in der Woche einen Gottesdienst abhalten. Auch werden sie dem Jahr mehrere große Feiertage hinzufügen. Dies ist jedoch gegen Meinen Rat und Willen. Es werden sich nämlich dann die Zeichen Meiner lebendigen Gegenwart bei, in und unter den Menschen verlieren! Denn in den von Menschenhand unter dem Titel »Gott zur größeren Ehre!« erbauten Tempeln werde Ich ebensowenig daheim sein, wie nun im Tempel zu Jerusalem!
Wenn ihr aber aus Liebe zu Mir in einer Gemeinde ein Haus bauen wollt, so sei es ein Schulhaus für euere Kinder, worin auch meine Lehre verkündet wird. Gleichermaßen sollt ihr für Arme, Kranke und Bresthafte ein Haus bauen. Versorgt dieses mit allem, was zur Pflege der darin lebenden Menschen nötig ist. Alles weitere aber

ist vom Übel und hat, wie schon gesagt, keinen Wert vor Gott. (GEJ 9,44:1-5)

Den Geboten Gottes keine strengeren hinzufügen!
Jesus zu Juden, Römern, Ägyptern und Indern:
Alle die Gebote, die Ich den Menschen gab, waren nie Muß-Gesetze, sondern nur Ratschläge. Daraus haben die Menschen – in der irrigen Meinung, Mir dadurch eine Ehre zu erweisen – streng zu beachtende Bestimmungen gemacht, deren Nichthaltung sie mit zeitlichen und ewigen Strafen belegten. Moses selbst tat viele Gesetze dazu, um den Juden Achtung vor dem Willen Gottes zu verschaffen, und andere taten dasselbe. Die gegenwärtigen Pharisäer haben diesbezüglich den Gipfel nicht nur der Dummheit, sondern auch der Bosheit erreicht. Daß die Sache des Judentums nun so schlecht steht, ist eine Folge davon. Wie aber soll sich denn ein Muß-Gesetz mit dem freien Willen und dem durch nichts beschränkten Verstand der Menschen vertragen?
Ein freier Mensch wird einen Ratschlag zur Erleuchtung seines Verstandes gern und stets annehmen, ein strenges Gesetz aber wird er verfluchen. Wer den Menschen Muß-Gesetze in Meinem Namen gibt, der wird ihnen anstatt Meines Segens nur den Fluch geben und sie zu neuen Sklaven der Sünde und des Gerichts machen. Darum achtet bei der Weiterverbreitung Meiner Gebote vor allem darauf, daß ihr ihnen kein neues und schwer zu tragendes Joch aufbürdet, sondern daß ihr sie von dem alten frei macht! (GEJ 8,20:6-10)
Ein den Menschen gegebenes Muß-Gesetz wird kaum der seelischen Entwicklung dienen. Dies deshalb, weil erstens ein Muß-Gesetz für den freien Willen eines Menschen wider Meine göttliche Ordnung ist und den Menschen nur irreführt. Zweitens, weil sich die Gesetzgeber eine höhere, nur ihnen zukommende Gewalt anmaßen, weshalb sie bald stolz, hochmütig und herrschsüchtig werden und zu den originär göttlichen Ratschlägen eigene, unnöti-

ge Satzungen hinzufügen und auf deren Beachtung größeres Gewicht legen als auf die Beachtung der rein göttlichen Gebote. Die Folgen sind dann Aberglaube, Abgötterei, Haß gegen Andersgläubige, Verfolgung, Mord und Krieg. Darum werden sie auch jenseits in der Hölle, deren eifrige Diener sie hier waren, die ersten Plätze einnehmen. (GEJ 8,20:11-13)

Alle biblischen Bilder haben Entsprechungscharakter
Der Pharisäer Stahar zu Jesus:
Gott hat immer schon Strafgericht über die Menschen gehalten. »Der Zorn ist Mein, und die Rache ist Mein« spricht der Herr durch den Mund des Propheten. Daß dies so ist, beweisen die Vertreibung Adams aus dem Paradiese, die Sündflut zu den Zeiten Noahs, die Billigung des Fluches des Noah über einen seiner Söhne; später der Untergang von Sodom, Gomorra und der umliegenden zehn Städte, an der Stelle, wo heute das Tote Meer ist; noch später die Plagen Ägyptens und die der Israeliten in der Wüste; dann die von Gott befohlenen mörderischen Kriege gegen die Philister, die babylonische Gefangenschaft und endlich die Unterjochung des Volkes Gottes durch die Macht der römischen Heiden!
Jesus:
So wie du redest, urteilt ein Blinder von der harmonischen Pracht eines Regenbogens! Hast du denn noch nicht mitbekommen, daß alle fünf Bücher Moses und die Schriften aller Propheten, Davids und Salomons nur als Entsprechung verstanden und begriffen werden sollen? Glaubst du denn beispielsweise im Ernst, daß Gott den Adam aus dem Paradiese durch einen Engel mit einem flammendes Schwert als Waffe vertreiben ließ? Vielmehr soll das Bild nur verdeutlichen, was im Herzen des Adam vorgegangen ist. Solche drastischen Bilder gehörten zur Erziehungsmethode bei der Gründung der ersten Religion und Urkirche. Auf der Erde aber gab es nirgends ein materielles Paradies, worin dem Menschen die gebratenen Fische in den Mund geschwommen wären. War der Mensch

aber fleißig und sammelte sich die Früchte, welche die Erde ihm bot und bevorratete sie, war jede kultivierte Gegend der Erde ein Paradies. Was wäre denn aus dem Menschen und seiner Geistesbildung geworden, wenn er in einem Müßiggangs- und Freßparadies sich um gar nichts zu kümmern und zu sorgen gehabt hätte? Wann gelangte denn der Mensch bei so einer Verwöhnung zur notwendigen Lebensselbständigkeit? (GEJ 4,141-143)

Vom »Heiligen Stuhl« in Rom wird viel Unheil ausgehen
Jesus zu Simon Juda:
Aufgrund deines Glaubens habe Ich dir die Schlüssel zum Reich Gottes gegeben und nannte dich einen Fels, auf dem Ich Meine Kirche bauen werde, die von der Hölle nicht besiegt werden wird. Du sollst ein neuer Aaron sein und auf dessen Stuhl sitzen und wirst zusammen mit den anderen Brüdern Verbreiter Meiner Botschaft sein. Wenn die Lehre nach etlichen hundert Jahren auch zu den Heiden gelangt, wird man in Rom vorgeben, daß du als Glaubensfürst diesen Stuhl damals selbst gegründet hast. Die Völker werden dann von falschen Propheten mit Gewalt dazu gezwungen werden, dies zu glauben und daß von diesem Stuhl aus in Meinem Namen die ganze Erde, ihre Fürsten und Völker regiert werden sollen. Aber das wird ein falscher Stuhl sein. Von ihm aus wird sich viel Unheil auf die Erde verbreiten. Kaum jemand wird mehr wissen, wo du den rechten Stuhl, nämlich den Stuhl der Liebe, der Wahrheit, des lebendigen Glaubens aufgestellt hast, und wer dein rechter Nachfolger ist. Dieser falsche Stuhl wird sich zwar lange halten, wird aber 2000 Jahre nicht überdauern. Und nun rechne, wenn du rechnen kannst! – Ist schließlich der falsche Stuhl morsch geworden und hat keinen Halt mehr, dann werde Ich zusammen mit euch wieder zur Erde kommen und jene belohnen, die noch den wahren und reinen Glauben erhalten haben. Damit aber die Menschen jener Zeit mich überhaupt erkennen, wird es unter ihnen einer großen Läuterung bedürfen. (GEJ 8,162:2-6)

Nur derjenige, der Meine Lehre annimmt und nach ihr lebt, wird in sich das Licht, die Wahrheit und den wahren Lebensfrieden finden. Allerdings wird er meinetwillen von der Welt verfolgt werden, was auch ihr alle an euch erleben werdet. Wie Ich euch schon mehrfach sagte, habe Ich allen Menschen auf dieser Erde die volle Willens- und Entscheidungsfreiheit gegeben. Daher lasse Ich auch zu, daß sich neben dem wahren Stuhl Aarons, auf den Ich euch gesetzt habe, für lange Zeit ein falscher in der Heidenwelt etablieren wird. Falsche Propheten und Lehrer, die in Meinem Namen zu wirken vorgeben, werden aus besagtem Grund ebenfalls zugelassen. Ihr und euere Nachkommen aber sollt euch nicht von deren Thesen, wonach Christus hier oder dort sei, irreführen lassen. Denn Ich werde nie in einem von den Menschen erbauten Tempel wohnen! Ich bin nur im Geist und in der Wahrheit derer zu finden, die Mich suchen, bitten, an Mich glauben und lieben. Meine wirkliche Wohnung wird ihr Herz sein, von wo aus Ich zu ihnen rede, sie lehre, erziehe und führe. (GEJ 8,163:2-4)

Die Abendmahlspeisung hatte symbolischen Charakter
Die Jünger zu Jesus:
Als du damals in Kapernaum die Lehre vom Essen Deines Fleisches und vom Trinken Deines Blutes verkündetest, war das für einfache Leute eine schwer zu begreifende Aussage. Deswegen haben dich damals auch viele in Unverständnis verlassen. Auch wir haben Schwierigkeiten mit dieser Lehre.
Jesus:
Seht, der Mensch muß die Nahrung zuerst von außen her in sich aufnehmen, wobei dieser Vorgang ja noch nicht die eigentliche Ernährung darstellt. Diese vollzieht sich erst über den Magen und von dort aus in alle Körperteile. So, wie der Magen gewissermaßen der »Ernährer« des Körpers ist, so ist auch das Herz das »Nährorgan« der Seele. Auf diese Weise wird Meine Lehre zur Speise und zum Trank *für die Seele* (GEJ 9,72:13). Brot und Fleisch entspre-

chen einander, wie Wein und Blut. Wer durch Mein Wort das Brot des Himmel ißt und durch sein gerechtes Handeln gegenüber seinem Nächsten den Wein des Lebens trinkt, der ißt auch Mein Fleisch und trinkt Mein Blut. Denn wie das Brot im Leib zu Fleisch und der Wein zu Blut umgewandelt wird, so wird in der Seele auch Mein Wort zum *geistigen* Fleisch und zum *geistigen* Blut umgewandelt. Wer also Mein Fleisch ißt, der hat Mein Wort nicht nur mit den Ohren, sondern auch mit dem Herz aufgenommen. Denn der Verstand des Menschen verhält sich zum Herzen etwa so, wie der Mund zum Magen: Solange sich das Brot noch zwischen den Zähnen befindet, ist es noch kein Fleisch, sondern nur Brot. Wenn es aber zerkaut in den Magen gelangt und dort von den Magensäften verdaut wird, so ist es den Nährstoffen nach schon Fleisch, weil diesem ähnlich. Und so ist es auch mit dem Wein. Wer also Mein Wort hört und es lediglich im Gedächtnis behält, der behält das Brot gewissermaßen im Mund der Seele. Wenn er dann über meine Worte ernsthaft nachzudenken beginnt, zerkaut er das Brot mit den »Zähnen der Seele«. Denn der Verstand ist für die Seele das, was die Zähne für den Magen sind. (GEJ 9,73:1-4)

Die Taufe tilgt das mosaische Muß-Gesetz
Jesus zu Juden, Römern, Ägyptern und Indern:
Moses fügte zu Meinen Geboten manche Gesetze hinzu, um den Juden eine noch größere Achtung vor dem Willen Gottes zu verschaffen; und andere taten dasselbe. Dennoch dürft ihr daraus nicht schließen, als höbe Ich damit das durch Moses gegebene Gesetz auf. Nur das alte, überholte »Muß« hebe Ich auf und gebe euch die alte Freiheit wieder. Darin besteht hauptsächlich das Werk der Erlösung euerer Seelen von Gericht und Satan, daß ihr von nun an unter keinem Muß-Gesetz in Meinem Namen mehr stehen sollt. So, wie Ich euch die volle Freiheit aus Mir Selbst wiedergebe, tut solches in Meinem Namen auch eueren Brüdern und Schwestern: Tauft sie im Namen des Himmlischen Vaters, des fleischgeworde-

nen Sohnes, und dessen Geistes (vergl. Mt. 28,19), und löscht in ihnen dadurch das alte Erbübel, nämlich das Muß-Gesetz aus. (GEJ 8,20:7-16)

4.3. »Wissenschaft« oder »Glaubenschaft«?

Vorbemerkung

Bereits in meinem esoterisch-christlichen Buch »Wer Ohren hat, der höre« habe ich den Begriff »Glaubenschaft« als logisches Gegenstück zu »Wissenschaft« geprägt. Wenn vom Wortursprung her eine Disziplin »Wissen« schaffen kann, so kann eine andere auch »Glauben« schaffen. Mit der Glaubenschaft soll nun jener Realitätsbereich bezeichnet werden, der den natürlichen Gegenpol des verstandesmenschlichen Verhaltens beschreibt, nämlich Intuition und Gefühl. Hat die Wissenschaft also etwas mit Intellekt, Ratio und Analyse zu tun, so repräsentiert ihr Pendant Glaubenschaft die religiöse und spirituelle Seite des Menschen.

Nirgendwo bisher bin ich in dieser Wortschöpfung so bestätigt worden, wie beim Studium dieses Evangeliums! Hier setzt unser Himmlischer Vater das wissenschaftliche und damit analytisch-aufspaltende Vorgehen des Verstandes mit dem satanischen Verharren in der Materie gleich. Demgegenüber ordnet er jenen Bereich, den ich hier mit Glaubenschaft apostrophiere einer geistigen Weiterentwicklung zu, die eben nicht stofflicher Natur ist und weniger im Kopf, als vielmehr im Herzen angesiedelt ist. Die heutige Psychologie würde diese Seite vielleicht eher dem Bauch und damit dem Weiblich-Mondhaften zuordnen.

Während also die Naturwissenschaften in der Materie i.w.S. fixiert bleiben (z.B. Genforschung, einseitig-allopathische Medizin, Astronomie), wagt die Glaubenschaft bereits den Schritt ins Zeitlos-Geistige und damit in die wirkliche Realität, wie es unser Himmlischer Vater immer wieder betont.

Im Zusammenhang mit der Glaubensfähigkeit des Menschen bzw. dessen intellektuellem Forscherdrang tauchen im Lorber-Evangelium häufig die gegensätzlichen Begriffe »Weltweise« einerseits und »Unmündige« bzw. »Einfältige« oder »Toren« andererseits auf (siehe auch Bibel). Unter Weltweisen versteht Gott die gebildeten, studierten, gescheiten oder intellektuellen Menschen (Wissenschaftler), die für alle Phänomene stichhaltige Beweise

4. Die Entwicklung vom Materiellen zum Geistigen

fordern. Spricht er von Unmündigen, meint er damit die ungebildeten, einfachen Leute oder schlichten Gemüter, die aber meist einen größeren Zugang zum Gauben haben. – Ich verwendete das jeweils passendste der genannten Worte.

Im übrigen sind »Wissen« und »Weisheit« ganz unterschiedliche Begriffe, die aber in unserer oberflächlichen Zeit kaum mehr unterschieden werden. So haben wir beispielsweise in Deutschland sogenannte »Wirtschaftsweisen«. Diese Leute wissen zwar viel über die Lehre der Ökonomie, sind aber nicht zwangsläufig auch weise. Am Beispiel der Religion (lateinisch: relegere = nachdenklich sein) sei der Unterschied zwischen »Wissen« und »Weisheit« bzw. der griechischen Wortendung »logie« und »sophie« nochmals verdeutlicht:

Theologie (griechisch): »Rede über Gott« ist die Lehre von Gott im Sinne von wissenschaftlicher Analyse göttlicher Offenbarungen. Man unterscheidet eine systematische, historische und praktische Theologie.

Theosophie (griechisch): »Wissen über Gott« bedeutet dagegen Gottesweisheit. Sie ist die mystische Lehre von Gott, gewonnen durch visionäre Schau und/oder medialer Offenbarung. Die Theosophie bildet danach den philosophischen Hintergrund und die erkenntnismäßige Steigerung der wissenschaftlich betriebenen Theologie.

Theophanie (griechisch): »Erscheinung Gottes in der Welt« beschäftigt sich schließlich mit der praktischen Anwendung oder Umsetzung des »Wissens über Gott« (Theosophie) und seinen Offenbarungen und Lehren. Die Theophanie ist gleichbedeutend mit angewandter Theosophie in Form praktizierter Nächsten- und Gottesliebe (näheres bei BRIEMLE, 1997).

4.3. »Wissenschaft« oder »Glaubenschaft«?

4.3.1. Die fehlende Weisheit des Intellekts

Das Wesen der »Weltmenschen«

Petrus zu Jesus:
Herr, ich habe dich vom Nebenzimmer aus rufen hören; was hast du mir zu sagen?
Jesus:
Nichts anderes, als daß du dem reichen Bürger von Kapernaum jetzt genug gesagt hast! Wenn ihn das nicht zu geistiger Erkenntnis und zum Glauben bringt, so wird ihn etwas anderes noch weniger dahin bringen. Es ist halt im eigenen Vaterland schwer, die Menschen zu überzeugen. Denn es kommt gleich die alte Frage: »Woher hat er denn das? Wir kennen ihn doch schon von Kindheit an!« Und da ist es dann mit einer weiteren Belehrung schon zu Ende. Denn wem der Lehrer nicht paßt, dem ist auch seine Lehre nichts wert. Und Menschen, die im Grunde ja durchaus nicht böse sind, mit Wundern zum Glauben zu zwingen, hieße ihnen mit einem Schlage alle Seelen- und Willensfreiheit nehmen. Daher ist es besser, sie so lange in Ruhe zu lassen, bis sie am Ende selbst kommen und fragen.
Kommen aber, solange wir hier am See sind, neugierige Leute, die mehr wissen wollen, erzählt ihnen nichts über meine Wunder. Vor allem aber nichts über die schwer verständlichen himmlischen Wahrheiten. Lehrt sie nur das was sie tun sollen, um in den Himmel zu kommen. Denn es schickt sich nicht, den Schweinen die edlen Perlen als Futter vorzuwerfen (vergl. Mt. 7,6). Wer die kleine Gabe nicht ehrt, ist auch der großen nicht wert!
Es gibt Menschen, die von Zeit zu Zeit über geistige Dinge und Verhältnisse recht gerne mal plaudern wollen. Sobald sie aber dann wieder nach Hause zu ihren altgewohnten Weltgeschäften kommen, ist alles wieder vergessen! Kommt ihnen irgend etwas in die Quere, haben sie nur noch ihre weltlichen Sorgen im Kopf und wollen sich an die geistigen Tröstungen nicht mehr erinnern. – Wozu waren diese dann gut? Und so, Mein lieber Simon Juda, geht

es auch mit deinen gutgemeinten Belehrungen deinem alten Freund gegenüber: Er denkt schon jetzt nicht mehr daran, weil ein Geschäftsmann aus Kana neben ihm Platz genommen hat, um über einen vorteilhaften Kauf handelseinig zu werden. Er weiß im übrigen sehr wohl, daß Ich Selbst hier in diesem Wirtshaus gerade anwesend bin. Da hätte er ja auch zu Mir hereinkommen können, um sich mit Mir Selbst zu sprechen. Aber nein, da ist ihm der Kaufmann aus Kana lieber, und du brauchst keine Angst haben, daß er noch weiteres über Mich erfahren will.

Daher sind solche Menschen noch lange nicht reif fürs Reich Gottes (vergl. Lk. 9,62). Sie gleichen einem Bauern, der beim Pflügen seine Augen nicht nach vorwärts, sondern nach rückwärts richtet und daher nicht sehen kann, ober der Ochse den Pflug auch richtig zieht und ob die Furche richtig liegt. Es ist besser, solche Leute dort zu lassen, wo sie gerade sind, da sie geistigen Belehrungen und religiösen Erkenntnissen nichts anfangen können.

Beachtet für euere künftige Lehraufgabe also folgendes: Nimmt man euch irgendwo gern auf, so bleibt dort und unterrichtet die Menschen in Meinem Sinne und tauft sie dann in Meinem Namen mit Wasser, wie es Johannes getan hat. Und Ich werde sie dann mit Meinem Geist von oben her taufen. Wo man euch aber nicht gern aufnimmt oder nur so, wie dein alter Freund deine Worte aufgenommen hat, schüttelt den Staub von eueren Füßen, der von einem solchen Ort noch an ihnen klebt, damit von ihnen ja nichts Weltliches an euch haften bleibt (Mt.10,13-14; Lk.10,10 -11). Denn ihr wißt ja, daß Mein Reich nicht von dieser Welt ist, sondern es durch Erkenntnis und Beachtung Meiner Lehre erworben werden will. Solange an einem Menschen aber noch etwas Weltliches haftet, ist die geistige Umkehr eine schwierige Sache.

Wenn Ich vom Staub an eueren Füßen spreche (vergl. auch Mt. 10,14; Lk.10,11), meine Ich weniger den Zimmer- oder Straßenstaub. Ich meine damit vielmehr jene weltklugen Reden, die deinem alten Freund ganz ähnlich sind. Sie klingen zwar recht artig,

4.3. »Wissenschaft« oder »Glaubenschaft«?

verletzen niemanden und entsprechen dem allgemeinen Wissensstand. Aber die Unterhaltung ist dennoch nichts als leerer Staub, weil sie nur weltliche Themen behandelt und jede höhere Wahrheit vermissen läßt. Was aber der Straßenstaub dem irdischen Wanderer ist, das ist der eitle, weltkluge Wortstaub dem, der meine göttlichen Wahrheiten begriffen hat. Er trübt leicht das innere Auge und kann sogar das geistige Seelenleben ersticken. Zumindest verzögert er den geistigen Fortschritt. Denn wahrlich sage Ich euch: Solange an einer Seele noch *ein* welttümliches Atom klebt, kann sie nicht völlig in Mein Reich eingehen. Denn alles Weltliche ist das für die Seele, was das Gift für den Leib ist.

Petrus:
Herr, da wird es für uns nichts Leichtes sein, Dein Wort anderen Menschen zu verkünden! Denn wie wollen wir's erfahren, ob ein Mensch reif für Dein Evangelium ist?

Jesus:
Bist du denn blind und hörst nicht zu, was Ich sage? Hast du im vorigen Jahr nicht den reichen Jüngling gesehen? Er fragte Mich, was er tun solle, um das ewige Leben zu erreichen, und Ich sagte ihm, daß er die Gebote halten und Gott über alles und den Nächsten wie sich selbst lieben solle. Da beteuerte der junge Mann, daß er das schon seit seinen Kinderjahren getan habe. Ich aber sagte darauf: »Nun gut, willst du mehr, so verkaufe alle deine Güter, teile den Erlös unter die Armen auf und folge Mir nach, so wirst du dir einen großen Schatz im Himmelreich sichern!« Da wurde der junge Mann traurig, kehrte uns den Rücken und zog seines Weges. Ich aber gab euch dann das Gleichnis, wonach ein Kamel leichter durch ein Nadelöhr kommt (schmaler Nebeneingang am Haupttor von Jerusalem), als ein Reicher in den Himmel (Mt. 19,16 -24). Damals staunet ihr darüber und meintet, da dürften äußerst wenige ins Himmelreich gelangen. Und Ich sagte zu euch dazu, daß dem Menschen vieles unmöglich erscheint, was aber bei Gott noch immer möglich ist. (vergl. Mt. 19,19-26). Was hätten wir zum Bei-

spiel gewonnen, wenn wir damals mit aller Macht versucht hätten, den Jüngling zu Meinem Ratschlag zu überreden? – Gar nichts! Er hätte uns mehrmals seine weltklugen Gründe vorgetragen, derentwegen er selbst beim besten Willen nicht allen Besitz verschenken könne. Und wir wären nach mehreren Tagen so weit mit ihm gewesen, wie am Anfang.

Die da draußen in den Gaststuben sind alles Leute, die an und für sich ganz gutbürgerlich, ordentlich, gesittet und weltklug sind. Dadurch sind sie auch vermögend oder wohlhabend geworden. Aber für Mein Evangelium sind sie noch lange nicht reif und werden es in dieser Welt auch schwerlich je ganz werden! Daher sollet ihr künftig solchen Menschen Mein Wort besser nicht predigen, denn es wird bei ihnen keine Frucht bringen. Du, Petrus, hast dem reichen Bürger wirklich tüchtig die Wahrheit gesagt, gerade so, als hättest du sie aus Meinem Mund geredet! Welche Wirkung aber hatte sie bei ihm? Gar keine! Er spricht nun so unbeeindruckt mit seinem Geschäftsfreund, als hättest du nie mit ihm gesprochen. Das alles ist diesem reichen Mann so gleichgültig wie eine auf dem Weg zertretene Mücke. Er ist auf uns und unsere Hilfe doch gar nicht angewiesen. – Und gar viele sind seinesgleichen!

Seht, das sind so die typischen »Weltwühlschweine«, denen ihr Meine Perlen nicht vorwerfen sollet (vergl. Mt. 7,6). Denn diese kümmern sich um nichts anderes als nur darum, ob und was bei einer Sache materiell zu gewinnen ist. Darum hatte dir dein wohlhabender Freund auch vorgeworfen, dein gewinnträchtiges Gewerbe meinetwillen aufgegeben zu haben und mir gewissermaßen um nichts und wieder nichts gefolgt zu sein. Solange so ein Mensch ganz ruhig seinen Gewinn einstecken kann und ihn kein Geschäftsunglück ereilt, wird er stets in der besten und sogar freigiebigsten Laune sein. Solche Leute benehmen sind im allgemeinen auch gegen jedermann sehr höflich und gesittet. Lassen wir ihn aber bei einem Spekulationsgeschäft nur einmal so richtig untergehen, dann sieh dir deinen freundlichen Mann an! Fange an, mit ihm

4.3. »Wissenschaft« oder »Glaubenschaft«?

über innere, geistige Wahrheiten zu reden, und Ich sage dir, daß du schneller aus dem Zimmer hinausgeschafft wirst, wie du den Mund aufmachen kannst! Und sieh, deswegen habe Ich dich von deinem sonst sehr löblichen Eifer zurückgerufen. Denn bei derlei Menschen ist jedes innere, geistige Wort vergeblich.

Du hast ihm doch gesagt, daß diese starken Meereswellen allein durch Meinen allmächtigen Willen bewirkt wurden. Das ist sicher nichts Geringes! Aber welchen Eindruck hat die Botschaft auf ihn gemacht? Er hat nicht einmal nachsehen, ob das Meer noch in Bewegung ist. Du hast ihm auch zu verstehen gegeben, daß die Ungläubigen Mein Gericht treffen werde. Das kostete ihn höchstens ein kleines Lächeln, und er dachte bei sich: »O du armer Hungerleider, siehe nur du zu, daß dich nicht demnächst das Gericht des leeren Magens und der nackten Haut treffen wird!« – Sage Mir nun Simon, ob solchen Menschen Mein Wort zu predigen ist!

Petrus:
Da wäre ich ja um vieles lieber eines Griechen Schweinehirt, als einem solchen Menschen ein Prediger! Jetzt begreife ich erst Deinen vorjährigen Eifer im Tempel, als du denen mit Stricken und Knütteln gekommen bist! Diese Brut ist am Ende noch schlechter als der eifersüchtigste Pharisäer; denn jener hat doch wenigstens noch einen geistigen Anschein! (GEJ 6,59)

Gottes Geist ist nicht intellektuell
Gott zu Beginn des Diktats an sein Medium:
Der Geist des Herrn offenbart sich nie durch den Verstand der Gescheiten der Welt, sondern nur in und durch die Einfalt des Herzens denjenigen, die vor der Welt der Intelligenten als Toren gelten. Aber der Verstand der Gebildeten der Welt wird in kurzer Zeit dennoch zunichte vor der Einfalt der Ungebildeten. (HG 1, Vorrede S. 7)

4. Die Entwicklung vom Materiellen zum Geistigen

Intellektuelle Bildung verschlechtert oft den Charakter des Menschen

Jesus zu Pharisäern:

Die Wissenschaft auf dieser Welt ist für keinen Menschen von irgendeinem besonderen Nutzen, weil er durchs viele Wissen in seinem Herzen selten besser wird, oft aber schlimmer. Denn der Gebildete wird nicht selten stolz und hochmütig und schaut dann hochtrabend auf seine Brüder von seiner vermeintlich unerreichbaren Höhe herab. Suche du vor allem das Gottesreich in deinem Herzen und dessen Gerechtigkeit, um alles andere kümmere dich wenig. Denn dies samt der Weisheit der Engel kann dir über Nacht gegeben werden. (GEJ 1,162:7-8)

Eine nur materiell ausgerichtete Wissenschaft geht in die Irre!

Jesus zu Markus:

Um was du Mich nun fragen möchtest, weiß Ich bereits, und so will Ich dir die Frage ersparen und dir gleich die Antwort geben: Bei allem, was auf der Erde und auch auf allen anderen Weltkörpern geschieht, wirken im Hintergrund stets Geister mit. Das habe Ich euch ja schon gezeigt. In späteren Zeiten aber werden ohnehin viel zu viele Wissenschaftler aufstehen und alle Naturerscheinungen abwägen und untersuchen. Das mag zur Ausräumung von Irrtümern oder zur Bekämpfung des Aberglaubens sicher gut und nützlich sein. Aber es werden dennoch viele Forscher sich derart in ihrem Fachgebiet verirren, daß sie sich nur noch in der toten Materie herumtreiben und dabei die geistige Seite der Schöpfung aus den Augen verlieren . – Und das ist dann auch nichts Gutes mehr. (GEJ 8,96:11-12)

Bei den alten Ägyptern gab es zu den Zeiten der späteren Pharaonen auch viele solcher Naturforscher. Ihre geschriebenen Werke füllen noch jetzt große Säle, Schränke und Kästen. Du hättest wohl ein paar Jahrhunderte zu tun, um alle die Bücher und Rollen und Tafeln durchzulesen.

4.3. »Wissenschaft« oder »Glaubenschaft«?

Und siehe, die Seelen jener Wissenschaftler setzen auch jenseits ihr Forschen und Suchen fort, fallen von einem Irrtum in den anderen, lassen sich von den Engeln nicht belehren, verbleiben in ihrem Wahn und suchen die Ursachen immer noch in der Materie. Diese ist für sie aber gar nicht mehr da und sie plagen sich mit ihrer Scheinmaterie herum, die nirgendwo anders als nur in ihrer leicht veränderlichen Einbildung und Phantasie besteht. Ich frage da: Welcher Lebensnutzen erwächst daraus für sie? – Siehe, gar keiner. Denn solange sie in ihrem Wahn verharren, kann nie ein Lebensheil erblühen und zu einer reifen Frucht werden.

Aber jene Menschen, die es einmal in ihrer Selbsterkenntnis und damit auch in der Erkenntnis der wahren Naturkräfte weit gebracht haben, werden sich schließlich mit anderen Dingen beschäftigen: Geistige Menschen werden vor allem bestrebt sein, sich Gott immer mehr zu nähern und sich die Fülle des ewigen Lebens eigen zu machen. Denn nur das besitzt für den wahren Denker und Seher einen wirklichen Wert, was ihm ewig erhalten bleibt. – Laßt also die Winde wehen und die Wolken ihre Wege ziehen, und bewertet die Naturerscheinungen auf dieser Erde nicht höher als die des inneren Lebens. Denn die Früchte fürs ewige Leben werden nur aus den letzteren hervorwachsen. (GEJ 8,97:1-6)

Verstandesmenschen haben wenig Zugang zu göttlichen Wahrheiten

Gott zu Beginn des Diktats an sein Medium:
Wer dieses Werk liest und es wohl als eine geistige Eingebung betrachtet, aber im unklaren ist, ob es von einem Geist niederer oder höherer Art stammt, der ist noch blind, und die Decke des Weltverstandes verhüllt das Auge seines Herzens. (HG 1, Vorrede S.7)
Jene, die mit unbefangenem Sinn diese Schrift lesen, gelangen zu einer besseren Weltanschauung, und zwar ohne Hilfe von Gelehrten. Diese kommen wegen ihrer eitlen Verstandesprüfungen wohl

nie in die notwendige Tiefe der wirklichen Weltanschauung. (HG 1, Vorrede S. 9)

Jesus zu den Jüngern:
Nach den Gesprächen mit Johannes, Matthäus und Philopold über die Inkarnation verbietet Jesus den Anwesenden, von all dem, was sie hier gesehen und gehört haben, fremden Leuten etwas zu erzählen. Auch als Matthäus fragt, ob er das hier Gesprochene aufschreiben dürfe, untersagt er es ihm: Solche Botschaften könnten nur die hier anwesenden Zeugen verstehen. Würde aber all das in Büchern beschrieben, so könnte es die Welt nicht nur nicht fassen, sondern sie würde sich dazu auch noch ärgern und ihr würdet euch nur unbeliebt machen. Darum durfte Matthäus nur das aufzeichnen, was ihm Jesus ausdrücklich erlaubte (vergl. Jh. 21,25).
Auf den Einwand des Johannes, die Welt bekäme aber auf diese Weise nur lückenhafte Dokumente vom Leben und Wirken Jesu, es entstünden Zweifel und solche Bruchstücke würden lediglich als Werk priesterlichen Eigennutzes angesehen, sagt Jesus: Das ist aber eben das, was Ich für die eigentliche Welt, die ein Haus des Satans ist, haben will. Denn ob ihr einer Sau Maiskörner oder edle Perlen vorwerft, sie wird sie nicht voneinander unterscheiden können. Es ist daher besser, die Botschaft wird der Welt in verhüllter Form gegeben, und sie wird sich dann bloß um die Hülle balgen. Der innewohnende Lebenskern aber bleibt unversehrt. Wenn aber die Zeit gekommen ist, werde Ich schon von neuem Menschen erwecken und ihnen all das kundgeben, was hier geschehen ist und was die unverbesserliche Welt zu erwarten hat. Wie aber das alles geschehen wird, das werde Ich dir, Johannes, vom Himmel aus in verhüllten Bildern offenbaren! (GEJ 1,216:9-15)

4.3. »Wissenschaft« oder »Glaubenschaft«?

Die ägyptischen Pyramiden waren Schulen der Weisheit
Jesus zu Roklus:
Die Pyramide war von der Außenwelt ganz abgeschlossen und innen so gestaltet, daß der Mensch angehalten war, in sich zu gehen um sein geistiges Lebenslicht zu finden. Für diesen Zweck war es in den weiten Gängen einer solchen Pyramide ganz dunkel, und es wurde nicht eher hell, bis der Mensch mit seinem Innern Lebenslicht alles zu beleuchten anfing. Dies mag zwar etwas seltsam klingen, trotzdem ist es so. Denn wenn sich einem Menschen das innere Auge seines Gemüts öffnet, gibt es für ihn auf der Erde keine Finsternis mehr. Einen Beweis dafür liefern die sehr sensitiven und hellsichtigen Menschen. Diese sehen mit geschlossenen Augen um vieles mehr als andere mit offenen. Sie sehen durch die für andere undurchsichtige Materie hindurch und durchschauen sogar die Sterne. Wie man aber in den Zustand der Hellsicht kommen kann, das wurde innerhalb der Pyramiden gelehrt und oft geübt.
Inzwischen sind diese Weisheitsschulen Ägyptens eingegangen und bestehen in dieser Art schon lange nicht mehr. Schon zu Moses Zeiten hat es darin zu hapern angefangen, indem man nur einen oberflächlichen Unterricht erteilte. Ein Plato und ein Sokrates waren so ziemlich die letzten, die von der inneren Lebensschule noch Kenntnis hatten. Deshalb bin ja Ich in das Fleisch dieser Welt gekommen, um euch Menschen eine bessere Lebensvorschrift zu geben, nach der sich jeder in die höchste Lebensweisheit versetzen kann. Und diese Vorschrift lautet kurz und bündig: »Liebe Gott aus allen deinen Kräften über alles und deinen Nächsten wie dich selbst!« Wer das übt und tut, der ist Mir gleich und wird dadurch die volle Weisheit erlangen. (GEJ 5, 72:3 ff.)

4.3.2. Vom Entwicklungsvorteil »schlichter Gemüter«

Ungebildete kommen eher zur göttlichen Wahrheit als Gescheite

Gott zu Beginn des Diktats an sein Medium:
Wer also dieses Werk mit wahrem Nutzen für seine Seele lesen will, der lese es in aller Einfalt seines gottergebenen Herzens und setze keinen Zensor nach weltmenschlicher Weise darüber, sondern achte nur auf einen sorgsamen Hauswirt seines Herzens. Auf diese Weise wird er alles in Hülle und Fülle vorfinden, was aber so manchem hochgelehrten Leser verborgen bleibt. (HG 1, Vorrede S. 9)
Halte sich daher bei diesem Werk niemand an das Urteil der Welt, die nur das zuläßt, was ihrer Art entspricht, sondern allein an die Stimme des Herzens der Glaubenden! Diese werden jedermann vor den Augen des guten Gebers ein richtiges Urteil abgeben. Der Verstand der Wissenschaftler aber wird sich daran vielfach stoßen. (HG 1, Vorrede S. 7)

Herz und Gemüt sind die Eingangspforten für göttliche Wahrheiten

Jesus zu Lazarus und Agrikola:
Selig seid ihr, die ihr nun das sehen und hören dürft, was alle Patriarchen und Propheten immer schon sehnlichst zu sehen und zu hören wünschten. Aber die Zeit war damals noch nicht reif. Als Geistwesen sehen und hören sie das nun auch, und freuen sich darüber. Doch zu Lebzeiten blieb es ihnen verborgen; und so wird es auch bei künftigen Generationen sein. Für euch aber ist es nun ein leichtes, zu glauben und danach zu handeln, denn ihr seid Augen- und Ohrenzeugen von all dem, was auf dieser Erde noch nie ein Menschenauge gesehen oder ein Ohr gehört hat. Künftig aber werden nur jene selig werden, die nicht sehen und doch glauben und auch danach handeln. Deshalb wird deren Lohn im Jenseits noch höher sein.

4.3. »Wissenschaft« oder »Glaubenschaft«?

Die Jünger:
Wenn Du in Zukunft für niemanden mehr sichtbar sein wirst, wie willst Du denn dann bei den Deinen bis ans Ende der Zeiten bleiben?
Jesus:
Das war einmal wieder eine ausgesprochen dumme Frage von euch! Was habe Ich euch schon Vieles und Großes verkündet und gezeigt, und trotzdem versteht ihr immer noch wenig von der verborgenen Weisheit Gottes! Ich kann doch nicht ewig im Fleisch auf dieser materiellen Welt bleiben. Auch habe Ich euch schon wiederholt gesagt, was Mir hier auf Erden noch widerfahren wird, damit das Sündenmaß der Juden voll werde und das Gericht über sie komme. Und ihr fragt mich noch immer, gerade so wie ein Blinder nach den Farben des Lichts fragen kann, wie Ich mich denn künftig den Meinen zeigen werde. So sage Ich es euch eben noch einmal: Ich werde im Geist, im Wort und in der Wahrheit bei den Meinen verbleiben. Wer nach Meiner Lehre lebt und nach den verborgenen Wahrheiten forscht, dem werde Ich Mich durch das Herz offenbaren und Meine Worte in sein Gemüt legen. Jene, die mich über alles lieben, werden Mich sogar persönlich für Augenblicke zu sehen bekommen. In Meinem Namen erzogene Männer und Frauen werden Erscheinungen haben, in denen ihnen Meine Wesenheit, die Himmel und das ewige Leben ebenso erklärt wird, wie das Schicksal der Ungläubigen. (GEJ 8,55:12-15)

Zum Glauben nicht zuviel kritischen Verstand einschalten!
Ein Schriftgelehrter zu Jesus:
Meister, warum hast denn du nicht auch unsere Wohnungen so vor dem Feuer beschützt, wie diese Synagoge?
Jesus:
Warum habt denn ihr nicht auch so geglaubt wie dieser euer Kollege hier?

Der Schriftgelehrte:
Wir konnten uns doch nicht zum Glauben zwingen! Um glauben zu können, gehört eine größere Überzeugung als die, die wir über dich bisher haben konnten. In dieser von allerlei Zauberern und Wundertätern strotzenden Zeit ist es schwer – besonders für einen alten Schriftgelehrten –, die Wahrheit aus dem vielen Okkulten herauszufinden und dann auch noch zu glauben.
Jesus:
Wer zwang denn eueren Gefährten zum Glauben, und wie fand denn er aus den vielen falschen Erscheinungen die Wahrheit heraus? Seht, das liegt nicht am Verstand des Menschen, sondern an der Einstellung seines Herzens! (GEJ 9,77:1-4)

Gläubige brauchen keine Wunder
Ein römischer Oberst zu Jesus:
Freund, wenn du dich auf die Heilkunde verstehst, so heile doch meine Frau! Sie leidet nämlich bereits ein volles Jahr an einem verborgenen Leiden und kein Arzt kann ihr helfen.
Jesus:
Dein Weib ist schon gesund, sieh nach!
Jesus (erzählend):
Der Soldat sendet sofort einen Diener zu sich nach Hause um nachzuschauen. Diesem kommt des Obersten Frau schon an der Türschwelle gesund entgegen und macht sich gleich auf den Weg zu uns. Ihr Mann ist über alle Maßen erstaunt und sagt zu Mir: »Freund, Du mußt ein Gott sein!«
Jesus dann wieder zum Oberst:
Ihr Menschen seid doch alle gleich. Wenn ihr nicht Wunder seht, glaubt ihr nicht. Aber du bist nun dennoch selig, weil du auf das Zeichen hin doch noch geglaubt hat. Wenn aber jemand trotz den Wundern, die Ich verrichte, nicht glaubt, ist dem geistigen Tod verfallen. Künftig aber werden nur jene Menschen selig werden können, die auch ohne Wunder, und nur aufgrund der Wahrheit Meiner

Lehre glauben werden und danach leben. Diese werden dann in ihrem Herzen das wahre lebendige »Wunder« erkennen, welches »ewiges Leben« heißt, und man wird es ihnen nicht mehr nehmen können. (GEJ, 1,71:1-5)

Agrikola zu Jesus:
Höre, großer Meister, ich brauche keine Wundertaten von Dir sehen. Allein wie Du sprichst, sagt mir, daß in Dir ein göttlicher Geist wohnen muß! Ohne ihn kann kein Mensch so weise reden. Denn bei uns Zuhause gibt es ein Sprichwort, das da heißt: »Sine afflatu divino non existit vir magnus«, also: »Ohne göttlichen Anhauch gibt es keinen großen Mann«. – Habe ich recht?
Jesus zu den umstehenden Jüngern:
Da seht Mir diesen Heiden an gegenüber den Juden! Obwohl diese behaupten, Gott sei ihr Vater, genügen ihnen all die großen Wunder nicht, die Ich vor ihren Augen und Ohren schon so oft gewirkt habe. Und dieser Heide erkennt Mich aus Meinem bloßen Wort! – Darum sage Ich es euch Juden da unten in der Stadt: Das Licht des Himmels wird euch genommen, und den Heiden gegeben werden! Dir aber, Mein lieber Agrikola, werde Ich dennoch ein Zeichen wirken, weil du Mir auch ohne glaubst. (GEJ 6,188:1-5)

Über den Glauben besser zur Wirklichkeit des Daseins
Jesus zu den Jüngern:
Das merkt euch: Es ist immer einfacher, die Menschen über den Weg des Verstandes von etwas zu überzeugen, als sie über ihr Gemüt zum Glauben zu bewegen. Darum sollt ihr auch auf die Begründung eines lebendigen Glaubens ein größeres Augenmerk legen, als auf pures Verstandeswissen. Denn die Wirklichkeit des Lebens findet ihr im Wissen allein nicht, wohl aber im reinen und durch die Werke der Liebe belebten Glauben. Wissenschaftliche Erkenntnisse sind lediglich ein Ablicht aller Dinge dieser Erde, die aber vergänglich ist, wie alles im Universum. Aber die Dinge des

Glaubens entsprechen der Wahrheit und Erleuchtung aus dem Himmel. Sie sind eine lebendige Wahrnehmung des Gemüts, der Seele und ihres Geistes, sind unsterblich und unvergänglich. Darum sage Ich euch: Dieser für euch sichtbare Himmel, bestehend aus Mond, Sonne und all den Sternen, wird einmal vergehen, aber Meine Worte und der an sie glaubt, werden nicht vergehen. (vergl. Mt. 24,35; Mk. 13,31; Lk. 21,33; Mt. 5,18; Jes. 51,6; GEJ 1,165:10; 9,94:17; 10,104:10; 10.110:5 & 35-37).
Das heißt aber nicht, daß ihr alle Botschaften, die über die Wissenschaft kommen, ignorieren sollt. Hat aber der Mensch einmal durch sie von einem wahren Sachverhalt eine gesicherte und verläßliche Kunde erhalten, soll er sich dann allerdings nicht mehr mit der puren Wissenschaft begnügen, sondern die Erkenntnisse in den lebendigen Glauben aufnehmen und nach ihren Grundsätzen handeln. Tut er das, wird ihm solches Wissen auch etwas nützen. (GEJ 9,132:12-15)

Sich im Glauben nicht beirren lassen!
Jesus zu den Jüngern:
Der Menschen Weltverstand begreift die inneren Dinge des Geistes und der hintergründigen Wahrheit nicht. Er hält jene für Narren, die ihm davon berichten, und bekämpft sie sogar. Ihr aber sollt euch nichts daraus machen und die göttliche Wahrheit so lehren, wie sie euch von Mir ins Herz und in den Mund gelegt wird. Auf diese Weise werdet ihr am Ende für Mein Reich viele und gute Früchte sammeln und euer Lohn wird im Jenseits groß sein. (GEJ 9,132:16)

Glauben ist besser als Forschen
Jesus zu den Jüngern:
Eine suchende und forschende Seele bekommt sicher im Himmel ihren gerechten Lohn. Besser aber ist es, wenn sie die göttlichen Wahrheiten einfach glaubt und danach lebt. Denn dadurch vereint

4.3. »Wissenschaft« oder »Glaubenschaft«?

sie sich durch die Liebe mit Mir und erlangt in kurzer Zeit mehr Weisheit, als sie auf dem Weg eigenen Forschens in hundert Jahren erwerben könnte. Dennoch sollte eine frommgläubige Seele das Suchen und Forschen nach der tieferen Wahrheit der Welt nicht vernachlässigen. Denn jeder sollte zuerst alles prüfen, was er von den Mitmenschen vernimmt, und dann das Gute und Beständige behalten. Die Lehre aber, die direkt von Mir stammt, braucht der Mensch nicht kritisch zu prüfen, sondern er kann sie unbesorgt glauben.

Jeder, den es wahrhaft nach Mir als der ewigen Wahrheit dürstet, sollte den Weg der Liebe wählen. Denn mit ihr kommt auch der Geist der Wahrheit unfehlbar hinzu. Darum ist es besser, sich Mir durch die Liebe zu nahen als durch forschen. Wer Gott suchen will, der sollte Ihn mit dem eigenen, liebenden Herzen suchen; dann wird er Gott und Sein Reich leicht und bald finden. Auf jedem anderen Weg ist es schwerer und in dieser Welt oft gar nicht möglich. (GEJ 9,37:1-2)

Vom Wert der Gleichnisse und Bilder
Gott zu Beginn des Diktats an sein Medium:
Bildersprache und Gleichnisse zeugen nie von der Einfalt einer Schrift, sondern dienen dem leichteren Verständnis eines einfältigen Herzens und ermöglichen ein leichteres Zurechtfinden in solch einer Schrift. Alles andere aber, die unbeholfene Sprache und jahrtausendealte Gleichnisbilder sind ebensowenig Einfalt wie der Verstand der Studierten. Was aber die erforderliche Ruhe, Umsicht und Tiefe in der Weltanschauung betrifft, so ist das alles in diesem Buch vorhanden, obwohl der kritische Weltverstand solches vermissen mag. Denn was dem Herzen die Ruhe geben kann, das muß selber Ruhe in Fülle haben. Dem Verstand aber kann es freilich keine Ruhe geben, weil dieser für die Ruhe nicht aufnahmefähig ist und daher in einer Schrift ebensowenig die Ruhe finden kann wie ein Strom, bevor er nicht das Meer erreicht hat. Würde der

Verstand der Wissenschaftler sich aber demütigen und von seiner vermeinten Höhe sich in das schlichte Lebenskämmerlein des Herzens hinabbegeben, könnte auch er dort durchaus Ruhe, Weitblick und Weisheit finden. (HG 1, Vorrede S. 8)

Es wird sich ein Wandel im Gottesglauben vollziehen
Der Jünger Andreas zu Jesus:
Du sagtest uns abermals von einer zweiten Ankunft auf dieser Erde und stelltest am Ende die Frage, ob Du dann unter den Menschen auch noch Gläubige finden würdest.
Jesus:
Was Meine Frage nach dem Stand des Glaubens bei künftigen Zeiten betrifft, wenn der Menschensohn wieder auf diese Erde kommen wird, sage Ich euch, daß Er dann insgesamt gesehen noch weniger Gläubige finden wird als jetzt. Denn in jenen Zeiten werden es die Menschen durch Forschen und Rechnen in vielen Wissenschaften und Künsten sehr weit bringen. Sie werden dann mittels der euch jetzt noch unbekannten, in der Natur verborgenen Kräfte Wunderbares zustande bringen und sagen: Seht, das ist Gott, sonst gibt es keinen!« Der Glaube an den einen Gott wird demnach so gut wie erloschen sein.
Auf der anderen Seite wird sich ein anderer, ebenfalls großer Teil der Menschen in einem großen Aberglauben befinden. Diese Menschen werden dereinst in den Mächtigen der Welt eine Zeit lang ihre Lehrer und Beschützer haben. Aber die Wissenschaften werden diesen Aberglauben aufdecken und dadurch die Machthaber der Erde in große Verlegenheit bringen. Mit Hilfe intellektueller Aufklärung werden die auf lange Zeiten dumm gehaltenen Völker erkennen, daß sie nur zur Machterhaltung ihrer ungläubigen Beherrscher ausgebeutet wurden. Sind die dumm Gehaltenen aber erst einmal durch die Wissenschaftler und Künstler aufgeklärt, werden sie auch zu deren Anhänger. Und wenn Ich da kommen und sagen würde: »Hört, ihr Völker der Erde. Ich bin nun wieder

4.3. »Wissenschaft« oder »Glaubenschaft«?

gekommen um euch von neuem den rechten Weg zum ewigen Seelenleben zu zeigen«; was würden dann die jedes Glaubens baren Menschen dazu sagen? Sie werden Mir zur Antwort geben: »Freund, wer du auch seist, laß ab von dem alten, überholten und glücklicherweise vergangenen Aberglauben, in dessen Namen viel unschuldiges Blut geflossen ist! Ist der sogenannte »gute Vater im Himmel«, den wir nicht kennen und nach dem wir auch kein Verlangen haben, ein so blutrünstiger Gott, verzichten wir gerne auf ihn, denn wir brauchen keine derartige Lebenslehre mehr, die statt des verheißenen Gottesreiches dem Menschen nur die schlimmste Hölle auf Erden gebracht hat. Wir halten uns lieber an die Wissenschaften und Künste und leben so wenigsten in Frieden und Ruhe. Dies zugegebenermaßen zwar nur zeitlich, aber uns ist ein diesseitiges, aber friedvolles Leben lieber, als ein unsicherer Himmel.«
Ihr werdet nun mit Recht nach den Schuldigen fragen. Etwa die Hölle? Herr, so vertilge sie! Oder etwa die falschen, eigennützigen Propheten, unter deren Deckmantel ungerechte und kriegerische Herrscher wie Pilze aus dem Boden schießen? Herr, so laß doch solche falschen Propheten niemals aufkommen! Willst Du es aber selbst so haben, muß Du es auch hinnehmen, wenn Du bei Deiner abermaligen Wiederkunft auf dieser Erde keinen Glauben mehr vorfindest.«
Dazu ist folgendes zu sagen: Zwar urteilt hier der kurzsichtige Menschenverstand nach seiner Einsicht ganz richtig, und es läßt sich von der diesweltlichen Seite auch nicht viel dagegen einwenden. Aber Gott, als der Schöpfer und ewige Erhalter aller Dinge und Wesen, hat mit seiner erschaffenen Welt da ganz andere Ansichten und Pläne. Und so weiß Er auch am besten, warum Er dies und jenes unter den Menschen dieser Erde zuläßt. Am Ende wird dann aller Aberglaube mit den Mitteln der Wissenschaft und Künste weggeräumt sein, wodurch es wohl zu einer verbreiteten allgemeinen Glaubensleere unter den Menschen kommt.

Dieser Zustand wird aber nur für eine verhältnismäßig kurze Zeit dauern. Dann aber ist die Zeit gekommen, in der Ich den alten »Baum der Erkenntnis« neu segnen werde, und der Baum des Lebens im Menschen wird durch ihn wieder zu seiner alten Kraft gelangen. Dann wird es nur noch einen Hirten und eine Herde geben (vergl. Jh. 10,16). Einen Glauben wie den jetzigen werde Ich in jenen künftigen Zeiten wohl nicht mehr vorfinden, wohl aber einen anderen! Worin dieser aber bestehen wird, davon könnt ihr euch jetzt noch keine Vorstellung machen. (GEJ 9,89)

4.4. Schicksal aufgrund freien Willens

Vorbemerkung

Im Gegensatz zur landläufigen Meinung, Schicksal käme von außerhalb und sei eine Strafe Gottes, erfahren wir in diesem Kapitel, daß sich jeder einzelne Mensch durch sein Verhalten das Schicksal selbst erwirkt. Dies gilt nicht nur für ihn, sondern auch für ein ganzes Volk (vergl. GEJ Band 7 Kapitel 52). Übrigens kommt das Wort »Schicksal« aus dem Althochdeutschen und bedeutet »geschicktes Heil«, zusammengesetzt aus dem Verb »schicken« und »Salmann« (= Heiler). Auch bei diesem Thema kommt wiederum die Tragweite des freien Willens zum Ausdruck: Der Mensch unterscheidet sich vom Tier ja nicht nur dadurch, daß er zwischen Böse und Gut und damit zwischen Weltliebe und Gottliebe differenzieren, sondern vor allem dadurch, daß er zwischen diesen beiden Seiten frei wählen kann. Diese Eigenschaft macht den eigentlichen *freien Willen* des Menschen aus, steht aber nicht in Konkurrenz zur schicksalhaften Vorbestimmtheit, die im Rahmen von Seelenentwicklung und -wanderung (Inkarnation) karmischer Natur ist.

Gingen Jesu Lehren zu sehr ins Esoterische, etwa wenn seine Zuhörer das Okkulte im Menschen ansprachen, konnte er den Fragen auch ausweichen mit dem Hinweis, die Menschen verstünden den tieferen Sinn ohnehin nicht. Mitunter untersagte er sogar seinen Jüngern ausdrücklich, das gesprochene weiterzuerzählen oder aufzuschreiben. So verbot Jesus den Anwesenden – beispielsweise nach Gesprächen mit Johannes, Matthäus und Philopold über die Inkarnation (GEJ Band 1 Kapitel 216) – das, was sie gesehen und gehört hatten, Nicht-Eingeweihten weiterzuerzählen: »Solche Botschaften könnten nur die hier anwesenden Zeugen verstehen. Würde aber all das in Büchern beschrieben, so könnte es die Welt nicht nur nicht fassen, sondern sie würde sich dazu auch noch ärgern und ihr machtet euch nur unbeliebt.« (Das gilt wohl auch für mich in diesem Buch!!) Darum durfte der schreibkundige Matthäus nur das notieren, was ihm Jesus ausdrücklich erlaubte. Oder in Band 6 Kapitel 61 sagt der Messias:

4. Die Entwicklung vom Materiellen zum Geistigen

»Wer von euch das fassen kann, der fasse es, behalte es aber für sich! Denn es ist nicht allen gegeben, die Geheimnisse des Gottesreiches zu begreifen. Wenn ihr jedoch jemanden findet, der dazu die geistige Reife hat, dem könnt ihr nach und nach diese Geheimnisse offenbaren, aber auch nur für ihn selbst.«

Nur vor diesem Hintergrund ist es zu erklären, warum Jesus die große Bedeutung der Zeitqualität im Zusammenhang mit seelischer Entwicklungsstufe und Schicksalhaftigkeit nicht ausführlicher behandelte. Bekanntlich vertritt die Astrologie der alten ägyptischen und babylonischen Weisen die empirische Lehre, wonach der Stand der Sterne und Planeten die Qualität der Zeit widerspiegelt. Die Gestirne selbst bewirken zwar nichts, fungieren aber als Zeigeinstrumente für die Zeitqualität und geben damit in Zusammenhang mit dem Geburtshoroskop (= Blick in die Stunde) Auskunft über den Charakter eines Menschen.

Betrachtet man den Gesamtumfang des Großen Evangeliums Johannes (GEJ), ging Jesus nur am Rande auf solche Dinge ein. So etwa, wenn es im Band 7 Kapitel 92 heißt: »Es hat der Reiche seine Zeit, reich zu sein und mit seinem Überfluß den Armen Barmherzigkeit zu erweisen (vergl. auch Mt. 5,42; Lk. 6,30 & 34), und der Arme hat seine Zeit, sich in der Geduld zu üben und seine Not und sein Elend Gott aufzuopfern. Es war aber unsere arme Beispielsfamilie einstens (in früheren Leben) auch wohlhabend und hart gegen andere. Nun aber hatte sich das Blatt ihres irdischen Glückes zum Heile ihrer Seelen notwendigerweise wenden müssen.« Oder in Band 2 Kapitel 9: »Denn diese von Gott bestellten Regenten der Völker müssen das sein, was sie sind. Sie können nicht anders, als den Willen des allmächtigen Gottes zu tun, um letztlich das Wesen ihrer Völker schicksalhaft zu bessern.«

Die Astrologie selbst wird von Jesus zwar nicht abgelehnt, er spricht sich allerdings insofern gegen sie aus, als damit zum einen dem antiken Götterkult gehuldigt wird, zum anderen den Leuten Geld aus der Tasche gezogen werden soll. In Band 9 Kapitel 139 kritisiert er: »Die Priester nutzten schon immer alle außergewöhnlichen Erscheinungen am Himmel dazu, den Menschen Angst ein-

4.4. Schicksal aufgrund freien Willens

zujagen mit dem Ziel, sie dadurch zu Almosen, Opfern und anderen Bußwerken zu bewegen.«

Eines blieb mir beim Studium und der Sichtung des Großen Evangeliums Johannes (GEJ) nach wie vor unverständlich:
◊Jesus tut in seinen Belehrungen so, als ob jeder dieselben angeborenen Voraussetzungen darin hätte, religiös zu werden und zwischen den Ablenkungen der Welt, Gott auch zu finden. Dem ist, angesichts der ausgeprägten Weltliebe der meisten Menschen, bei weitem nicht so! Solches ist ja auch astrologisch über die individuellen Veranlagungen – angezeigt durch die Geburtsminute – leicht nachweisbar. So hat bei weitem nicht jeder laut Zeitqualität im Geburtshoroskop ein überwiegend vom Element »Wasser« (= hilfsbereit, gefühlsbetont, religiös) geprägtes Charakterbild. Noch viel weniger Menschen sind fische- bzw. neptunbetont (= selbstlos, aufopfernd, feinfühlig, nächstenliebend) und tragen somit die »heiligen« Charakterzüge eines Pater Maximilian Kolbe oder einer Mutter Theresa. Meines Erachtens können die Menschen gar nicht anders, z.B. religiöser sein, als sie eben sind.

Für mein Empfinden stellt der Messias viel zu hohe Ansprüche an die »Weltkinder«. Denn nach meiner Lebenserfahrung interessieren sich die allerwenigsten meiner Zeitgenossen für religiöse Themen. Und wenn überhaupt, dann nur hinsichtlich ritueller Dienstleistungen durch die Amtskirchen bei Familienfeiern (Taufe, Erstkommunion bzw. Konfirmation, Hochzeit, Begräbnis). Dies reicht aber – sehen wir uns die Quintessenz dieser Neuoffenbarung an – bei weitem nicht aus, um in der Seelenbildung jene Fortschritte zu machen, die Jesus immer wieder kompromißlos fordert. Insbesondere scheinen weise Lehren geradezu ein Tabu in der Gesellschaft zu sein: Im täglichen Leben zeigt sich dies im Ausweichen vor tiefergehenden religiösen Fragestellungen oder gar in der gänzlichen Ablehnung religiöser Themen. Hier können die Menschen nur auf die Antwort Jesu auf die Frage der Jünger, wer dann überhaupt noch selig werden könne, hoffen: »Bei Menschen ist dies unmöglich, bei Gott aber sind alle Dinge möglich« (Mt. 19,25-26).

Der Zweite Teil dieses Kapitels handelt von den Krankheiten. In den Ausführungen Jesu zu deren Ursachen kommt die Bedeutung des Entwicklungszustandes der Seele und damit ebenfalls Schicksalhaftes zum Ausdruck. So ist allein die Seele für die Gesundheit des Leibes verantwortlich und Krankheiten haben immer seelische Ursachen. Auch erfahren wir beispielsweise, daß eine bewußte Abkehr von Gottes Ordnung der Grund vieler Leiden ist, daß nicht jedem Kranken geholfen werden kann bzw. soll, oder daß chronische Krankheiten den Menschen vor einem seelischen Rückfall bewahren können.

4.4.1. Zeitqualität, Vorsehung und Esoterisches

Alles hat zum richtigen Zeitpunkt zu erfolgen

Simon Petrus zu Jesus:
Herr, sieh doch, wie diese Magier nach Dir seufzen! Warum zeigst Du Dich ihnen noch immer nicht?
Jesus:
Das weiß schon Ich, und du hast dich darum nicht zu kümmern! Weißt du denn noch nicht, daß auf dieser Erde alles seine Zeit hat und haben muß? Auch Ich habe das Bedürfnis, Mich diesen dreien zu Erkennen zu geben. Aber die ewige Weisheit gebietet: Nicht vor der rechten Zeit! Denn nur um einen Augenblick früher, und es wäre so manches verdorben, was dann erst durch eine lang andauernde Willensfreiheitsprobe wieder gutgemacht werden könnte. Es reicht, wenn die Schwachheit der geschaffenen Menschen oft sündigt. Da braucht nicht auch noch der Meister der göttlichen Ordnung Sich außerhalb seines eigenen Gesetzes stellen. (GEJ 7,109:1-2)

Die Menschen erwirken ihr Schicksal selbst

Jesus zu Nikodemus und Agrikola:
Die sogenannte »Bestimmung« ist nicht so zu verstehen, daß Gott schon vorher für jeden Menschen festlegt, was in seinem Leben auf ihn zukommt. Vielmehr machen sich die Menschen ihr Schicksal

4.4. Schicksal aufgrund freien Willens

selbst, und zwar durch die Verkehrtheit ihres freien Willens. So kommen sie auf Abwege mit allen Konsequenzen. Das Schicksal erwirkt sich also jeder einzelne Mensch selbst und Gott läßt es lediglich zu. Dies gilt nicht nur für den einzelnen Menschen, sondern auch für ein ganzes Volk. Es ist und bleibt der Selbstschöpfer seiner zeitlichen und seiner ewigen Schicksale.

Zwar hat Gott nicht schon von Ewigkeit her bestimmt, was Ich euch durch die Erscheinungen gezeigt oder vorausgesagt habe. Dennoch wird alles so geschehen, weil es die Menschen so wollen und weil sich ein mächtiger Teil in ihnen in Umnachtung und Hölle befindet. Mehr als das, was Ich bisher gesagt und für euch getan habe, kann Ich unter Belassung eueres freien Willens nicht tun. Wem da nicht die Augen aufgehen, und wer sich danach nicht kehrt, den trifft eben das Gericht (Verderben) als letztes Mittel. Die unbekehrbaren Menschen wollen es so.

Nikodemus zu Jesus:

Da ist es aber um die Menschheit schlecht bestellt. Wenn Gott selbst solchen Menschen nicht gegen ihren Eigensinn helfen kann, wer soll ihnen dann noch helfen?

Jesus:

Aus seiner ewigen Ordnung heraus will Gott beim Menschen in bezug auf seine geistige Entwicklung bewußt nicht lenkend einwirken. Täte er das, so würde der Mensch zur toten Maschine und könnte nie zu Selbständigkeit gelangen.

Ein Beispiel: Wenn Ich einen Raubmörder plötzlich zu einem Engel des Lichtes umgestalten würde, ginge sein inneres Selbst zugrunde. Denn seine Neigung und sein Lebensinhalt ist nun mal Raub- und Mordlust. Nimmt man ihm dieses, so ist er gewissermaßen tot und hat aufgehört, zu sein. Dennoch kann sich ein solcher Mensch bessern, und zwar gerade durch den schlimmen Zustand, in den er sich selbst hineinbegeben hat. – Des Menschen Seele fängt nämlich erst dann an, über den Grund ihres unglücklichen Zustandes nachzudenken, wenn sie sich bereits in seelischer Not befindet. Erkennt die Seele aber einmal den Grund ihrer Gottferne, dann hat sie auch bald den Wunsch, ihren schlimmen Zustand loszuwerden. Sie besinnt sich dann auf Mittel und Wege, sich aus dieser Not zu lösen. Ist dann die Seele einmal soweit, wird sie auch fähig, Erkenntnis in sich aufzunehmen, das ihr von oben her durch geeignete Mittel geboten wird. Ergreift die Seele die ihr gebotenen Mittel, wandelt sich ihre ehemals böse Neigung langsam zur guten. Es wird lichter und lichter in ihr, und sie geht wie von Stufe zu Stufe einer höheren Lebensvollendung entgegen. Das aber ist nur durch die Zulassung des »Gerichtes« möglich. (GEJ 7,52:1-11)

Zugelassene Schicksalsschläge dienen der seelischen Reifung
Jesus zu den Jüngern:
Gott lieben heißt, seine Gebote halten, auch unter Schicksalsschlägen. Diese kann Gott in Seiner Liebe und Weisheit über die Menschen zur Stärkung ihrer Seele kommen lassen. Denn nur Gott allein kennt den Zustand der Menschenseele und weiß am besten, wie ihr weiterzuhelfen ist. (GEJ 9,37:7)

Armut und Reichtum zu seiner Zeit erfahren
Einer von 70 Zuhörern:
Allen Menschen, die Not leiden, sollte von Gott geistig und leiblich geholfen werden.
Jesus:
Mein Freund, möglich wäre alles, aber aus vielen weisen Gründen nicht gut. Es gibt eine Menge bedürftiger und mit allerlei Übeln behafteter Menschen, denen du sicher gerne helfen möchtest, aber es wäre nicht jedem wirklich gedient. Ja, da geht es einer armen Familie schlecht: Sie hat keine Arbeit, kein Dach über dem Kopf, kein Brot und leidet Hunger und Durst. Sie bettelt von Haus zu Haus und erhält oft kaum das Nötigste, während andere im Überfluß leben und den Armen nichts davon abgeben. – Da würdest du wohl beim Anblick einer solchen harten Begegnung sagen: »All-

4.4. Schicksal aufgrund freien Willens

mächtiger Gott, kannst Du so eine himmelschreiende Unbarmherzigkeit ungestraft geschehen lassen? Vernichte solche Menschen doch mit Blitz und Feuer aus Deinem Himmel!« – Und Gott würde deiner Bitte dennoch kein Gehör schenken. Ja, warum eigentlich nicht?

Siehe, nach dem weisen Ratschluß Gottes muß alles seine Zeit haben auf dieser Erde, auf der die Menschen zur Kindschaft Gottes heranreifen sollen. Es hat der Reiche seine Zeit, reich zu sein und mit seinem Überfluß den Armen Barmherzigkeit zu erweisen (vergl. Mt. 5,42; Lk. 6,30 & 34), und der Arme hat seine Zeit, sich in der Geduld zu üben und seine Not und sein Elend Gott aufzuopfern. Gott wird dem Armen bald auf die für sein Seelenheil beste Art helfen und ebenso den harten Reichen zur rechten Zeit züchtigen. Denn es ist der Reiche wie der Arme zur Kindschaft Gottes berufen.

Es war aber unsere arme Beispielsfamilie einstens (in früheren Leben) auch wohlhabend und hart gegen andere. Nun aber hatte sich das Blatt ihres irdischen Glückes zum Heile ihrer Seelen notwendigerweise wenden müssen. Würdest du ihr nun plötzlich helfen, so würde sie bald übermütig werden und sich an jenen rächen, die ihr mit Härte begegnet sind. Wenn sie aber einmal in der Geduld geprüft wurde, so wird ihr nach und nach, und zwar so unmerklich wie möglich, geholfen werden. Sie wird darin die Fürsorge Gottes besser erkennen, als wenn man sie von heute auf morgen in Wohlstand versetzte.

Aber auch der harte Reiche wird nach und nach in einen mißlicheren Zustand versetzt werden. Er wird bald da, bald dort in seinen Spekulationen einen Mißgriff machen, eine schlechte Ernte haben, Schaden bei seinen Herden erleiden, er wird entweder selbst krank werden oder seine Frau oder eines seiner Kinder. Kurz, es werden harte Schicksalsschläge über ihn kommen. Geht er in sich und erkennt er sein Unrecht, so wird ihm auch wieder geholfen werden. Zeigt er aber keine Reue, so wird er um alles kommen, und dann auch den Bettelstab oder noch Schlimmeres erleiden müssen. Wer ihm dann unter die Arme greifen wird, der wird auch von Gott belohnt werden. Doch ganz helfen wird ihm niemand eher können, als bis es Gottes Wille zulassen wird. (GEJ 7,92)

Unglück hat stets eine Ursache
Der Herbergsbesitzer Lazarus zu Jesus:
Es ist ewig schade um diese schöne Stadt Jerusalem, daß sie einst ganz zerstört werden wird. Wer aber kann da noch helfen, wenn ihre schlechten Bewohner es selbst nicht anders wollen?
Jesus:
Du hast ganz recht. Ich war schon oft da und wollte sie in Schutz nehmen wie die Henne ihre Küken unter ihre Flügel nimmt, aber bisher war alle Mühe vergebens. So sind die Juden ganz allein schuld an dem Schicksal, das ihnen widerfahren wird. Dennoch werde Ich es an Lehren und Ermahnungen niemals fehlen lassen, damit doch noch einige gerettet werden können. Und was Ich jetzt noch Selbst tue, das werdet auch ihr nach Meiner Zeit tun können. Wer auf euch hört, der wird auch Mich hören und es wird ihm geholfen werden; jene aber, die verstockt bleiben, ernten ihre selbstgewählten Früchte. Soll Ich etwa nur deshalb Wasser und Feuer von der Erde verbannen, weil der eine oder andere im See ertrinkt oder bei einem Brand ums Leben kommt? – Mitnichten! Der Mensch hat von mir dazu seine 5 Sinne bekommen. Er kennt ja die guten und schlechten Eigenschaften des Wassers wie des Feuers. Gebraucht er beides mit Vernunft, werden ihm die Elemente nützen; geht er aber fahrlässig oder unvorsichtig mit ihnen um, ist er selbst schuld an den Folgen. Dem Verständigen, Vorsichtigen und Klugen wird ein solches Unglück kaum widerfahren, und denen, die nach Meiner Lehre leben, schon gar nicht! (GEJ 6,155:1-4)

4.4. Schicksal aufgrund freien Willens

Ein Judgrieche zu Jesus:
Wie aber ist es aber, wenn beispielsweise ein Schiff in einen Sturm gerät und mit Mann und Maus untergeht? Wer ist an diesem Unglück schuld?
Jesus:
Geschieht so etwas, handelt es sich um eine begründete und weise Zulassung von Gott. Es ist ungefähr dasselbe, wie wenn jemand an einer unheilbaren Krankheit stirbt. So kann auch jemand sowohl durchs Wasser wie auch durchs Feuer völlig »unverschuldet« ums Leben kommen. (GEJ 6,155:5-6)

Der Himmlische Vater lenkt aus dem Verborgenen
Jesus zu Juden, Römern, Ägyptern und Indern:
Was immer ihr tut, das tut in Meinem Namen! Denn ohne Mich vermögt ihr nichts für euerer Seelenheil zu tun! Denn nur Gott allein ist Alles in Allem und bewirkt auch im Menschen alles Gute. Wenn nämlich ein Mensch den erkannten Willen Gottes befolgt, tut er es nicht nach seinem eigenen Willen, sondern nach dem Willen Gottes.
Des Menschen Beitrag zu seinem ewigen Heil ist nur, daß er aus Liebe zu Gott dessen erkannten Willen aus freien Stücken zu seinem eigenen Willen macht, und dann auch danach handelt. Von da an wirkt nicht mehr des Menschen Wille, sondern der Wille Gottes alles Gute im Menschen. So ist denn das Gute im Menschen auch nur ein Werk Gottes, was ein rechter Mensch in Demut anerkennt. Schreibt sich aber ein Mensch ein gutes Werk als sein eigenes Verdienst zu, so zeigt er dadurch, daß er weder sich noch Gott je richtig erkannt hat, und er ist deshalb noch unvollkommen. Tut der Mensch wider den erkannten Willen Gottes aber Böses, so ist dies nicht ein Werk Gottes, sondern des Menschen. Denn da hat der Mensch seinen eigenen freien Willen nicht dem erkannten Willen Gottes untergeordnet. Dann hat der Mensch durch den Mißbrauch

seines freien Willens sich selbst gerichtet und unglücklich gemacht.

Dazu dies Gleichnis: Wenn ein Landmann seinen Acker bebaut, so düngt er ihn, ackert, streut den Weizen in die Furchen und eggt ihn ein. Bis zur Ernte hat er dann nichts mehr zu tun. Ist die folgende Ernte nun den Landmanns alleiniger Verdienst, oder ist sie nicht vielmehr in allem Mein Werk? – Wer schuf ihm denn das kräftige Ochsenpaar für seinen Pflug? Wer gab ihm Holz und Eisen, wer das Samenkorn mit dem lebendigen Keim? Wer legte in diesen schon die künftigen zahllosen Keime? Woher kommt das alles erwärmende Licht der Sonne, woher der fruchtbare Regen? Wer gab den wachsenden und reifenden Halmen das Gedeihen und wer schließlich dem Landmann selbst das Leben, die Kraft, die Sinne, die Vernunft und den Verstand?

Der Bauer mag nun sagen: »Seht, das habe ich alles meinem Fleiß zu verdanken!« Sollte er aber nicht vielmehr bei sich sagen: »Herr, Du guter und heiliger Vater im Himmel, ich danke Dir für Deine Vorsehung. Denn alles, was da ist und sein wird, ist allein Dein Werk.« Wenn sich das aber schon im Materiellen geziemt, um wieviel mehr geziemt es sich dann erst im Geistigen? Dabei hat der Mensch nichts anderes zu tun, als an Mich zu glauben und Meinen göttlichen Willen als Geschenk anzunehmen, als wäre er sein eigener. (GEJ 8,19)

Jesus zu einem Römer:
Wenn ihr heute arbeitet und eßt und trinkt, so habt ihr schon hinreichend für euch gesorgt. Es wäre darum überflüssig, sich am Tage der Arbeit auch schon für den morgigen Tag zu sorgen. Erlebt ihr ihn, so wird er schon seine Gelegenheiten und Möglichkeiten für euch mit sich bringen. Denn nur der Tag, an dem ihr noch lebt und arbeitet, wird von mir angerechnet; der kommende ruht noch in Meiner Hand. Es liegt nur bei Mir, ob Ich einen Menschen den kommenden Tag erleben lasse oder nicht. (GEJ 8,61:16)

4.4. Schicksal aufgrund freien Willens

Vom Schicksal der Völker
Jesus zu Cyrenius:
Alle Verleumdung gegen mich geht von den Templern aus. Daher wirst du wohl auch den Grund erkennen, warum Ich diese Perser vom Untergang auf dem Meer gerettet habe. Nur um ihr leibliches Leben zu erhalten, hätte Ich keinen Engel zu ihrer Rettung entsandt. Aber da diese Menschen die Wahrheit über Mich und über Meine Mission erfahren wollen, mußte Ich ihr Leben retten. Sie besitzen nämlich einen großen Einfluß auf ihr Volk, ohne den wir kein wirksames Mittel hätten, die Perser von ihrem Vorhaben abzubringen. (GEJ 3,198:3-4)

Jesus zu Cyrenius:
Es gibt Könige und Regenten, die aus Gottes Vorsehung dazu bestellt wurden, die Herrschsucht jedes einzelnen Menschen einzudämmen damit diese Demut und Bescheidenheit lernen können. Denn diese von Gott bestellten Regenten der Völker müssen das sein, was sie sind. Sie können nicht anders, als den Willen des allmächtigen Gottes zu tun, um letztlich das Wesen ihrer Völker schicksalhaft zu bessern (vergl. auch GEJ 2,9).
Ja, es gab wohl Herrscher, die man arge Tyrannen nannte! Diese haben sich aus dem Volk erhoben, rebellierten gegen die von Gott gestellten Herrscher, wie dereinst Absalom gegen seinen eigenen Vater David. Solche Herrscher sind nicht von Gott bestellt, sondern selbsternannt, und darum schlecht für ein Volk. Sie entsprechen bildhaft gewissermaßen der dichtesten satanischen Materie.
Aber du, Mein Cyrenius, und dein Kaiser in Rom seid das nicht, sondern nach Meinem Willen – obgleich noch Heiden – das, was ihr geworden seid. Mir seid ihr Heiden aber lieber als viele Könige, die eigentlich Führer des Gottesvolkes sein sollten, sich dann aber nur als seine leiblichen und noch mehr geistigen Mörder entpupp-

ten. Darum wurden ihnen die Throne, Kronen und Zepter auch für immer genommen und euch Heiden übertragen. (GEJ 4,104:12-13)

Jesus einem Wirt:
Ich sage dir: Solange nicht die Liebe und die Demut die Völker ordnen und leiten wird, so lange auch wird es finster auf der Erde sein. Zwar wird es immer wieder Menschen geben, die im Licht sind, aber solche sind dünn gesät. Denn solange es stolze und ruhmsüchtige Herrscher gibt, wird in allen Schichten der Völker der Same des Hochmuts und der Machtgier wuchern. Es werden Selbstsucht, Neid, Geiz, Verfolgung und Verrat als die typischen Elemente der Hölle von der Erde so lange nicht weichen, bis die Zeit des großen Gerichts gekommen ist, in der Ich die Erde von neuem durchs Feuer reinigen werde. Danach wird kein König mehr über ein Volk herrschen, sondern allein das Licht Gottes. Im Fleisch werdet ihr jene Zeit nicht erleben, wohl aber als Geister in Meinem Reich.
Der Wirt:
Herr, nach wievielen Jahren wird jene glückliche Zeit kommen?
Jesus:
Das weiß allein der Vater. Mir hat er es bis jetzt noch nicht geoffenbart, außer, daß solches geschehen wird. Es wird aber etwa alle 2000 Jahre auf der Erde eine große Veränderung vor sich gehen. Und eine solche wird auch, von jetzt an gerechnet, kommen. (vergl. Mk.13,32; Lk. 21,33; GEJ 8,49:6; 6,174:7-8; 8,162:4-6) – Doch nun nichts mehr zu diesem Thema! (GEJ 6,76:8-10)

Antwortschreiben Jesu an Abgarus Ukkama, Fürst von Edessa:
Darum sei du auch guter Hoffnung. Denn siehe, Ich werde den Kindern Israels das Licht nehmen und es euch Heiden geben. Erst vor kurzem habe Ich unter den hier lebenden Heiden, Griechen und Römern einen Glauben gefunden, desgleichen in ganz Israel nicht anzutreffen ist. Liebe und Demut aber sind nun unter den Juden

ganz fremde Eigenschaften geworden, während Ich sie unter euch nicht selten im Vollmaß antreffe. Deshalb werde Ich den Kindern all Mein Reich zeitlich und ewig nehmen. Sie sollen sich vom Unflat der Welt nähren. (5. Antwortschreiben Jesu)

Nicht alle göttlichen Wahrheiten sind für die Menschen begreifbar
Jesus zum Philosophen Epiphan:
Dies alles habe Ich dir erzählt, weil du dazu die nötige Fassungskraft besitzt. Der übrigen Weltmenschheit aber brauchst du das nicht weiterzugeben, sondern nur, daß sie an Meinen Namen glauben und die Gebote Gottes halten soll. Alles andere wird dem reifen Menschen sein eigener Geist nach Bedarf der Seele offenbaren. Es ist wie bei den Kindern: sie dürfen nur mit Milch ernährt werden; wenn sie einmal erwachsen sind, werden sie auch festere Speisen verdauen können. – Sollte dir noch irgend etwas unklar sein, so bleibe Ich nun noch fünf Tage als Gast bei dir, und du kannst Mich oder auch einen Meiner Jünger danach fragen. (GEJ 5,233:1-3)

Jesus zu den Jüngern:
Weil aber diese Erde ein Schulhaus ist, wird sie von Mir mit viel Geduld, Nachsicht und Langmut behandelt. Wer von euch das fassen kann, der fasse es, behalte es aber für sich. Denn es ist nicht allen gegeben, die Geheimnisse des Gottesreiches zu begreifen. Wenn ihr jedoch jemanden findet, der dazu die geistige Reife hat, dem könnet ihr nach und nach diese Geheimnisse offenbaren, aber auch nur für ihn selbst. Denn jeder Mensch muß selber und durch eigenen Fleiß zu Meiner Lehre finden.
Weiß ein Mensch einmal, was er zu tun hat, um das ewige Leben zu erlangen, so lebe er danach. Dann wird er in sich selbst die Erfüllung Meiner Verheißung spüren. Dem Menschen viel von solchen tieferen Wahrheiten zu lehren, hat kaum einen Wert. Denn

zum einen fasst er es nicht, zum anderen stört das für ihn zunächst Unbegreifliche nur seinen Glauben, den er mühsam angenommen hat. Zum Erfassen dieser Wahrheiten in ihrer ganzen Tiefe gehört nämlich mehr als das bloße Lesen des Evangeliums. (GEJ 6,61:6-8)

Entstehung und Bedeutung der einzelnen Tierkreiszeichen
Jesus läßt einen weisen Mann namens Mathael zu Wort kommen, den er zuvor von einem satanischen Geist befreit hatte. Er fordert seine Jünger auf, den Ausführungen dieses hellsichtigen Mannes gut zuzuhören, den er als »einen der ersten Chronisten« bezeichnet.
Mathael zu den Jüngern:
Die Urbewohner Ägyptens waren die »Erfinder« und Einteiler des Zodiak (Tierkreis), und zwar weil sie mehr wolkenlosen Himmel hatten und demzufolge die Gestirne leichter und anhaltender beobachten konnten als es in Palästina der Fall war. Durch ständiges Betrachten des Zodiaks wurden sie gewahr, daß dieser ein großer Kreis ist, der in 12 gleiche Teile teilbar ist und in jedem dieser Teile ein »Sternbild«[1] aufweist. Nach altägyptischer Zunge bedeutet die Silbe ZO: »für«, DIA heißt »Arbeit« und KOS »ein Teil«, frei übersetzt also: »Die Einteilung der Arbeit«. Sie waren es also, die den Menschen halfen, ihre Jahresarbeit sinnvoll einzuteilen. Die Ägypter gaben den zwölf Abschnitten des Zodiak erstmals Namen, und zwar solche, mit denen sie es bei der täglichen Arbeit und beim Umgang mit der Natur zu tun hatten. Die Sternzeichen lieferten also die Namen für die Sternbilder. (GEJ 3,107:1-2)

In der Jahreszeit der kürzesten Tage, die in Ägypten stets regenreich waren fand sich nach damaliger Beobachtung die Sonne gerade unter dem Sternbild, das auch den Juden als *WASSERMANN* ge-

---

[1] Stern*zeichen* als Abschnitte des Zodiak und Stern*bilder* waren damals noch deckungsgleich und noch nicht durch Präzession verschoben.

4.4. Schicksal aufgrund freien Willens

läufig war. Daher gab man dem Sternbild die Gestalt eines Hirten, der gerade einen vollen Wassereimer in den Tier-Tränkkasten ausschüttet. Die Alten nannten solch einen Menschen einen UODAN (d.h. Wassermann). Nach ihm wurde künftig sowohl das Sternbild, wie auch diese etwa 30-tägige Regenzeit benannt. Später machten die Menschen aus diesem Sinnbild bald einen Gott, weil er als der Beleber der verdorrten Natur galt. Mit dem Wassermann also begann im alten Ägypten der Jahreskreis.

Nach dreißig Tagen hatte der starke Regen gewöhnlich ein Ende, und es befanden sich im noch stark angeschwollenen Nil sowie in seinen Seitenarmen stets eine große Menge von Fischen. Ein Teil davon wurde gleich verzehrt, ein noch größerer Teil aber eingesalzen und an der Luft getrocknet und so fürs ganze Jahr aufbewahrt. Da diese Zeit seit alters her in Ägypten dem Fischfang diente und die Sonne gerade zu Anfang dieser Zeit in eine neues Sternbild wanderte, nannte man dieses Sternzeichen *FISCHE* und ebenso die entsprechende Zeit, nämlich RIBAR oder RIBUZE. Da aber die Menschen wegen des Genusses der fetten Fische, und teils auch infolge des Gestankes der Tierkadaver gern vom Fieber befallen wurden, nannte man diese Zeit auch die »Fieberzeit«. Die Phantasie der Menschen machte aus dieser Zeitbeschaffenheit denn auch bald eine Göttin und erwies ihr für die Abwehr von Magenkrankheit hohe Verehrung.

Nach der Fischezeit wandten sich die Urbewohner Ägyptens der Pflege der Schafe zu. Es kam die Zeit, in der die Schafe geschoren werden mußten und die Böcke angriffslustig wurden. Gut dreißig Tage lang dauerte durchschnittlich diese Arbeit. Natürlich verrichtete man in der Zwischenzeit auch manch anderes; aber die vorerwähnte Arbeit war für die bezeichnete Zeit die Haupttätigkeit. Und weil die Sonne da wieder unter ein neues Zeichen zu stehen kam, so nannte man dieses Zeichen in Anlehnung an den streitlustigen Schafbock *WIDDER* (KOSTRON). Später weihte man wegen der vielen Stürme in dieser Zeit, in der die Elemente in einem Kampfe

4. Die Entwicklung vom Materiellen zum Geistigen

gegeneinander schienen, dem Kampfe schlechthin. Die Phantasie der Menschen ersann dazu bald ein Symbol, nämlich das des Marses in der Figur eines geharnischten Kriegers. Diesem erwies man später auch bald eine göttliche Verehrung und machte ihn in Kriegszeiten gar zu einem Hauptgott. Während der beiden vorausgehenden Zeichen (Wassermann und Fische) wird das Meer abgekühlt, was vor allem die Küstenbewohner merkten. Wird nun das Wort »Mars« zerlegt, bekommen wir das uralte ägyptische Wort MARIZA oder auch MAORIZA., was nichts anderes bedeutet als: Das Meer wird erwärmt. Durch die größere Kraft der Sonne wird das Meer nach und nach wärmer, und weil dies als eine Folge der zu dieser Zeit vorkommenden Stürme angesehen wurde, bedeutet der Ausdruck MAOR IZAT auch so viel wie »kämpfen«.

Kommen wir nun zum vierten Zeichen. Wieder sehen wir ein Tier, nämlich einen Vertreter der Gattung Rind als *STIER*. Nach der Versorgung der Schafe lenkten die alten Hirtenvölker ihre Sorge vor allem auf das Rindvieh. In dieser Zeit wurden die Kühe meist brünstig, und man schied das Starke vom Schwachen und bemühte sich um eine gute Zucht. Die Rinder standen bei den Ägyptern überhaupt hoch im Kurs und was war da naheliegender, als daß man das Sternbild, in das die Sonne um diese Zeit eintrat »Stier« nannte? Die römische Bezeichnung TAURUS stammt auch vom Ägyptischen ab und stellt lediglich eine Abkürzung der uralten Bezeichnung T A OUR SAT, oder TI A OUR SAT dar, was soviel besagt wie: Des Stieres Zeit (SAT) = auf den Hinterbeinen zu stehen. Später nannten die Römer diesen Monat auch APRILIS, was aber nach altägyptischer Zunge wieder nichts anderes heißt als: A (der Stier) UPERI (tue auf) LIZ oder LIZU (das Gesicht); oder frei übersetzt: »Stier, öffne das Tor« zur freien Weide.

War das Rindvieh versorgt, war für das alte Hirtenvolk Ägyptens auch des Jahres Hauptarbeit getan. Jetzt hatte man Zeit dafür, die Häupter der Gemeinden zusammenzurufen um aus ihnen einen oder zwei Sachkundige zu wählen. Diese hatten zu prüfen, ob alles

4.4. Schicksal aufgrund freien Willens

bisherige Mühen auch zweckmäßig und segenbringend für das Gemeinwesen vollbracht wurde. »KA I E STOR« war da die Frage, was soviel heißt wie: »Was hat er getan?« Darauf folgte die ernste Mahnung mit dem gebietenden Satz: »PO LUXE MEN!« oder auch: »POLUZCE MEN!« – »Gib mir darüber Licht, Aufklärung!« – Aus diesem Doppelsatz sind die späteren ZWILLINGE entstanden; im Grunde also lediglich durch ein Zusammenbinden des Fragesatzes mit dem Aufforderungssatz. Schwärmten zwei solcher Amtsboten in die Gemeinden aus, so hatte einer den Fragesatz und der andere den Aufforderungssatz zu stellen, natürlich nicht nur dem Worte nach. Da aber während dieser Erkundungszeit auch die Sonne gerade unter das bekannte Doppelsternbild im Zeichen Zwillinge, so nannte man den Monat »Zwillinge«. In römischer Sprache GEMINI oder auch CASTOR ET POLLUX, die später durch die Phantasie der Menschen ebenfalls vergöttert wurden.

Mit der Sommersonnenwende hat der Tag seine längste Dauer bekommen; danach werden die Tage wieder kürzer. Die Alten verglichen diesen Rückgang mit der Fortbewegungsart der Krebse. In dieser sechsten Jahreszeit aber bildete sich Nachts besonders viel Tau in Flußnähe, was die genannten Tiere dazu veranlaßte, aus dem Wasser zu kommen und in den gras- und taureichen Wiesen nach Nahrung zu suchen. Dies hatten die Menschen nicht so gerne: Man sammelte die Tiere haufenweise und verbrannte sie anschließend. Beim Verbrennen entstand jedoch ein sehr guter Geruch, weswegen man schließlich auf den Gedanken kam, gesottene Krebse zu essen. Sie schmeckten sogar besser als die bisherige Hauskost. Aus diesem Grunde verringerte sich die Anfangs riesige Zahl der Nil-Krebse sehr stark, zumal ihnen später auch die Griechen und Römer zusetzten; nur die Juden essen das Tier bis heute nicht, obwohl es ihnen Moses nicht ausdrücklich verboten hatte. Auf diese Weise wurde der KREBS in Ägypten nicht nur zum Symbol dieser dreißig Tage, sondern mit der Zeit auch vergöttert. Grie-

chen und Römer weihten später diese Zeitperiode der Göttin JUNO.
– Wie aber entstand dieser Name? Da es um die Zeit der Krebse für körperliche Arbeiten schon zu heiß war, gaben sich einige Denker den geistigen, ja philosophischen Fragen hin. Eine Hauptfrage bestand darin, ob die reine Gottheit auch in der Materie zu finden sei. Wie alle Fragen der Weisen kurz sind, aber einer langen Antwort bedürfen, so war es auch in diesem Fall. Sie lautete: »JE ∪∩ O?«, übersetzt: »Ist das einmal in sich getrennte Göttliche, so man es nebeneinander stellt, noch ein Ganz-Göttliches?« Das »u« war bei den alten Ägyptern als ein oben offener Halbkreis (∪) und stellte ein Aufnahmegefäß für alles Göttliche dar, das von oben zu den Menschen kommt. Die Weisen verstanden darunter hauptsächlich geistige Gaben des Lichtes für die Seele des Menschen. Das »n« dagegen wurde als einen nach unten offenen Halbkreis (∩) dargestellt und bezeichnete die tote, geist- und lichtlose Materie. Die Runddächer mancher Häuser und besonders der Tempel hatten deshalb die Gestalt dieses umgekehrten Halbkreises der anzeigte, daß sich an diesen Orten das Göttliche mit der Materie verbindet. Das »O« stand indes immer schon für die volle und reine Gottheit. – Die Antwort auf die oben aufgeworfene, gewichtige Frage lautete daher: Alle geschaffene Materie verhält sich zu Gott ähnlich wie die Frau zum Manne: Gott zeugt in und durch die Materie ständig Myriaden von Kindern aller Art. Er befruchtet die Materie dabei fortwährend mit seinem göttlichen Geist, und die Materie gebiert ihm dann immerzu die zahllos in sie eingezeugten Kinder. Später geriet dann diese altägyptische Weisheit in Vergessenheit, und man machte aus dem Fragesatz »JE UN O« und damit aus der Weiblichkeit aller Materie gleich ein persönliches Gottweib mit dem Namen JEU NO, zuletzt nur noch JUNO, und vermählte sie mit dem Göttervater ZEUS.

Nach der Krebsjagd, die 30 Tage anhielt und manchmal auch einen oder zwei Tage darüber – weil bei den alten Ägyptern nicht der Fischmonat (Februar), sondern der Krebsmonat (Juni) als Aus-

4.4. Schicksal aufgrund freien Willens

gleichsmonat bestimmt war –, sahen sich die Menschen mit einer besonderen Gefahr konfrontiert: Um diese Zeit nämlich werfen die Löwen gewöhnlich ihre Jungen und sind daher besonders auf Zusatznahrung angewiesen. So wie die Kälte die Wölfe in vom Menschen bewohnte Gebiete treibt, so trieb des JULIUS (Juli) große Hitze den Löwen in die etwas kühlere nördliche Region des Landes, wo er sich über die Rinderherden hermachte. Und da die Sonne in dieser Zeit gerade unter ein Sternbild trat, das der Gestalt eines ergrimmten Löwen ähnelt, nannten die Alten dieses Gestirn wie auch jene Zeit *LÖWE* von »LE O WA«. Dabei ist LE = der Böse oder des Bösen Sohn (im Gegensatz zum EL = der Gute oder des Guten Abkömmling), O = die Gottessonne, WA oder auch WAI = fliehen. LE O WAI heißt demnach: Der Böse flieht die Sonne. Die Römer schließlich benannten ihrem Kaiser Julius Cäsar zu Ehren erst vor wenigen Dezennien diese Zeit mit dessen Namen, weil er so schlau und mutig zu kämpfen verstand wie ein Löwe.

Mit dem Ende der Löwenzeit fanden die Hauptbeschwerden des Jahres gewissermaßen ein Ende, man gab sich mehr der Fröhlichkeit hin und veranstaltete Feste. Diese dienten besonders dazu, den sittlich rein gebliebenen Jungfrauen Geschenke zu machen, ja, die Jungfräulichkeit allgemein zur Tugend zu erheben. Nicht von ungefähr fielen auch in diese Zeit die meisten Hochzeiten. Denn nur eine als rein befundene Jungfrau wurde geheiratet! »Unreine« waren vom Ehebündnis ausgeschlossen und konnten nur im Ausnahmefall zum sogenannten »Krebsweib« eines schon verheirateten Mannes werden. In der Regel aber blieb ihnen nur der niedere Sklavenstand. Und weil justament um diese Zeit wieder ein nettes Sternbild des Zodiak über der Sonne zu stehen kam, benannte man es *JUNGFRAU*. Erst viel später gaben die Römer, ihrem Kaiser AUGUSTUS zu Ehren, dieser Zeit auch des Kaisers Namen.

Wie aber kam die Waage als Meßinstrument der Krämer und Apotheker zu den Sternzeichen? – Nach der hohen Zeit der Liebe folgte die Zeit der Ernte des Getreides, dessen Anbau schon von den ältesten Einwohner dieses Landes betrieben wurde. Hinzu kam die Fruchtreife der Feigen, Datteln, Granatäpfel und Orangen. Bekanntlich fiel der Priesterschaft Ägyptens die Aufgabe zu, das Volk zu lehren und die Weisheiten zu hüten. Ihr oblag es aber auch, die Metalle der Erde zu erforschen, sie zu sammeln und zum Gebrauch tauglich zu machen. Zu Letzterem waren viele Handlanger erforderlich, die keine Zeit hatten, sich mit Ackerbau und Viehzucht zu beschäftigen, gleichwohl aber für ihre Arbeit entlohnt werden mußten. Um Gerechtigkeit zu üben führte man daher den »Zehnten« ein, und jedes Gemeindeglied mußte den zehnten Teil aller Ernte dem Priesterstand abliefern. Wie aber bemaß man den Zehnten? – Mit der Waage natürlich! Jede Gemeinde besaß mehrere solche Waagen, und unter den Augen des Gemeindevorstandes wurde alle Ernte genau abgewogen in der Weise, daß stets beide Schalen vollgefüllt wurden. Neunmal wurden die gefüllten Waagschalen in den Kasten des Gemeindegliedes ausgeleert, das zehnte Mal aber in den Kasten der Priesterschaft. Weil gerade um diese Zeit die Sonne abermals unter ein neues Zeichen trat, so nannte man dieses Zeichen im Tierkreis die *WAAGE*. Im übrigen war der Oberpriester zugleich auch des ganzen Volkes Hüter oder Hirte mit dem Namen VARA ON (von: »er hütet« oder »er ist der Hirte«). In späterer Zeit wurden dann die VARAONEN (Pharaonen) wirkliche Könige des Landes, in deren Diensten auch das Priestertum stand. Mit der Zeit legte man der Waage allerlei entsprechende Bedeutungen bei, und benutzte sie als Symbol der göttlichen wie der weltlichen Gerechtigkeit. Bei einigen »noch tief unten stehenden Völkern« betete man sie sogar auf eine gleiche Weise an, wie die Inder hie und da den Pflug.

Nach der Zeit der Waage kam für die Menschen eine ruhigere Zeit, in der die Arbeitsvakanz fast in Nichtstun und Müßiggang ausgeartet hätte, wäre dies nicht durch ein sehr lästiges und giftiges Insekt vereitelt worden. Die Rede ist vom Skorpion, der sich im Nordafrika im Herbst stark vermehrt. Schon früh suchten die alten

4.4. Schicksal aufgrund freien Willens

Ägypter nach Bekämpfungsmitteln, deren bestes man schließlich in einem Strauch aus der Nil-Aue fand. Die Rinde dieser Pflanze wurde gekocht und der Dampf befreite wenigstens die Zimmer von diesem wehrhaften Schmarotzer. Auch streute man befeuchtete Rindenstücke am Boden aus oder legte sie in die Betten, was diese Tiere ebenfalls vertrieb. Nach diesem probaten Gegenmittel benannte man auch das Insekt selbst, das früher keinen Namen hatte, mit der Bezeichnung SCORO (= Rinde) PI oder PIE (= trinkt) ON (= er). Der Name machte die Nachkommen gleichsam wie durch ein Rezept aufmerksam, wodurch man dieser Tierplage am wirksamsten begegnen konnte. Noch heutzutage bekommen wir sowohl aus Ägypten, aus Arabien und Persien ein Pulver, durch das man ohne Schaden für die Gesundheit des Menschen nicht nur Skorpione, sondern fast alle anderen lästigen Insekten fernhalten kann. Dieses Pulver wird neben einigen Beigaben hauptsächlich aus der besagten Rinde gefertigt. Beim ersten Auftauchen des SKORPIONS trat die Sonne unter ein neues Sternbild am Himmelskreis, und man benannte es naheliegenderweise nach dem Insekt. Gegen Ende der Skorpionzeit häuften sich in Ägypten schwere Gewitter, vor denen die Menschen großen Respekt hatten: »Das Geschoß des Zeus ist schneller und sicherer treffend denn das Elende der Menschen.«

In der Folgezeit begab sich allerlei Wild von den Bergen herab in die Täler, wo sie von den Menschen mit Pfeil und Boden bejagt wurden. Darunter waren Kaninchen, Hasen, Gazellen, kleine Bären, Dachse, Füchse, Panther, eine Menge Geier und Adler. Aber auch dem Krokodil und dem Nilpferd (HIPPOPOTAMOS, altägyptisch: JE PA OPATA MOZ = das Nilpferd fängt an, seine Gewalt zu entfalten) wurde nachgestellt. Damit die Krokodile in Schach gehalten werden konnten, wurde für die Tötung dieser Tiere sogar ein hoher Preis ausgesetzt. Um diese Jagdperiode trat die Sonne schon wieder in ein neues Sternbild, und man nannte es den SCHÜTZEN, eben weil diese Zeit den Bogen-Schützen die meiste Beschäftigung bot. Dem Schützen wurde mit der Zeit auch eine Art

göttlicher Verehrung zuteil, vor allem dem Apollo, der auch als ein Gott der Jagd verehrt wurde.
Den südlichsten Punkt des Zodiak ziert der Steinbock, ein Tier der höchsten Felsspitzen. Er war selbst im alten Ägypten ein seltenes und scheues Tier, das aber in der kühlen Jahreszeit auch in niederer gelegene Regionen herabstieg, um nach Futter zu suchen. Da es jedoch äußerst schwierig war, dieser Tiere habhaft zu werden, waren alle Jäger auf den Beinen, sobald sich ein Exemplar zeigte. Es gab so manche Steinbock-Periode, in der kein einziges Tier gefangen werden konnte. Wurden aber in einer günstigen Zeit einige erlegt, war dies ein förmlicher Triumph für ganz Ägypten! Im Unterschied zu den anderen Wildtieren galt der Steinbock nämlich als etwas besonders Kostbares: Seinen gesamten Körper sah man als wunderbare Arznei an, und man heilte mit einem Minimum davon viele Krankheiten. Die Hörner waren selbst des Königs von Ägypten erste und kostbarste Zierde, und mehr wert als Gold und Edelgestein. Ja, in der Urzeit taxierte man sogar den Wert eines VARAON nach der Anzahl seiner Steinbock-Hörner. Auch die Oberpriester trugen vergoldete Exemplare als Zeichen ihrer Weisheit und Macht mit sich herum. So ist es mehr als begreiflich, daß die alten Ägypter diese Zeitperiode, in der sie Besuch von diesem Tier bekamen, mit STEINBOCK benannten und das Symbol in den Himmelskreis stellten. (GEJ 3,102-105)

Die Sterne nicht als Götter verehren!
Jesus zu einem Minerva-Priester:
Die Astrologie ist gut. Ihr dürft sie auch betreiben bis auf die Sterndeuterei bei der ihr die zukünftigen Schicksale der Menschen herauslesen und bestimmen wollt. Vor allem aber sollt ihr in den Sternen keine Götter sehen und sie anbeten oder ihnen Opfer bringen (vergl. Jh. 6,96:3). Denn es steht im alten Buch der Weisheit geschrieben: »Ich allein bin euer Gott und Herr; darum sollet ihr

keine nichtigen, fremden Götter neben Mir haben und verehren!«. (GEJ 6,96:3)

Sterndeutung zur persönlichen Bereicherung ist verwerflich
Jesus zu versammelten Zuhörern:
Als wir ins Freie traten und den Nachthimmel sahen, fragte Ich die Anwesenden, die den roten Stern mit etwas scheuen Augen betrachteten: Was haltet denn ihr von diesem Stern? Kennt ihr ihn? – Dir, du Andreas, sollte dieser Stern nicht fremd sein, da du doch ein Sternkundiger bist!
Der Jünger Andreas:
Das Sternbild, in dem er steht ist der Löwe, aber den Stern selbst kenne ich nicht. In der Farbe ähnelt er dem Planeten Mars, wie er von den Heiden benannt wird, aber die Größe stimmt mit diesem nicht überein.
Jesus:
Und dennoch ist es dieser Planet. Daß er in diesem Jahr größer erscheint als sonst kommt daher, weil er sich in der größtmöglichen Erdnähe befindet.
Andreas:
Wie aber sind die Menschen auf den Glauben gekommen, daß er den Krieg unter den Völkern anzeige, und darum auch mit dem Namen des heidnischen Kriegsgottes belegt wurde?
Jesus:
Die Priester nutzten schon immer alle außergewöhnlichen Erscheinungen am Himmel dazu, den Menschen Angst einzujagen mit dem Ziel, sie dadurch zu Almosen, Opfern und anderen Bußwerken zu bewegen. Die rötliche und die veränderte Leuchtkraft brachte die Priester bald auf die Idee, ihn als den Kriegsstern zu erklären. Wenn er größer zu sehen war, wurde dem Volk von kommenden Kriegen gepredigt, und dieses fing dann zu opfern an.
(GEJ 9,139:15-22)

4.4.2. Krankheiten: Ursache, Sinn und Zweck

Schmerz und Krankheit haben immer seelische Ursachen
Der Grieche Roklus zu Jesus:
Kannst Du für jene Menschen, die völlig in Deiner Ordnung leben nicht den körperlichen Tod aufheben, so daß diese von jetzt an mit verklärtem Leibern ewig leben, und nur für solche die sündigen, Schmerz und Tod beibehalten? (GEJ 5,74:6)
Jesus:
Das ist allein Sache des ewigen Vaters im Himmel und damit einer Ordnung, von der auch Ich keine Ausnahme machen darf, kann und werde! Denn wer ins Fleisch gegangen ist, muß es auch wieder verlassen, ob nun mit oder ohne Schmerzen. Nach der Loslösung vom Leib hört aber jeder diesweltliche Schmerz auf. Die Luft, die des Menschen Seele dann in der geistigen Welt einatmet, ist eine ganz andere als hier auf Erden. Wo es keinen Tod mehr gibt, da gibt es auch keinen Schmerz mehr. Das heißt aber nicht, daß eine Seele in ihrem reinen Zustand ohne Gefühl und Empfindung wäre. Sie wird jedoch in der ihrem Wesen entsprechenden geistigen Welt nichts antreffen, was ihr dem Leib vergleichbare Schmerzen zufügt. Oder empfindet etwa ein kerngesunder Mensch nur deshalb keinen Schmerz, weil er noch nie krank war oder noch nie einen Schlag oder Stich erhielt? – Es fehlt ihm lediglich der schmerzerzeugende Grund. (GEJ 5,75:1-4)
Hauptursache für den Schmerz, den stets nur die Seele, nie aber das Fleisch selber empfindet, liegt im Druck, den ein zu träg gewordener Leib auf einen Teilbereich der Seele ausübt. Daher läßt sich auch zeitweilig jede Krankheit heilen, wenn man es versteht, die Fleischgebundenheit zu lockern. Für den alternden Leib gibt es allerdings keine Erleichterung mehr, obwohl ein in Gottes Ordnung lebender Mensch noch bis ins hohe Alter nahezu schmerzfrei leben kann. Sein Körper wird bis zur letzten Stunde sogar ganz geschmeidig bleiben, und seine Seele wird sich langsam ihrem Leib entwinden. Zwar wird sie sich selbst im hohen Alter nicht freiwil-

lig von ihm trennen wollen. Wenn sie aber den jenseitigen Ruf vernimmt »Komm aus deinem Kerker ins freie, wahre Leben!«, dann wird sie keine Sekunde länger zögern, ihre morsche Behausung zu verlassen. (GEJ 5,75:5-6)

Die Seele ist verantwortlich für einen gesunden Körper
Jesus zu einem Griechen:
Mit der Gesundheit ist so, wie bei jemandem, der eine kunstvolle Maschine angefertigt hat: Er allein versteht am besten, wie sie zum zweckdienlichen Gebrauch zu verwenden ist, und wie man die Maschine handzuhaben hat, damit sie auch funktioniert. Wenn nun der Hersteller der Maschine dem Käufer die pflegliche Handhabung erklärt, muß dies der Käufer schon auch genau beachten. Befolgt er dies nicht, hat er es sich selbst zuschreiben, wenn die Maschine verdirbt. – Nun, Gott ist der große Maschinenmeister des menschlichen Leibes, den Er zum nützlichen Gebrauch für seine Seele eingerichtet hat. Benutzt die Seele diese Maschine nach dem Rat, welcher in den Geboten Gottes besteht, so wird der Leib auch gesund bleiben. Mißachtet aber eine träg und sinnlich gewordene Seele die Gebote des Maschinenmeisters, so hat sie es sich selbst zuschreiben, wenn ihr Leib ins Elend fällt. (GEJ 9,35:8-9)

Hochmut und Laster als Ursache vieler Krankheiten
Einige Judgriechen zu Jesus:
Durch welche Sünden kommen denn Krankheiten in diese Welt? Gibt es darin auch Unterschiede? (GEJ 6,55:8)
Jesus:
Ursache vieler Krankheiten sind Müßiggang, Hoffart und Hochmut. Denn dem Hochmut ist nichts heilig: Er sucht mit allen Mitteln seine weltsinnlichen Leidenschaften zu befriedigen. Von allen Lastern ist das schlimmste die Hurerei, Unzucht und Geilerei aller Art. Werden von solchen Menschen Kinder gezeugt, kommen dadurch mit vielen Krankheiten behaftete Menschen in diese Welt.

Diese Sünde ist also eine der Hauptquellen für schlimme Krankheiten.
Ich sagte nicht umsonst zu dem Kranken, der volle 38 Jahre lang am Teich Bethesda ausharrte, um geheilt zu werden, als Ich ihn von seinem Leiden erlöste: »Gehe hin und sündige künftig nicht mehr, damit dir nicht noch Ärgeres widerfährt!« Seine Gicht war nämlich eine Folge früher begangener Sünden. Und so war es auch bei den meisten von Mir Geheilten der Fall. Wären sie ob ihrer Laster nicht erkrankt, hätte ihr Seelenheil darunter gelitten. Nur Krankheit und Schmerz haben sie nüchtern gemacht und zeigten ihnen, wie die Welt ihre Verehrer belohnt. Sie verloren durch die Krankheit ihr Verlangen nach irdischen Freuden und sehnten sich danach, bald von der Welt erlöst zu werden. Dadurch wurde ihre Seele freier, und sie konnten dann auch noch rechtzeitig geheilt werden.
Neben diesen Hauptursachen gibt es noch andere Krankheitsgründe: Einmal ist es das Essen schlechter, unreiner oder nicht frisch zubereiteter Speisen und Getränke. Dann liegt es am Genuß von unreifem Obst. Ferner haben viele die Gewohnheit, sich in erhitzten Zustand schnell abzukühlen. Andere schließlich setzen sich unnötig allerlei Gefahren aus, wovon sie dann lebenslang eine Schaden davontragen. Daneben kommen aber auch üppiger Lebenswandel, Unmäßigkeit und Völlerei, Zorn und Ärger als Ursache in Frage. – Aber Ich sage euch: Nur dem schon von Geburt an Geschwächten kann das Genannte etwas anhaben. (GEJ 6,56:1-7)

Bewußte Abkehr von Gottes Ordnung als Ursache vieler Leiden

Ein Judgrieche zu Jesus:
Warum aber kann der ohnehin arme, sterbliche Mensch nur über allerlei Schmerzen und Leiden zu Gott kommen? Könnte denn das nicht auch durch ein gesundes und leidenfreies Leben nach dem erkannten Willen Gottes geschehen?

4.4. Schicksal aufgrund freien Willens

Jesus:
Viele Krankheiten des Leibes sind Folgen von Fehlverhalten, das sich der Mensch seit seiner Jugend und oft auch aus Gewohnheit angeeignet hat. Manche Krankheiten sind aber auch ein Erbe von Eltern und Voreltern, weil jene schon gesündigt hatten. Da kann man Gott dann keine Schuld geben. Wenn also der Mensch von Gott erfahren hat, was er zu tun hat, um in der kosmischen Ordnung zu leben und zu bestehen, und er dennoch nicht danach handelt, ist er selbst schuld an seinen Leiden. Hätte der Mensch aber tatsächlich alles von der Natur lernen und erst aus schmerzlicher Erfahrung klug werden müssen, dann wäre er in der Tat das bedauernswürdigste Geschöpf auf Erden. Dem ist aber nicht so, denn Gott berief immer wieder Seher und Propheten, welche die mehr und mehr weltlich gewordenen Menschen lehrten und ihnen den Willen Gottes offenbarten. So kann die Menschheit nicht behaupten, sie habe von niemandem erfahren, nach welcher Ordnung man auf Erden leben solle. Aber die Menschen veränderten dennoch sehr bald ihre irdische Wohnwelt, erbauten Städte, errichteten ein Prachtwerk ums andere, und verliebten sich so in ihre Welt. Darüber vergaßen sie Gott und wurden sogar Gottesleugner. Kam dann ein Mahner zu ihnen, wurde er ausgelacht und niemand achtete auf das, was er sagte. Will nun Gott die Seelen gottferner Menschen fürs ewige Leben erhalten, hilft er ihr dadurch, daß durch allerlei Leiden und Schmerzen ihr Interesse an der Welt mehr und mehr schwindet. Geschähe dies nicht, würde ihre Seele gänzlich von der materiellen Welt und damit von der Verderbnis verschlungen werden. – Das ist der Grund, warum auf der Erde die Menschen so manches zu erleiden haben. (GEJ 6,162:1-6)

Unreine Naturgeister als Ursache bösartiger Krankheiten
Jesus zu Faustus und Kisjonah aus Kis:
Sooft nun die Seele für ihren Körper leibliche Nahrung verlangt und der Mensch solche ißt, nimmt er damit auch stets eine ganze

Reihe frei gewordener, unreiner Naturgeister in seinen Leib auf. Diese sollten der Seele dann zum weiteren Ausbau ihres Körpers behilflich sein. Die Erdgeister aber bilden nach und nach eigene, auf ihre Art intelligente Seelenteile. Sobald sie sich auf eine höhere Stufe erhoben haben, folgen sie den Weisungen der eigentliche Seele als rechtmäßige Besitzerin des Leibes nicht mehr, sondern gestalten den Leib in ihrem Sinne um. Solches kommt selbst im Kindesalter vor.

Will man nun das Kind nicht in ein förmliches Besessensein übergehen lassen, muß dieses Fremdartige entweder durch eine geeignete Krankheit hinausgeschafft werden, oder man läßt – um eine geschwächte Kinderseele nicht zu sehr zu quälen – dieselbe zusammen mit den zerstörerischen Elementen eine gewisse Zeit fortleben. Zu einem späteren Zeitpunkt kann die Seele dann durch richtige Belehrung auf eine höhere Einsichtsstufe erhoben werden, die es ihr erlaubt, die Schmarotzer durch die Kraft des eigenen Willens, etwa durch Fasten oder andere Methoden hinauszutreiben. Sind aber die Schmarotzer zu hartnäckig, nimmt man der Seele über den Weg des Sterbens den gesamten Leib und läßt sie in einer anderen Welt erneut inkarnieren. Auch der für die Eltern oft bittere frühe Tod ihrer Kinder hat einen solchen Grund. Darum sollten die Eltern darauf achten, daß ihre Kinder richtig ernährt werden.

In dieser Zeit aber, in der man nach den fremdartigsten und denaturiertesten Leckerbissen hascht und nicht mehr daran denkt, ob so eine Nahrung rein oder unrein ist, besteht die Gefahr, daß die Seele auf den Entwicklungsstand von Tieren zurückfällt. Allein wegen der Gaumenfreuden nehmen die Menschen sogar giftige Nahrung zu sich. Kein Wunder, wenn sie dann immer kranker werden!

Vorsorglich lasse Ich jedes Jahr durch Meine Engel all jene, der menschlichen Ernährung dienenden Früchte von Nutzpflanzen - ausmustern, die seit dem Blütenstadium einen unreinen Geist beherbergen. Diese Früchte werden dann bereits im unreifen Zustand von der Pflanze abgeworfen. (GEJ 1,242:1-14)

4.4. Schicksal aufgrund freien Willens

Viele Krankheiten haben Ihre Ursache in übermäßiger Sexualität

Jesus zu Johannes und Zorel:

In der Fleischeslust (Sexualität) liegt ein Hauptübel für alle Menschen. In dieser Lust haben viele leiblichen und seelischen Krankheiten ihre Ursache. Seht euch die Blinden, die Tauben, die Krüppel (Behinderten), die Aussätzigen und die Gichtkranken an; ferner alle mit den verschiedensten körperlichen Bresten und Übeln Behafteten: Alles sind Folgen einer zu frühen Fleischbrüchigkeit. Jedes Laster legt der Mensch leichter ab als dieses, denn die anderen haben lediglich äußere Motive. Dieses aber hat als Motiv sich selbst: das Fleisch. Daher sollt ihr euere Augen solange von den aufreizenden Verlockungen abwenden, bis ihr Meister über euer Fleisch geworden seid. (GEJ 4,80:2-3 & 9)

Nicht jedem Kranken soll / kann geholfen werden

Jesus zu Roklus:

Den leiblichen Tod werdet ihr weder mit einem Heilkraut verhindern können noch damit, daß ihr zu mir betet. Denn das wäre nicht Meines Geistes Wille. Ansonsten aber könnt ihr mit der Kraft Meines Namens durchaus Wunder wirken. Dazu müßt ihr jedoch Meinen Willen, vollkommen zu euerem machen. Dann wird euch auch alles gelingen. Eine Heilung aber sollt ihr einem solchen Menschen nie vorenthalten, bei dem Ich durch euer Herz sage: »Dem kann geholfen werden«. Wird aber Mein Geist sagen: »Belaß ihn in seiner Krankheit, damit seine Seele ihres Leibes überdrüssig wird«, so versucht ihn auch nicht zu heilen. Denn er soll es zum Heil seiner Seele erdulden. (GEJ 5,75:7-8)

4. Die Entwicklung vom Materiellen zum Geistigen

Schmerzen von der Hölle – Schmerzen vom Himmel?
Jesus zu Simon Petrus:
Die meisten Krankheiten, unter denen die Menschen leiden dienen dazu, zu verhüten, daß die Seele sich zu sehr mit dem Fleischlichen verbindet. Dies gilt sogar für die »Kinder des Lichts«, deren Leib zwar auch aus der satanischen Welt stammt, die Seele aber von anderen Welten kommt. Der Unterschied ist nur, daß deren Leiden vom Himmel aus verfügt werden, wenn ihre Seele zu sehr an der Welt hängen bleibt. Die Schmerzen der »Kinder dieser Welt« werden zwar auch vom Himmel aus zugelassen, sind aber im Grunde doch Schmerzen der materiellen Welt (Hölle). (GEJ 2, 169:12)

Warum Entbehrung, Not und Elend segensreich sein können
Jesus zu einem Griechen:
Wer in Zukunft nicht gleicher Gesinnung und gleichen Glaubens wir ihr sein wird, dessen Seele wird schwerlich in das Reich Gottes gelangen. Wer im Herzen bei Mir bleibt, bei denen werde auch Ich bleiben und es wird kein Mangel und keine Not herrschen, weder in den irdischen Bedürfnissen, noch weniger in den Bedürfnissen der Seele. Mangel, Not und Elend lasse Ich nur dann unter die Menschen kommen, wenn sie von Mir abgefallen und dumme Götzendiener oder allzu selbstsüchtige, gottlose Weltlinge geworden sind. Denn Not und Mangel bringen die Menschen dazu, über die Ursachen ihres Zustandes nachzudenken, machen sie erfinderisch und scharfsichtig. Dann können kluge und weise Männer aus dem Volk aufstehen, die ihren Mitmenschen die Augen öffnen und auf die Ursache des Elends hinweisen, nämlich auf den Machthunger, welcher der Begründer vielen Elends auf dieser Erde ist. (GEJ 9,35:1-4)

4.4. Schicksal aufgrund freien Willens

Krankheiten bewahren den Menschen vor seelischem Rückfall
Ein Judgrieche zu Jesus:
Warum müssen denn so viele Kinder sterben und warum muß dem Tod oft eine Krankheit vorausgehen, die zusätzliche Leiden schafft? Ist ein Mensch einmal reif, könnte er doch als Seele leicht und schmerzlos aus dem Leib treten. Kinder sollten in ihrem jungen Alter ohnehin nicht sterben müssen. Warum muß denn das auf dieser Erde sein?
Jesus:
Das müßte gar nicht sein und es war auch in der Vorzeit nicht so. Oder findest du in einer Chronik Angaben über schwere Krankheiten von Menschen, die Gott ergeben waren und nach Seinen Geboten lebten? – Sie erreichten alle ein hohes Alter, und ihr Sterben war ein sanftes, schmerzloses Einschlafen. Damals starb auch kein Kind, denn es war von ganz gesunden Eltern gezeugt und naturgemäß ernährt und aufgezogen worden.
Später aber, als die Menschen hoffärtig wurden und immer mehr die Gebote Gottes mißachteten, da erst kamen aus eigenem Verschulden allerlei Krankheiten unter die Menschen. Glaubt aber nicht, Gott hätte solches aus irgendeiner heimtückischen Absicht heraus den Menschen verordnet. Er hat es lediglich zugelassen, damit zum einen die Menschen vom zu vielen Sündigen abgehalten werden, zum zweiten, damit sie durch die Schmerzen mehr und mehr von der Welt abgezogen werden, in sich gehen, und so in Geduld und Ergebung in den göttlichen Willen selig werden können. So ist das auch bei den Kindern. Was soll aus einem körperlich verkümmerten Kind werden, dazu noch bei Eltern, die selbst in allen Sünden geboren worden sind? Wer würde sie erziehen, wer sie heilen? Ist es da nicht besser, sie ins Jenseits zu holen und dort im eigens für sie bestehenden Kinderreich von Engeln großgezogen werden?
Ich sage euch aber: Gott weiß um alles und sorgt für alles! Aber da viele Menschen von Gott gar nichts mehr wissen wollen, wie sol-

len sie denn erkennen, was Gott zu ihrem geistigen Heil verordnet hat? Hätte Gott nicht auf die Sünden der Menschen entsprechende Krankheiten zugelassen, ginge mehr als die halbe Menschheit seelisch zugrunde, die Erde würde gänzlich zur Hölle werden und müßte so im endlosen Weltenraum umherirren, wie es im Kosmos schon einigen Planeten ergangen ist. (GEJ 6,55:1-7)

Gegen die Trägheit der Menschen gibt es kein anderes Mittel als eben allerlei zugelassene Übel. Sie folgen notwendigerweise auf die Nichtbeachtung des göttlichen Willens. Leid und Schmerz wecken die im Fleisch allzu verhaftete Seele auf und zeigen ihr die Folgen ihrer Trägheit. Darauf wird sie vorsichtiger, klüger und sucht von sich aus nach Gott. Somit hat jede Krankheit auch ihre gute Seite. Freilich ist sie für den Leib eine Art »Gericht«. Dennoch ist der Seele dadurch der freie Wille nicht genommen. Sie kann sich in und nach einer Krankheit bessern, wenngleich ihre weitere Vollendung erst im Jenseits erfolgen wird. (GEJ 6,56:8-9)

Zwei Griechen zu Jesus:
Dürfen wir dich bitten, unsere Körper, solange wir sie zur Seelenvollendung bedürfen, ganz gesund zu machen? Mit einem gesunden »Werkzeug« können wir ja viel mehr erreichen als mit einem kranken. Denn mit einem kranken Leib leidet auch die Seele und hat keine Kraft mehr zu höherer Tätigkeit.
Jesus:
Euch geschehe nach euerem Glauben. Merkt euch aber: Nicht immer ist es dem Menschen um seiner Seele willen zuträglich, am Leib völlig gesund zu sein. Denn ist das Fleisch zu gesund, wird es gern auch anfällig für allerlei sinnliche Lustreize, worin sich dann auch die Seele leichter verfängt, als es mit einem kranken Körper der Fall wäre. – So ist eine leibliche Krankheit gewissermaßen die Wache vor der Tür des inneren Seelenlebens. Ich will nicht, daß da jemand mit einem kranken Leib diese irdische Bewährungsanstalt durchmachen muß. Wenn aber die Menschen den alten Rat Meiner

Liebe und Meiner Ordnung nicht beachten, sondern Gegenteiliges tun, werden sie denn auch selbst zur Quelle körperlicher und seelischer Leiden. Ich aber kann und will wegen des Leichtsinns und der selbstverschuldeten Blindheit der Menschen Mein Gesetz nicht umkehren; denn nur durch sie ist der Bestand aller kosmischen Ordnung möglich. Denn wer weiß, daß es weh tut, wenn er geschlagen wird, sich aber dennoch schlägt, ist ja selbst schuld an den Schmerzen. Der aberwitzigen Torheit der Menschen wegen werde Ich daher keine Seele mit einem unempfindlichen Leib versehen! (GEJ 9,158:9-14)

Jesus zum Oberstadtrichter:
Die Krankheiten der Menschen resultieren zwar aus der Mißachtung der göttlichen Ordnung, bewahren aber auch eine fortgeschrittene Seele vor einem Rückfall. Krankheiten sorgen dafür, daß sich die Seele besser aus den Fesseln der satanischen Welt entwinden, oder diese sogar für immer ablegen kann. Letzteres bewirkt dann, daß sie Seele keinen Wusch mehr verspürt, je wieder in einer materielle Welt zu inkarnieren (GEJ 10, 182:19).

Chronische Krankheiten heilen die Seele
Jesus zum Römer Pellagius:
Ist der Mensch kerngesund, neigt er dazu, seine Gesundheit durch allerlei Unmäßigkeiten oder durch Überarbeitung zu mißbrauchen. Von klugen Freunden wird er dann wohl ermahnt, mehr auf seine Gesundheit zu achten, da sie durch die unvernünftige Lebensweise bald aufs Spiel gesetzt wird. Ist sie erst einmal dahin, bringt sie kein Arzt und keine Arznei völlig wieder, und man bleibt dann sein Leben lang ein siechender und leidender Mensch. Ist er noch gesund, kehrt er sich meist nicht nach solchen Ratschlägen und lebt sein Leben unverändert weiter. Bleibt er über lange Zeit uneinsichtig wird es ihm nach vielen Jahren des Leidens eher durch Angewöhnung ans Leiden als durch Arzneien leichter, und er sieht ein,

daß sein Leiden eine Gnade Gottes war. Durch sie wurde er von seinem Leichtsinn insofern geheilt, als er dadurch seine Seele reiner und Gott wohlgefälliger hat erziehen können. Denn durch leibliche Schmerzen wird die Seele demütiger, geduldiger und ernster und gewinnt an Kraft, um der Sinne des Fleisches Meister zu werden. (GEJ 10,112:1-9)

Über das Leiden »unschuldiger« Kinder
Jesus zu Faustus und Kisjonah:
Diese meine Lehren und die Ereignisse während Meiner Mission werden in knapp 2000 Jahren durch einen eigens dafür ausgewählten Schreiber der Menschheit bekannt gemacht.
Beim Studium dieses Evangeliums wird man sich vielleicht fragen, wie es denn in unserem Fall um jene aufgegriffenen Kinder bestellt ist, die von Sklavenhändlern nach Sidon, Tyrus, Cäsarea, Antiochia oder gar nach Alexandria verkauft worden wären? Diese können doch durchaus gut erzogen gewesen sein. Warum aber sollte Ich ausgerechnet diesen Kindern nicht helfen, wo Ich doch sonst alle Kinder segnete?
Dazu ist folgendes zu sagen: Zum einen waren diese Kinder meist über 9 Jahre alt. Darunter waren auch Mädchen zwischen 14 bis 16 wie auch gleichalterige Jünglinge und man konnte, ohne Ärgernis zu erregen, nicht in das Zimmer dieser jungen, halbnackten Menschen treten. Zum zweiten waren das keine so unschuldigen Kinder mehr, wie Ich sie hie und da noch antraf, sondern meist schon sittlich sehr verdorbene. Denn die Päderastie und Violation (Knabenliebe und Schändung) war nirgends so verbreitet wie in den Grenzgebieten zwischen Juden und Griechen. Daher war für diese verdorbenen Kinder das von Mir zugelassene Schicksal nicht vergebens: Denn einerseits mußte es der Verdorbenheit als Strafe wirken, andererseits aber wurden die Kinder dadurch gewarnt, weiterhin der Sinnenlust geiler Griechen zu dienen. Damit sollte einem erneuten Rückfall vorgebeugt werden. Wenn man nun solches

4.4. Schicksal aufgrund freien Willens

weiß, wird auch ersichtlich, daß Ich – obwohl von göttlichen Liebe zu jedem Menschen erfüllt – mich nicht jedem sündhaften und verunreinigten Fleisch persönlich nähern kann und darf. Denn es ist ein großer Unterschied zwischen einem reinen und einem unreinen Kind. Ersteres kann von Mir unmittelbar geheilt werden, letzteres nur mittelbar und zwar über Umwege, wie es im genannten Fall geschah. Daher sollte man auch nicht zu voreilig kritisieren, warum Kinder, die auf den ersten Blick als unschuldig oder zumindest unzurechnungsfähig erscheinen, oft ein härteres Schicksal erleiden müssen, als Erwachsene.

Denn seht: Wer einem Baum eine andere Richtung geben will, der muß damit anfangen, solange der Baum noch jung ist. Ist er erst einmal alt geworden, muß man den Aufwand erhöhen, um das Ziel zu erreichen. Denn ein alter Baum nimmt nur ungern eine andere Richtung an – es sei denn, man fällt ihn. Und deshalb kommt es auch vor, daß Gott gegenüber Kindern nicht selten größere Leiden zuläßt als älteren Menschen gegenüber. Denn die satanischen Geister sind nirgends emsiger zugange als eben bei den Kindern. Was tut nun Gott, dem ja dies alles bekannt ist? Er sendet Seine Engel, läßt das hinterlistige Werk der teuflischen Helfer zusammenreißen und alles Satanische über den Weg der Krankheit hinausschaffen. Die Leiden und Krankheiten der Kindern haben also vor allem den Sinn, alle bösen Elemente zu beseitigen, mit denen die Seele durch das Treiben satanischer Geister verdorben wurde. Würde bei Kindern in diesem Sinne nicht ständig dagegengesteuert werden, so gäbe es auf Erden Besessene, Taubstumme, Kretins, Krüppel und Behinderte in solchen Mengen, daß kaum mehr ein gesunder Mensch anzutreffen wäre. Da mag sich nun der eine oder andere fragen, warum denn der weise und allmächtige Gott es überhaupt zuläßt, daß sich unreine Geister in den jungen Leib der Seele einnisten können. – So aber fragt nur ein blinder Mensch, der nicht weiß, daß die ganze Erde, ja die gesamte Schöpfung, ihrem äußeren Erscheinungsbild nach ein Konglomerat (Gemenge) von

Geistwesen ist, welche auf eine bestimmte Zeit hin verdorben sind, oder aber sich freiwillig in der Materie aufhalten. (GEJ 1,241:1-14)

Die Verlockungen der Welt führen in den geistigen Tod
Nikodemus zu Jesus:
Warum kommt erst dann ein schlimmes Schicksal über jemanden, wenn er ein gewisses Maß an Verfehlungen vollgemacht hat?
Jesus:
Wenn ein Kind im Mutterleib einmal reif geworden ist, so hat es sein Maß als Fötus voll und es wird in die Außenwelt geboren. Eine Frucht am Baum hat ihr Maß erreicht, wenn sie reif geworden ist und sie fällt dann ab. Ein Mensch, der das Gesetz kennt und es aus Liebe zu Gott und seinem Nächsten nicht mehr übertritt, hat dadurch das Maß der Vollkommenheit vollgemacht und ist dann schon im Diesseits ein Bürger des jenseitigen Himmels geworden.
– Jemand aber, der sich nie Mühe gibt, die Lebensgesetze Gottes näher zu studieren, etwa weil ihn die Verlockungen der materiellen Welt zu sehr in den Bann ziehen und er sich dann von einem Sinnengenuß zum anderen begibt, der vergißt Gott. Sein Glaube an Ihn schwindet mehr und mehr. Er treibt Hurerei, wird ein Dieb, ein Räuber oder vielleicht gar ein Mörder, um sich das nötige Geld zu verschaffen, damit er seinen Leidenschaften weiterhin frönen kann. Damit versündigt er sich am göttlichen Gesetz. Das Maß wird voll und er verfällt dem selbst herbeigeführten Schicksal mit allen Konsequenzen. Auf ein Vollmaß solcher Sünden folgt nun aber ganz sicher das »Gericht« (= geistiger Tod). Dies ist von Gott aus schon von Ewigkeit her so verordnet. (GEJ 7,53:1-4)

4.5. Re-Inkarnation und Seelenentwicklung

Vorbemerkung

Obwohl alle Kapitel dieses Kompendiums in Spiegelung des Urtextes das Geistige und die Seele mehr oder weniger zum Thema haben, soll es in diesem letzten Abschnitt noch einmal stärker beleuchtet werden. Dies vor allem im Hinblick auf Herkunft und Entwicklung der Seelen nach dem Leibestod.

Gott definiert die Seele als unsterbliches »inneres Geistwesen des Leibes« (siehe GEJ 6,133) dem in Form des Gottesfunkens ein jenseitiger Geist (Ur-Lebenskeim) zugeordnet ist. Dieser Gottesfunke nimmt beim Menschen die Funktion des Gewissens wahr. Nicht nur wir Menschen sind beseelt, sondern auch Pflanzen und Tiere. Allerdings wird erst bei uns das bislang als Gruppenseele (Konglomerat) bestehende leibbürtige Geistwesen zu einem eigenständigen, individuellen Seelenwesen.

Wundern wird sich so mancher Leser, wenn er aus Gottes erster Hand erfährt, daß seine Seele aus dem Tierreich stammt. Somit könnte es also durchaus sein, daß die Seele eines Hundes im nächsten Leben eines Menschen als sein Vorgesetzter wieder auftaucht. Tierschützer dürften eine solche Regelung ausdrücklich begrüßen, wo doch insbesondere die Nutztiere schwer unter der Ausbeutung durch uns Menschen zu leiden haben. Da die Menschenseele originär aus dem Mineralreich (Stein, Fels) und damit aus der härtesten Form satanischer Verfestigung stammt, hat sie – über die evolutionären Verwitterungsprozesse bis hin zur Flora – schon unzählige Inkarnationen hinter sich, bevor sie schließlich über die Pflanzenfresser beim Tier anlangt. Der Übertritt zum Menschen kann indes nicht nur relativ spät erfolgen, also etwa nach der Stufe eines Säugetieres (z.B. Hund, Rind oder Pferd), sondern offenbar entwicklungsgeschichtlich bereits früher, etwa nach einem Leben als Vogel. Eine Besonderheit unserer Erde scheint zu sein, daß wir uns nicht mehr – so gern wir es auch manchmal hätten – an frühere Inkarnationen zurückerinnern. Selbst dann nicht, wenn die vorige schon in einem Menschen stattfand. Unser Himmlischer Vater begründet dies zum einen mit

4. Die Entwicklung vom Materiellen zum Geistigen

der Besonderheit der »Gotteskindschaft« auf dieser Erde, zum anderen damit, daß wir das Bewußtsein der Vereinigung aus so endlos verschiedenen seelischen Substanz- und Intelligenzteilen nicht lange ertragen könnten.
Nicht weniger als 98 % der Menschenseelen stammen unmittelbar von und aus unserer Erde und haben daher diesen langen Entwicklungsweg hinter sich. Nur zwei von Hundert kommen von anderen kosmischen Welten und Sonnensystemen. Bei einer Stadt mit 10 000 Einwohnern beispielsweise wären dies 200 Seelen. Sie haben besondere geistige Aufgaben, wie etwa schwächere Mitmenschen vor einem geistigen Rückfall zu bewahren.
Schließlich noch eine Nachricht an die Ethik-Kommissionen: Die von außerhalb kommende Seele geht im Augenblick der Verschmelzung von männlicher und weiblicher Eizelle ins Fleisch. Eine befruchtete Eizelle ist demnach schon von diesem Moment an beseelt, und nicht etwa der Fötus erst viel später.
Das Ziel jedweder Inkarnation ist indes kein anderes, als die religiöse und moralische Vervollkommnung während der irdischen Probezeit. Sie ist dann erreicht, wenn sich die Menschenseele mit ihrem jenseitigen Geist vereinigt hat, der als Gottesfunke im schlagenden Herzen wohnt. Dies nennt Gott die »Wiedergeburt im Geist« und stellt gewissermaßen die Eintrittskarte in den Himmel dar.

Die meisten Leser wird es aber interessieren, wie es nach dem Sterben weitergeht. Verläßt die Seele den leblosen Körper, und ist sie noch nicht gottähnlich, verbleibt sie als ein für die Angehörigen unsichtbares Geistwesen zunächst einmal an ihrem früheren Wirkungsort und beschäftigt sich in ihrer Phantasie weiterhin mit dem, was ihr zu Lebzeiten wichtig war. Erst sehr langsam wird sie sich von den materiellen Bindungen lösen und auf eine höhere geistige Ebene gelangen. Im Vergleich zum Erdenleben sind die geistigen Entwicklungsmöglichkeiten im zeitlosen Jenseits allerdings nur sehr gering! Dies liegt offenbar daran, daß es dort die Wahlmöglichkeit zwischen Böse und Gut nach Art unserer Erde nicht mehr gibt. In den meisten Fällen, sagt Jesus, reicht eine Inkarnation als Mensch noch nicht aus, um in einen der drei Himmel zu gelangen,

4.5. Re-Inkarnation und Seelenentwicklung

da seine Gedanken noch zu sehr an den weltlichen Dingen haften. Ist aber einmal die »Wiedergeburt im Geiste« geschafft, ist der Lohn des Himmlischen Vaters für seine Kinder unbeschreiblich schön:
Unbeschreiblich schön heißt, daß die höchsten Glücksgefühle oder das größte, uns bekannte Maß an Wohlbefinden auf Erden im Himmel noch weit übertroffen werden; dies auch deshalb, weil ein Geistwesen nicht mehr an die hinderliche Schwere des Leibes gebunden ist. Und langweilig, wie es in lustigen Kabarettstücken immer wieder vorgetragen wird, dürfte es im Himmel keinesfalls werden. Denn die Kinder Gottes dürfen als nunmehr mächtige Geistwesen im unendlichen Universum dasselbe tun wie ihr Vater: Galaxien und Sonnensysteme, mitsamt ihrer Lebewelt – einschließlich des Menschen – erschaffen, und sich ewig an ihren Werken erfreuen. Denn das göttliche Prinzip immerwährender Tätigkeit ist auch seinen Kindern eigen. So beruht die rituelle Gebetsfloskel »Ruhe in Frieden« oder »Herr, gibt ihr / ihm die ewige Ruhe« anläßlich kirchlicher Begräbnisse auf einen argen Mißverständnis.

Stirbt dagegen ein Mensch, der sich zu Lebzeiten beispielsweise als Gewaltherrscher, Unterdrücker, Ausbeuter oder auch nur als macht- und herrschsüchtiger Mensch ausgezeichnet hat, kommt seine Seele im Jenseits zu gleichgesinnten bzw. gleichartigen Geistern. Dort setzten sich dann – nach unserem irdischen Empfinden für unendlich lange Zeiten – die diesseitigen Machtkämpfe um Rang und Ehre fort. Daher weist das Lorber-Evangelium immer wieder mit Nachdruck darauf hin, wie wichtig es ist, Hochmut durch Demut und Herrschen durch Dienen zu ersetzen. Denn ohne diesen Wandel ist keine Loslösung von der satanischen Welt möglich. Aber dies ist ja schon in der Bibel nachzulesen: »Wenn jemand unter euch groß werden will, soll er euer Diener sein und wenn jemand der Erste sein will, soll er zum Sklaven werden; gleichwie der Menschensohn nicht gekommen ist, um bedient zu werden, sondern um zu dienen« (Mt. 20,27-28).

4.5.1. Die Menschenseelen: Unterschiede, Herkunft und Ziel

Das Geheimnis der Wiedergeburt
Gott zu Beginn des Diktats an sein Medium:
In der Mitte der Sonne ruht der Gnadenfunke und erzeugt durch das Feuer der Gottheit das Licht der Welt. In der Mitte der Erde aber befindet sich ein Teil des zur Materie gewordenen Willens Gottes gleich einem Feuerdrachen. Er hält die satanischen Elemente in verdichtetem Zustand wie Steine, die erst durch das Wasser der Erbarmung aufgeweicht werden müssen, will einer wieder zu einer zweiten Fleisch-Probe für Freiheit und ewiges Leben entbunden werden.
Und nun begreife das Geheimnis deines Wesens und staune über die große Liebe und die Macht Gottes. Sie hat dich schon oft von neuem inkarnieren lassen, um dich, der verloren war, fürs ewige Leben in geistiger Freiheit, Liebe und Erkenntnis wieder zu gewinnen. Dies alles will Ich dir und damit auch vielen anderen bekannt geben, damit ihr einseht, wie gut die ewige Liebe des Himmlischen Vaters sein muß. Eine Liebe, die unermüdlich so Vieles, Großes und Wunderbares für euch Weltmenschen tut und duldet. (HG 1,5:33)

Definition der Seele und des ihr innewohnenden Gottesfunkens
Der Römer Agrikola zu Jesus:
Was ist eigentlich das Wesen der Seele und was das des reinen Geistes? Welche Gestalt hat eine Seele oder gar ein reiner Geist, und warum kann der Mensch sie nicht sehen?
Jesus:
Zwar kannst du solches noch nicht fassen, aber Ich erkläre es dir trotzdem: Die Menschenseele ist eine ätherische Substanz, die sich aus vielen Lichtatomen zu einer menschlichen Form zusammensetzt. Der reine, jenseitige Geist (Gottesfunke) aber ist der von Gott ausgehende Wille. Die Seele ist gewissermaßen durch die

4.5. Re-Inkarnation und Seelenentwicklung

Kraft des Geistes wieder aufgeweichte Materie, die in die Urform des Geistes übergeht, und dann – mit ihrem Geist vereint – seinen lichtätherischen Leib ausmacht. Nach Verwesung und Auflösung ihres alten Körpers nimmt die Seele mit Hilfe ihres geistigen Willens wieder ihre einstige Form an. (GEJ 7,66:4-7)

Die weitaus meisten Menschenseelen stammen von der Erde
Jesus erläuternd:
Es war ein Mann von Gott gesandt, der hieß Johannes. Er predigte am Jordan die Buße und taufte die Bekehrten mit Wasser. In diesem Mann wohnte der Geist des Propheten Elias, welcher zuvor Erzengel Michael war. Dieser besiegte den Lichtträger Luzifer zu Urbeginn, und rang später mit ihm auf dem bekannten Berg um den Leichnam Moses. Johannes der Täufer war nicht selber das eigentliche Urlicht (Wort), sondern – wie alle Wesen – lediglich ein Ablicht von ihm. Durch seine Demut aber war es ihm möglich, mit dem Urlicht Verbindung zu halten. (GEJ 1,2:1-4)

Jesus zu Petrus:
Auf der Erde kommen zweierlei Arten von Menschen vor: Die eine, seelisch weiterentwickelte Art stammt von »oben«, nämlich aus anderen Welten. Sie sind schon »Kinder Gottes«. Die andere, noch weniger weit entwickelte stammt von und aus dieser Erde. Als Menschen sind sie noch »Kinder der Welt«, sollten aber letztendlich »Kinder Gottes« werden. Ihre Seele setzt sich aus vielen einzelnen Lebensteilchen zusammen, die von der satanischen Erde genommen sind und bislang als Erd- oder Naturgeister im Mineral-, Pflanzen und Tierreich lebten und starben. (GEJ 2,169:3-12)

Jesus zum Statthalter Cyrenius:
Der Leib ist Materie und besteht aus grobstofflichen Substanzen. Diese werden in eine organische Form gezwängt, welche der freien Seele in allem Nötigen entspricht. Die in einem Leib wohnende

4. Die Entwicklung vom Materiellen zum Geistigen

Seele ist anfangs nicht vollkommener als ihr Leib, weil sie ja der unvollkommenen Urseele Satans entstammt. So ist der menschliche Körper eigentlich nichts anderes als eine zweckmäßig eingerichtete Läuterungsmaschine. In der Seele aber wohnt schon der Funke Gottes, der sie als Stimme des Gewissens über die göttliche Ordnung informiert. Andererseits ist der Leib selbst mit allerlei Sinnen versehen und kann hören, sehen, fühlen, riechen und schmecken. Dadurch bekommt die Seele die nötigen Informationen von der Außenwelt, gute und wahre, schlechte und falsche. Aus dem Urteil des in ihr wohnenden Geistes erkennt sie bald, was da gut und was schlecht ist. Durch die äußeren Sinne macht die Seele Erfahrungen von guten und schlechten, wohltuenden und schmerzlichen Eindrücken. Schließlich kann ihr über die außerordentliche Offenbarung der Weg göttlicher Ordnung gezeigt werden. So ausgerüstet, kann dann die Seele ihren Weg frei selbst bestimmen. Will sie aber fortbestehen, muß sie sich durch die ihr gegebenen Mittel selbst als fortbestandsfähig gestalten und ausbauen. Sonst muß sie am Ende entweder das Los des Leibes teilen, oder sie tritt als noch zu drei Viertel unvollkommen aus dem Leib, der zur weiteren Ausbildung nicht mehr taugt. Dann muß die Seele wieder inkarnieren, um in einem unbequemeren Körper auf gewöhnlich schmerzliche Weise ihre weitere Vervollkommnung fortzusetzen. (GEJ 2,210:1-7)

Jesus zu Cyrenius:
Unter den Menschenseelen gibt es Unterschiede. Einige kommen von anderen Planeten, sind widerstandsfähiger und die satanischen Geister dieser Erde können ihnen weniger anhaben. Solche Seelen können auch eine schwierigere Fleisch-Lebensprobe aushalten, ohne größeren Schaden zu nehmen. Wird bei ihnen der göttliche Geist erweckt, und durchdringt er dann die Seele, so wird die nur gering vorhandene materielle Verbundenheit in ihnen sofort ausgeheilt. Manche Menschenseelen sind sogar ehemalige Engel, bei

4.5. Re-Inkarnation und Seelenentwicklung

denen nichts verdorben werden kann. Johannes der Täufer und Propheten, wie Moses, Elias und Jesajas gehörten dazu. Solche Menschen sind schon einer härteren Fleisch-Lebensprobe fähig und ertragen sie auch mit der größten Aufopferung. (GEJ 4,34:8-9)
Unter den Seelen, die zwecks Inkarnation von anderen Planeten auf diese Erde kommen, gibt es Unterschiede im Entwicklungsstand: Einige stammen aus hoch entwickelten Sonnensystemen und sind daher auch robuster als solche, die aus kleineren, der Erde ähnlichen Planeten kommen. Je unvollkommener also ein Planet, desto schwächer sind auch seine »Auswanderer«. Sie haben hier zwar eine leichtere Lebensprobe zu bestehen, können aber durch satanische Verführungen ebenfalls Seelenschaden erleiden.
Die allermeisten Seelen stammen jedoch von Anbeginn von dieser Erde. Sie sind am anfälligsten und können am ehesten durch die weltlichen Verlockungen verdorben werden. Unter 100 befinden sich aber 1 bis 2 Außerirdische, welche die schwachen irdischen Seelen vor gänzlichem Verderben bewahren. Jede Seele aber – ob schwach, ohnmächtig oder verdorben – besitzt den Ur-Lebenskeim in Form eines Gottesfunkens, der nie verdorben werden kann. Hat sich die Seele im Laufe der Zeit soweit vervollkommnet, daß ihr innerer, jenseitiger Geist in ihr erweckt wurde, wird sie dann auch bald selig wie ein »Kind Gottes« oder ein menschgewordener Engelsgeist. (GEJ 4,35:1-4)

Jesus zu Aziona und Epiphan:
Auf dieser Erde gibt es zweierlei Arten von Menschen: Die meisten haben sich in geordneter Stufenfolge aus den Natur- und Erdgeistern entwickelt und sind sowohl der Seele als auch des Leibes nach ganz von dieser Erde. Ich nenne sie »Kinder der Welt«. Ein viel geringerer Teil aber hat nur den Leib von dieser Erde, die Seele aber stammt entweder aus anderen Sternenwelten oder es handelt sich um Engel aus den Geisterhimmeln. Diese zweite und viel höher entwickelte Menschenart verstehen die verborgenen, göttli-

chen Geheimnisse und Wahrheiten. Ihre Aufgabe ist es, die »Kinder der Welt« zu lehren und ihnen zu zeigen, wie auch sie zu »Kindern Gottes« werden können. (GEJ 5,225:2-5)

Zur Herkunft der Seelen der von Geburt an Kranken
Jesus zu einem Judgriechen:
Es gibt aber auch kranke Menschen, die wegen der Sünden ihrer Eltern oder auch Voreltern schon vom Mutterleib aus krank in diese Welt gekommen sind. Die Seelen solcher Kranken kommen oft von anderen Welten und machen nur eine zeitweilige Fleischprobe auf dieser Erde durch. Für diese aber ist vom jenseitigen Geisterreich aus gesorgt, denn jeder, der sich ihrer in Liebe annimmt, wird auch im jenseits mit der gleichen Liebe in die himmlischen Wohnungen aufgenommen werden. (GEJ 6,56:10)

Von der Tier- zur Menschenseele
Jesus zu einem römischen Hauptmann:
Was also liegt denn am Leib dieses Kaninchens, mit dem sich der Adler seinen Hunger stillt, dafür aber des Tierchens Seele frei macht, so daß diese in die Lage kommt, in eine höhere Lebensstufe aufzusteigen? Der Adler aber hat eben auch eine Seele, die derselben Bestimmung entgegengeht. Im Fleisch und Blut des Kaninchens befinden sich auch noch gröbere Seelensubstanzen. Diese vereinigen sich mit den Seelensubstanzen des Adlers mit dem Effekt, daß des Adlers Seele dadurch etwas sanfter und intelligenter wird. Stirbt das Tier, kann so eine Vogelseele durchaus schon zu einer Menschenseele werden, und zwar zu einer mit viel Erkenntnis, Mut und Kraft begabten. (GEJ 6,133:8)

Jesus zu Römern:
Alles was diese Erde enthält und ausmacht, von ihrem Kern bis über ihre Luftregion hinaus ist Seelensubstanz und zwar in mehr oder weniger verfestigtem Zustand. Mit eueren fünf Sinne nehmt

4.5. Re-Inkarnation und Seelenentwicklung

ihr sie als Stein, Boden, Wasser und Luft wahr. Im Pflanzenreich tritt euch die »gerichtete Materie« schon milder entgegen. Hier befindet sich die Seelensubstanz in einem weit loserem Stadium als noch im Mineralreich und die biologische Vielfalt ist hinsichtlich der unterschiedlichen geistigen Intelligenzstufen sehr groß. Im Reich der Tiere, das noch um sehr vieles mannigfaltiger ist, vereinen sich denn auch zahllose Kleintier-Seelensubstanzteile von verschiedener Art und Gattung in eine größere Tierseele, wie zum Beispiel in die eines Wurmes oder eines Insektes. Zahllos viele solche Insektenseelen von eben wieder verschiedener Art und Gattung, vereinen sich nach dem Ableben dann wieder in eine Tierseele größerer und vollkommenerer Art. Das geht so fort bis zu den Säugetieren. Aus der letzten Vereinigung dieser Tierseelen gehen dann erst die mit Verstand und Selbstbewußtsein versehenen Menschenseelen hervor.

Wird ein Mensch in diese Welt geboren, kann er sich mit einer nunmehr vollständigen Seele an alle die notwendigen Vorzustände ebensowenig erinnern, wie euere Augen die Einzeltropfen des Meeres, aus denen es besteht, unterscheiden können. Denn wäre einer Menschenseele das möglich, könnte sie die Vereinigung aus so endlos verschiedenen seelischen Substanz- und Intelligenzteilen nicht lange ertragen. Sie würde sich schnellstens aufzulösen beginnen, wie es etwa ein Wassertropfen auf glühendem Eisen tut. Um die Seele des Menschen zu erhalten, muß ihr daher bei der Einrichtung ihres sie umhüllenden Leibes jede Rückerinnerung genommen werden. Sie kehrt erst wieder zurück, wenn sie sich mit dem göttlichen Liebesgeist bei der »Wiedergeburt der Seele« vereinigt hat. Denn dieser Geist ist gleichsam der Kitt, durch den all die endlos verschiedenen Seelenstadien zu einem auf ewig unzerstörbaren Ganzen verbunden werden. Es entsteht dann ein gottähnliches Geistwesen, das sich in aller Klarheit erkennt und begreift. (GEJ 10,21)

4. Die Entwicklung vom Materiellen zum Geistigen

Daß aber eine Menschenseele und entsprechend auch ihr Leib so zusammengefügt ist, kann der nachdenkende Mensch aus manchen Erscheinungen erahnen: Nehmt die Unzahl der verschiedenartigsten Begriffe und Ideen, die eine Seele von auch nur mittlerer Bildung entwickeln kann. Daraus macht sie sich eine konkrete räumliche Vorstellung und setzt diese schließlich in die Tat um. Dies ginge nicht, wenn die Seele nicht allumfassend und verschiedenartigst zusammengesetzt wäre. Denn siehe, schon einem Ochsen oder Esel gelingt es bekanntlich nicht, einen Plan zu entwerfen und ein Haus zu bauen.

Wenn ihr nun die mannigfaltige Tierwelt betrachtet, werdet ihr feststellen, daß jedes Tier nach seiner Art eine Begabung zum Bauen bei der Brutpflege hat. Angefangen bei den Bienen und anderen Insekten mit ihren Röhren und Waben, über die Vögel und die Mäuse mit ihren Nestern, den Biber, der sich eine förmliche Wasserburg erbaut, die Füchse, Wölfe, Bären mit ihren Höhlen und Behausungen. Überall werdet ihr einen guten Baumeister und eine in Erstaunen setzende Baufähigkeit antreffen! Jedes Tier, vom kleinsten bis zum größten, hat freilich nur eine seiner jeweiligen Seelenintelligenz entsprechende Begabung. Aber in der Menschenseele sind alle die tierischen Fähigkeiten in einer Vielzahl vereinigt, aus denen sie ganz neue Formen entwickeln, Häuser und Paläste bauen oder sonstwie kreativ sein kann. Dies wäre dem Menschen ohne den langen Weg der Re-Inkarnation nicht möglich. Denn selbst das nach dem Menschen intelligenteste Tier hat keine Phantasie und somit auch keine allumfassende Kompositionsgabe. (GEJ 10,22:1-7)

Jesus zum Oberstadtrichter:
Hast du gesehen, wie der Adler den Schakal ergriffen hat, mit ihm in die Höhe flog und ihn dann auf einen steinigen Boden herabfallen ließ, wodurch dieser den Tod fand? Dieser Schakal hatte zuvor eine Gazelle gerissen und sich an ihrem Fleisch gesättigt. Nachdem

4.5. Re-Inkarnation und Seelenentwicklung

der Schakal tot war, wollte ihn der Adler zu seinen Jungen in den Horst tragen, aber da er ihm zu schwer wurde, fiel er ihm in eine Schlucht. Dort aber weideten arabische Hirten ihre Herden und beobachteten, wie der Vogel herabschwebte, um sich seine Beute zu hohlen. Nahe genug bei den Hirten, spannten diese ihre Bögen und schossen den Adler ab. Aus diesen drei schon recht weit entwickelten Tierstufen ist nun – freilich mit vielen tausend Vorstufen – eine Menschenseele entstanden.

Diese wartet jetzt nur darauf, bei einer der nächsten Zeugungen in den Leib einer menschlichen Mutter aufgenommen zu werden. Hinter dieser Seele aber steht eine Lichtgestalt als jenseitiges Geistwesen. Dieses sorgt dafür, daß die aus der Natur stammende Seele sich im Mutterleib weiterentwickeln kann. Es wird davon ein männliches Kind zur Welt kommen. Das Friedfertige der Gazelle wird sein Herz regieren, das Schlaue des Schakals seine Vernunft und das Kräftige des Adlers seinen Verstand, Mut und Willen. Sein Hauptcharakter wird ein kriegerischer sein, den er aber durch sein Gemüt und seine Klugheit mäßigen kann und so zu einem brauchbaren Menschen wird. Sollte er aber ein Krieger werden, wird er zwar auch durch seinen Mut Glück haben, schließlich aber ein Opfer der gegnerischen Waffen werden. – Du kannst das Ergebnis dieser Re-Inkarnation selber weiterverfolgen, denn schon nächstes Jahr wird dein Nachbar Vater werden.

Und nun kennst du das Prinzipielle der Seelenwanderung, und Ich habe dir nun etwas gesagt und gezeigt, was Ich bis jetzt noch keinem Menschen in dieser Deutlichkeit gesagt und gezeigt habe. (GEJ 10,185:1-8)

Unterschied zwischen Tier- und Menschenseele
Jesus zum Gutsherrn Lazarus:
Das unendliche Universum ist nicht etwa leer oder tot, sondern es setzt sich auf einer Vielfalt von geistigen Lebensformen zusammen. Bei den Pflanzen- wie auch den Tierseelen besteht eine Ver-

bindung zur sogenannten »allgemeinen Lebensintelligenz« des Weltraums und ihr Wesen wird dadurch vom Instinkt geleitet, der bekanntermaßen keiner Belehrung bedarf. Jedes Tier kennt seine ihm zusagende Nahrung und weiß sie zu finden. Es hat seine Waffen und weiß sie ohne alle Übung zu gebrauchen. Auch der Geist der Pflanzen kennt genauestens den Stoff im Wasser, in der Luft und im Erdreich, der zur Ausbildung seiner besonderen Individualität dienlich ist. Beispielsweise wird der Geist oder die Naturseele einer Eiche niemals den Stoff an sich ziehen, von dem die Zeder ihren Charakter bezieht. Ja, wer lehrt denn eine Pflanze, daß sie immer nur den für sie bestimmten Stoff an sich ziehen soll? Seht, das alles ist die Wirkung der allgemeinen Raumlebensintelligenz. Aus dieser Geistessubstanz schöpft eine jede Pflanzen- und Tierseele die ihr speziell nötige Intelligenz und ist dann nach deren Weisung tätig. – Wie ist es nun aber mit dem Menschen?

Im Gegensatz zur Tierseele ist die Seele des Menschen durch eine Scheidewand von der sie umgebenden Geisterwelt, der »allgemeinen Raumlebensintelligenz« abgetrennt. Dadurch hat sie zumeist keine Ahnung von dem, was um sie herum in Bereich der Geistwesen geschieht. Aufgrund der steten Höherentwicklung aller Materie besteht die menschliche Seele somit aus einem Naturseelen-Gemenge, das seine Wurzeln im Mineralreich hat. Durch den Vermischungsvorgang und durch die Wesensänderung von einer Intelligenzsphäre zur anderen, kann sich der Mensch an einzelne Vorexistenzen allerdings nicht mehr erinnern. (GEJ 8,29)

Die Seele inkarniert beim Zeugungsakt
Jesus zum Statthalter Cyrenius:
Bei der Zeugung geht eine entsprechend geeignete Seele ins Fleisch. Zuvor hatte sie ihren Aufenthalt im Luftraum, besonders in den Bergen oberhalb der Baumregion. Wenn eine Seele die erforderliche Konsistenz erreicht hat, steigt sie zu den Wohnungen der Menschen hinab. Dort erhält sie im Ätherkreis der Menschen Nah-

4.5. Re-Inkarnation und Seelenentwicklung

rung und verweilt dort, wo sie von gleichartigen Menschenseelen angezogen wird. Erfolgt dann die Begattung, so wird die dem Gattenpaar nahestehende Seele von deren Außen-Lebenskreis angezogen und tritt während des Befruchtungsvorgangs in den Samenstrom des Mannes und von dort weiter in das weibliche Ei. Von da an gleicht die Seele dann schon einem Samenkorn, das ins Erdreich gelegt wurde. Im Mutterleib macht die Seele dann alle bekannten Stadien bis zur Geburt durch. (GEJ 2,216:1-4)

Der Mensch kann viele Inkarnationen hinter sich haben
Jesus zum Stoiker Philopold:
Glaubst du etwa, du hättest mit Gott zuvor keinen Kontrakt gehabt und wärest nicht auf alle Bedingungen eingegangen, die für das Leben auf dieser Erde nötig sind? Siehe, das ist bereits der 20. Weltkörper, auf dem du mit einem materiellen Leib lebst. Dein gesamtes fleischliches Alter an Jahren ist größer als die Zahl des Sandes aller Meere der Erde. Welche, für einen inkarnierten Menschen unvorstellbar lange Zeit verbrachtest du indes zwischenzeitlich als ein reiner Geist voll klarem Selbstbewußtsein im endlosen Weltraum zusammen mit zahllosen anderen Geistern in einem freien Leben! Du nahmst alle Bedingungen an, auch die, daß du als ein Bewohner dieses erwählten Planeten jegliche Erinnerung an deine Vorleben auf anderen Weltkörpern völlig verlieren wirst. (GEJ 1,213:1ff)

Die Inkarnation ist nur Mittel zum Zweck
Jesus zu Kisjonah:
Ein großer Teil der Geister hat die Freiheit ihres Willens mißbraucht und ist dadurch ins »Gericht« (materielle Gefangenschaft) versunken. Aus solchen Naturgeistern, aus denen sowohl diese Erde wie auch alle anderen Planeten und Sterne des Universums bestehen, geht auch der Mensch stufenweise durch Zeugung und Geburt hervor. Ein Ins-Fleisch-Gehen ist also nur für die unfertigen

Geistwesen nötig, aber nicht mehr für die schon Vollkommenen. Diese benötigen keinen materiellen Leib mehr. Denn die Inkarnation ist nur Mittel zum Zweck, da am Ende alles Materielle wieder geistig zu werden hat. Diese Erde, alle Sonnensysteme und Galaxien werden einst vergehen sobald alle die in ihnen gefangenen (gerichteten) Seelen auf dem Weg der Fleischwerdung sich zu reinen Geistern entwickelt haben. (GEJ 1,165:8-10)

Keine Erinnerung an frühere Inkarnationen
Jesus zu Lazarus:
Entwicklungsbedingt besteht die Menschenseele gewissermaßen aus einem hoch potenzierte Gemenge von Mineral-, Pflanzen- und Tierseelen. Aus den endlos vielen pflanzlichen und tierischen Einzelseelen ist nunmehr eine einzige geworden ist. Nach göttlicher Ordnung ist es aber so eingerichtet, daß keine Rückerinnerung an vorausgegangene Inkarnationen besteht. Dies liegt daran, daß die einzelnen Seelenteile aus den oben genannten drei Naturreichen kein eigenes Bewußtsein besaßen, sondern ihre Intelligenz bzw. den Instinkt lediglich aus der »allgemeinen Raumlebensintelligenz« entliehen. Außerdem ging nach jeder Mengung und Wesensänderung das Seelenkonglomerat in eine andere Intelligenzsphäre über. Zwar enthält die Menschenseele auf diese Weise den Erfahrungsschatz aus all den zahllos vielen vorausgegangenen Inkarnationen, aber ein spezielles Rückerinnern an die eine oder andere Inkarnation ist nicht möglich. (GEJ 8,29:10-11)

Das Stirb-und-Werde-Prinzip auf der Erde
Jesus zum Oberstadtrichter:
Überall auf der Erde wirst du der äußeren Erscheinung nach nichts als Existenzkampf und »Feindschaft« unter den Kreaturen finden. Betrachte einmal die Sonne, wie sie im Frühjahr die Natur zu neuem Leben erweckt, im Sommer jedoch dann wieder alles Lebendige verbrennt. Euere Gegend hier ist ein gutes Beispiel dafür: In der

4.5. Re-Inkarnation und Seelenentwicklung

zweiten Hälfte des Winters bis zur ersten Hälfte des Frühjahres grünt alles, und es sieht hier wie im Paradies aus. Was ist sie aber jetzt? Kaum ist es Herbst, ist hier eine Steppe, in der man nur selten noch etwas Grünes findet. Alles ist verdorrt und ausgestorben. Oder geh erst nach Afrika oder in die südlichen Teile Arabiens, und du wirst viele Tagesreisen lang nichts Lebendes antreffen, denn die Hitze der Sonne tötet alles ab, was sie noch im Winter zum Leben erweckte. In den sogenannten gemäßigten Erdgürteln ist das Klima indes ausgeglichener; aber dafür dauert dort der Winter um vieles länger als hier. Und so wirst du allenthalben auf der Erde feststellen, daß die Sonne einesteils die größte Wohltäterin der Erde, andererseits aber wieder ihre größte Zerstörerin ist.

Und sieh, entsprechend geht es auf Erden unter den Kreaturen zu. So kann der Regen und das Wasser die Natur beleben, im Überfluß aber die Erde verwüsten. Auch die Pflanzen kämpfen untereinander um die besten Plätze um Licht und Nahrung und es gibt nicht wenige, die bringen andere Pflanzen gar zum Absterben. Oder betrachte die Tierwelt: Das eine Tier dient dem anderen zum Fraße, und der Mensch – seinem Fleische nach selbst tierisch – ist und bleibt gar das größte Raubtier. (GEJ 10,183:1-16)

Der Oberstadtrichter:
Warum werden auf der Erde überhaupt Kämpfe und Feindseligkeiten zwischen den Kreaturen zugelassen?
Jesus:
Die Frage berechtigt, wo es doch auf anderen bewohnten Planeten ganz anders ist. – Das liegt daran, weil die Menschen dieser Erde bezüglich Seele und Geist so beschaffen sind, daß sie sich zu Meinen Kindern entwickeln sollen. Dann nämlich können sie dasselbe tun, was Ich Selbst vermag. Deshalb sagten schon die Propheten zu den Alten: »Ihr seid Meine Kinder und somit Götter, wie Ich euer Vater, Gott bin«. Um aber eine Seele soweit reifen zu lassen, muß sie sich nach einer langen Zeitreihe aus einer Unzahl von Natur-

und Kreaturenseelen zur Menschenseele emporentwickeln. Dieses
»Zusammenfügen« aus fast endlos vielen Geschöpf-Seelen nannten
die alten Weisen »Seelenwanderung«.
Beim irdischen Prinzip des Fressens und Gefressenwerdens können
nun die in den Lebewesen wohnenden Seelen freigesetzt werden.
Gleichgeartete zeugen sich dann für die nächst höhere Daseinsstufe
wieder in eine fleischliche Gestalt ein. Das setzt sich fort bis hinauf
zum Menschen. Und wie es mit der Seele geht, so geht es auch mit
ihrem jenseitigen Geist, welcher der eigentliche Erwecker, Fortführer, Bildner und Erhalter der Seele ist. Erst die Menschenseele erhält Verstand und freien Willen, womit sich der Mensch in moralischer Hinsicht zum eigentlichen »Kind Gottes« fortentwickeln
kann. Hat sich nun die Seele bis zu einem bestimmten Grad geistiger Vollkommenheit hochgearbeitet, vereinigt sich ihr jenseitiger
Lichtgeist mit ihr und der Mensch wird von da an Gott immer ähnlicher. Stirbt der Leib schließlich, ist seine Seele dann schon ein
vollkommenes, gottähnliches Wesen. Es kann selbständig und aus
sich heraus in schöpferischer Weise alles Geistige und Materielle
im Weltall ins Dasein rufen und seine geschaffenen Werke auch
weise erhalten. (GEJ 10,184:1-10)

Durch Evolution veredelt sich die Schöpfung
Jesus zu Priestern:
Was nützen denn dem Menschen alle Schätze dieser Erde, so er sie
in Bälde ohnehin für immer verlassen muß? Ist es denn da nicht
viel klüger, sich solche Schätze zu sammeln, die ewig bestehen
und der Seele auf ewig das seligste und wonnevollste Leben sichern? Schon in diesem Leben kann der Mensch zu der Erkenntnis
kommen, daß bei ihm das vollkommene, freie und ewige Leben
erst nach dem leiblichen Tod beginnt.
Die Priester:
Ja, Herr, das wäre freilich das Höchste und Beste, was der Mensch
auf dieser Erde erreichen könnte! Aber da ist eine Wand, die bis

4.5. Re-Inkarnation und Seelenentwicklung

jetzt noch niemand durchbrechen konnte, und der Schleier der ISIS, den bis jetzt noch kein Sterblicher gelüftet hat. Es gab wohl hie und da sehr weise Menschen, die solches erahnen konnten. Aber über das Wo, Wenn und Wie blieben bisher die Fragen unbeantwortet.

Jesus:
Seht, im endlosen Weltraum lebt die gesamte materielle Schöpfung durch die Kraft Meines Gesetzes und entwickelt und veredelt sich über viele Daseinsänderungen von der Mücke bis zum Menschen und vom Sonnenstäubchen bis zur Sonne hinauf. (GEJ 6,131:13-15)

Inkarnationsziel: Vereinigung der Seele mit ihrem jenseitigen Geist

Jesus (erzählend)
Die Verwandlung eines Steines durch den Engel Raphael machte auf den Römer Agrikola einen großen Eindruck.

Agrikola zum Engel Raphael:
Sieh, in mir wohnt doch auch eine Seele und sie ist nach euerer Lehre ein dir ganz ebenbürtiger Geist! Warum kann denn dann ich durch meinen Geist nicht auch dasselbe bewirken wie du?

Der Engel Raphael:
Weil deine Seele dazu noch nicht reif und dein jenseitiger Geist noch nicht in deine Seele übergegangen ist. Aber etwas bewirkt dein Geist dennoch durch seine Willenskraft, obgleich das deiner Seele noch gar nicht bewußt ist, nämlich den Bau und die Erhaltung deines fleischlichen Leibes. Der innere Geist arbeitet zwar unablässig darauf hin, die Seele so schnell wie möglich reif und frei zu machen, doch gemäß den göttlichen Gesetzen kann und darf er sie nicht dazu zwingen. Andernfalls würde eine Seele noch materieller und unfreier werden, als sie durch Einflüsse der Außenwelt je werden könnte. Darum ist der Seele in ihrem Leib ein eigener Wille und Verstand gegeben, wodurch sie sich von aller Welt-

haftung freiwillig mehr und mehr trennen kann, um schließlich den Weg des Geistigen zu nehmen. So wie aber die Seele diesen Weg geht, in gleichem Maße vereinigt sich dann auch ihr innerer, jenseitiger Geist (Gottesfunke) mit ihr. Hat sie allem Weltlichen dann schließlich vollends entsagt, ist sie mit ihrem Geist eins geworden. Diese Vereinigung nennen wir »geistige Wiedergeburt«. Noch im fleischlichen Leib befindlich, kann die Seele in diesem Zustand eben das bewirken, was ich vor deinen Augen soeben vermochte. (GEJ 7,69:4-7)

Die »Wiedergeburt im Geist« als Individualisierung der Seele
Jesus zu einem römischen Hauptmann:
Ist eine, in einem pflanzlichen oder tierischen Leib inkarnierte Seele einmal durch den Reifungsprozeß fähig geworden, in eine höhere Lebensstufe aufzusteigen, so veranlaßt ihr sie stets fortbildender jenseitiger Geist, daß ihr der nunmehr unbrauchbare Leib abgenommen wird. Dann schon mit höheren Intelligenzen begabt, kann sie sich einen anderen Leib bilden, worin sich die Seele wiederum zu einer größeren Lebensintelligenz emporarbeiten kann. Dies geht so weiter und so fort bis zum Menschen hinauf, wo sie in diesem letzten Leib – schon völlig entscheidungsfähig – dann zum Selbstbewußtsein gelangt. In dieser Entwicklungsphase kann die Seele Gott erkennen, ihn lieben und dadurch auch die Vereinigung mit ihrem jenseitigen Geist erreichen. Diese Vereinigung nennen wir die Neu- oder »Wiedergeburt im Geist«. Hat eine Menschenseele einmal diesen Entwicklungsgrad erreicht, ist sie vollendet und untersteht dann als ein selbständiges Geistwesen nicht mehr der göttlichen Allmacht.
Das sicherste Zeichen einer schon erlangten Lebensselbständigkeit ist, daß die Seele Gott erkannt hat und Ihn aus allen Kräften liebt. Denn solange eine Seele die Gotterkenntnis noch nicht besitzt, ist sie blind und hat sich vom Einfluß der göttlichen Gesetze (Materie) noch nicht befreit. Aber sowie eine Seele anfängt, den wahren Gott

als außer ihr befindlich zu erkennen und durch das Gefühl der Liebe Ihn wesenhaft wahrzunehmen, ist sie schon von den Banden der göttlichen Allmacht frei. Sie gehört dann mehr und mehr sich selbst, wird zur Schöpferin ihres eigenen Seins und dadurch eine selbständige Freundin Gottes für alle Ewigkeiten. (GEJ 6,133:4-6)

4.5.2. Die weitere Seelenentwicklung im Jenseits
Der Werdegang einer Seele nach dem Leibestod
Der Römer Agrikola zu Jesus:
Wo kommt eigentlich die Seele nach dem Sterben hin?
Jesus:
Handelt es sich um eine Seele, die schon zu Lebzeiten geistige Vollkommenheit erreicht hat, tritt sich sofort ins jenseitige Himmelreich über. Ist sie aber noch unvollkommen, hält sie sich nach dem Austritt aus ihrem Leib – vor allem in ihrer ersten Periode – gewöhnlich dort auf, wo der Leib auf Erden gewohnt hat. Sie sieht und hört aber von der Welt, die sie im Leibe bewohnt hat, dennoch nichts. Ihr Zustand gleicht dem eines hellen Traumes. Sie tut und handelt so, als befände sie sich nach wie vor in ihren bisherigen Welt, und es geht ihr daran nichts ab. Durch Zulassungen Gottes kann ihr die zu Lebzeiten bewohnte Gegend aber entzogen werden, und die Seele kommt dann an einen anderen, ihrem inneren Zustand mehr entsprechenden Ort. Bei einer solchen Seele kann es lange dauern, bis sie einsieht, daß alles, was sie auf der Welt noch zu besitzen wähnt, nichtig ist. Bei dieser Erkenntnis angekommen, beginnt sie dann ernstlich über ihren Zustand nachzudenken und wird erst jetzt inne, daß sie den früheren, irdischen Wirkungsraum endgültig verlassen hat. Sie sehnt sich nun danach, eine beständigere Lebensstätte zu bekommen.

In einem solchen Zustand wird sie von helfenden Geistern belehrt, was sie zu tun hat. Folgt sie dem Rat, wird es in ihr immer heller, weil ihr innerer Geist sie mehr und mehr durchdringt. Ist dies geschehen, nimmt ihre Erkenntnisfähigkeit zu und sie erinnert sich schließlich an alles: was sie einmal war, wie sie geworden ist, was sie durchgemacht hat und wie die Welt, in der sie im Leib gelebt hat, bestellt war. In dieser Stufe kann sich die Seele dann nicht nur diese Erde, den Mond und die Sonne, sondern auch andere Sonnensysteme genau ansehen. Sie genießt diese wunderbare Welt und hat die höchste Freude an der Liebe, Weisheit und Macht des einen Gottes. – Das ist das Mindeste, was eine höherentwickelte Seele im Jenseits erfahren darf. (GEJ 7,66:7-15)

Nach dem Tod gibt es unterschiedliche Aufenthaltsorte für Seelen
Jesus zu Aziona und Epiphan:
Nach dem leiblichen Tod schreitet die Erkenntnisfähigkeit der Seele insofern fort, als erst nach und nach die endlose Macht des Geistes Gottes und seiner Werke in sich aufnehmen und begreifen kann. Dabei kommt es ganz wesentlich auf den Entwicklungsstand an, in welchem eine Seele ihren Leib verlassen hat. Ist dieser schon ein gut fortgeschrittener, wird der jenseitige Geisteszustand entsprechend sein. Von diesem Ort aus wird sie bald auf eine höhere Vollendungsstufe gelangen können.
Hat aber eine Seele – sei es aus Mangel an Erziehung oder im schlimmeren Fall aus Mangel an gutem Willen – den Leib ohne geistigen Fortschritt verlassen müssen, erwartet sie im Jenseits ein sehr unbefriedigender Zustand. Hier wird sie von Elementen ihrer tierischen Roheit erst einmal gereinigt werden müssen, um dann mit der Zeit auch auf eine etwas höhere Lebensstufe gelangen zu können. (GEJ 5,225:8-10)

Agrikola zu Jesus:
In unserem weiten Land habe ich noch niemals eine so schöne Gegend und Landschaft gesehen wie hier. Hier muß einem das Sterben doch viel schwerer fallen als in einer unwirtlichen Gegend, oder nicht?

4.5. Re-Inkarnation und Seelenentwicklung

Jesus:
Du hättest ja recht, wenn die Seele nach dem leiblichen Tod in Verbindung mit Gottes Geist nicht in die Lage käme, endlos herrlichere Gegenden – auch auf anderen Welten – zu betrachten und zu genießen. Aber es gibt für eine vollendete Seele im Jenseits noch höhere Seligkeitsgenüsse als bloß das Anschauen von schönen Landschaften. Das würde ihr mit der Zeit sicher langweilig werden und sie sehnte sich bald nach Veränderungen, um größere und ausgedehntere Erfahrungen zu machen und um auch etwas Neues zu lernen. Jedes Seele lebt ja nach dem Leibestod fort und sie ist sich ihres Lebens sehr klar bewußt. In ihrem reinen Geisteszustand kann sie durch Sehen, Hören und Fühlen außerdem viel mehr wahrnehmen, als es ihr in dem schweren und mühseligen Leib möglich war. (GEJ 7,65:2-6)

Die seelischen Vervollkommnung bedarf mehrerer Inkarnationen

Petrus zu Jesus:
Wir alle begreifen immer nicht, wie Du, o Herr, solchen hochmütigen, arroganten und ungläubigen Menschen mit so vieler Geduld und Langmut begegnen kannst. Denn das geht ja noch über Sodom und Gomorra hinaus! Wenn so die Heiden sind, kann man ihnen das ja verzeihen, aber einem Juden nie! (GEJ 6,60:9)

Jesus:
Ereifere dich nicht so! Du weißt nämlich noch nicht, was diese Erde alles an Gästen beherbergt, und was dazu nötig ist, sie nach und nach auf den Stand der »Kinder Gottes« zu bringen! Wenn ihr aber Meinen Geist in euch habt, den Ich euch nach Meiner Auffahrt senden werde, dann werdet ihr auch das einsehen und meine Geduld und Langmut begreifen können.

Wer von euch aber es jetzt schon fassen kann, der fasse es: Ihr müßt nämlich wissen, daß auch Seelen anderer Welten hier auf dieser Erde inkarnieren, so wie auch die Kinder aus dieser Welt.

Sie sind wohl einmal gestorben, und manche schon etliche Male, nahmen aber zwecks geistiger Vollendung immer wieder Fleisch an. (GEJ 6,61:1-2)

Verlangsamte Seelenentwicklung nach dem Tod
Jesus zum Philosophen Epiphan:
Jedem Menschen – gleich welchen Glaubens – ist auf Erden die Gelegenheit gegeben, sich mehr dem Geistigen als dem Materiellen zuzuwenden. Macht er dies, kann seine Seele im Jenseits schon nicht mehr ganz vom materiellen Pol angezogen werden, sondern bleibt in einer Art Schwebe. In diesem Zustand, den Ich »Mittelreich« nenne, gehört sie weder dem einen noch dem anderen Pol an. Dort werden die Seelen von hochentwickelten, vollkommenen Geistwesen geleitet und in den meisten Fällen dem besseren Pol zugeführt. Allerdings geht die volle Umkehr verhältnismäßig langsam vor sich. Dies ist aber nicht so schlimm, da keine Seele für ewig verloren gehen kann. Sollte sie sich – etwa aus Verstocktheit – dennoch für den Gegenpol entscheiden, muß es sich die Seele gefallen lassen, irgendwann wieder auf dieser Erde oder auf einem anderen geeigneten Planeten erneut zu inkarnieren. Dabei ist sie sich nicht bewußt, daß sie schon einmal eine solche Fleisch-Lebensprobe durchgemacht hat. Würde sie davon wissen, bestünde die Gefahr, sofort wieder in ihr Urübel zurückzufallen, und eine zweite Inkarnation wäre nutzlos. (GEJ 5,232:1-2)

Jesus zu Pellagius:
Im Jenseits geht die seelische Höherentwicklung viel schwerer und mühsamer voran als auf der Erde. Bei einer zu tief wider Meine Ordnung gesunkenen Seele wird es eine für dich undenkbar lange Zeit benötigen, bis sie den Weg in den Himmel gefunden hat. Hier auf der Erde hat jeder Mensch gute und schlechte Wege zur Auswahl vor sich und um sich herum allerlei Ratgeber, Lehrer und Informationen. Er kann sich bei sorgfältigem Prüfen leicht für das

4.5. Re-Inkarnation und Seelenentwicklung

Gute entscheiden und so auch sein Verhalten und seinen Willen ändern. Auf diese Weise wird er immer vollkommener. Im Jenseits aber hat die Seele nichts als nur sich selbst. Sie schafft sich dort ihre eigene Welt, ähnlich wie in einem Traum. In einer solchen Welt gibt es somit auch keinen anderen Weg, als den, welchen sie sich mit ihrem Willen und ihrer Phantasie gebahnt hat.

Entspricht ihre Neigung und ihr Wille überwiegend Meiner Ordnung, wird diese Seele – meist nach einigen unvermeidlichen Irrwegen – bald auf dem rechten Pfad fortschreiten und so nach und nach von ihrem Phantasie- und Traumsein in ein reelles Dasein übergehen. Hier wird ihr dann alles immer mehr verständlich und begreiflich, was ihr früher niemals in den Sinn gekommen wäre.

Dagegen hat es eine weniger reife, noch viel mit Welt- und Eigenliebe behaftete Seele viel schwerer, den rechten Weg in meine ewige Ordnung zu finden. Wie aber wird es jener Seele im Jenseits ergehen, die noch nicht einmal den halben oder viertel Weg zu Mir zurückgelegt hat? Für sie wird die geistige Wanderschaft zur wahren Hölle: Eine solche Seele wird sich auf den zahllosen Abwegen ihrer finsteren Traum- und Phantasiewelt immer mehr verirren und sich schließlich sogar zur Herrschaft über Gott emporschwingen wollen. Da sie dadurch aber nicht nur nichts erreichen wird, sondern sich nur immer mehr ins eigene satanische Verderben begibt, wird sie immer zorniger und wütender, gleichzeitig aber auch finsterer und ohnmächtiger. Nun stelle dir die zahllos vielen Irrwege in der Phantasiewelt einer solchen Seele vor! Wann wird sie diese alle durchgemacht haben, bis sie schließlich einsieht, daß all ihr Trachten, Streben und Mühen eine Torheit war und es besser gewesen wäre, gleich Demut zu üben, statt selbst herrschen zu wollen? (GEJ 10,113:1-10)

Die Tätigkeit einer fortgeschrittenen Seele im Jenseits

Jesus zu Mucius und Phoikas:
Dem Menschen wird es selten gelingen, in nur *einem* Erdenleben jene Vollendung zu erlangen, die ihn Gott schon ganz nahe bringt. Denn es gibt Versuchungen vielfältiger Art, die sich ihm als Hindernisse in den Weg stellen. Daran aber soll sich sein Charakter stählen mit dem Bestreben, das Gute (Geistige) immer mehr anzuziehen und die bösen (materiellen) Regungen aus sich auszuscheiden. Im Jenseits betritt die Seele eine neue Welt, die ihr die Wunderwerke Gottes und das Weltall immer mehr enthüllt, und wo sie statt mit fleischlichen Augen mit einem geistigen Auge sehen kann. Im Betrachten der großen Wunderwerke erkennt er bald, daß wahre Seligkeit allein in einem unermüdlichen Schaffensdrang liegt, und daß Gott Selbst das tätigste Wesen ist. Je nach seinem geistigen Fortschreiten kann ihm dann auch ein angemessenes Arbeitsfeld gegeben werden, das er mit viel Fleiß ausfüllt. In dieser Tätigkeit und in dem Betrachten seiner nützenden Arbeit wird er Freude haben und höchste Seligkeit genießen. (GEJ 11,11:6-7)

Jesus zum Griechen Anastokles:
Die Seele eines vollkommenen Menschen wird nach dem Leibestod nicht nur diese Erde mit ihrem geistigen Auge durch- und überschauen können, sondern auch noch viel mehr: Denn diese Erde ist bei weitem nicht die einzige im endlosen Weltall. Es gibt deren noch endlos viele und entsprechend ebenso viele im Reich der vollkommenen Geister. Doch darüber erhält der Mensch erst dann eine Vorstellung, wenn seine Seele durch den Geist Gottes ein erweitertes Sehvermögen erhalten hat. Kurz: die vollkommene Seele kann alles, während die unvollkommene geistig blind ist und nur das wahrnehmen kann, was ihrer Erkenntnis und ihrem geistigen Horizont zur Zeit der Inkarnation entsprach. Wenn sich eine Seele im jenseitigen Leben aber um Vervollkommnung bemüht, erhält auch sie einen größeren Erkenntnishorizont. Allerdings dauert das

4.5. Re-Inkarnation und Seelenentwicklung

viel länger und vollzieht sich auf einem ungleich beschwerlicheren Weg, als es hier auf der Erde als inkarnierter Mensch möglich wäre. (GEJ 7,209:15-17)

Für die Kinder Gottes Schöpfungsaufgaben im Himmel
Jesus zu einem Pharisäer:
Stelle dir einmal vor, du wärst unsterblich und würdest im Vollbesitz deiner Kräfte in ewiger Jugend auf einer Welt fortleben. Wolltest du da je einmal zu denken und zu wollen aufhören? Wolltest du je einmal ganz untätig werden und nichts mehr genießen wollen? – Sicher nicht! Vielmehr wirst du immer schaffensfreudig bleiben und eifrig bemüht sein, dir stets mehr Annehmlichkeiten zu bereiten. Denn das hat die Liebe und das wahre Leben in sich: Es ruht nie, sondern es muß fortwährend tätig sein, denn das Leben selbst ist nichts anderes als eine Tätigkeit nach der anderen.
Im Himmelreich ist es ebenso! Darum meine ja niemand, daß er sich einst im Jenseits in einer ewig untätigen Ruhe befände. Denn die ewige Ruhe wäre gerade des Geistes oder der Seele sicherer Tod. Je geistiger ein Mensch in seinem Innern wird, desto tätiger wird er auch. Wenn dies aber schon auf dieser Welt der Fall ist, um wieviel mehr wird das erst drüben der Fall sein, wo kein müder oder alternder Leib die Seele in ihrer Tätigkeit hemmen kann. (GEJ 6,226:15-16)

Einer von drei Magiern zu Jesus:
Wo kommt die Seele nach dem Leibestod hin?
Jesus:
Da deine Seele noch zu stark ans Fleischliche gebunden ist, kannst du es jetzt noch nicht fassen. Wenn sie aber einmal mit dem Geist Meiner Liebe vereinigt sein wird, zeigt dir dein eigener Geist den Platz im jenseitigen Reich. Wenn du nach dem Leibestod zur wahren, inneren Vollendung des Lebens gelangt bist, wirst du dir dann gleich Mir alles aus dir selbst erschaffen können und dich gleich

Mir in der einer Welt befinden, die du dir aus dir selbst heraus erschaffen hast. (GEJ 7,128:5-8)

Der Jünger Johannes zu Jesus:
Werden wir nach dem Leibestod auch vom Himmel aus diese Erde zu sehen bekommen?
Jesus:
Nicht nur diese, sondern viele andere auch noch. Denn als Meine Kinder und fleischlichen Brüder werdet die gesamte unendliche Schöpfung des Weltalls mit Mir regieren dürfen und könnt all das betrachten, was euch zum Regieren unterstellt ist.
Johannes:
Was aber haben dann die jetzt schon vorhandenen Engel und vollkommenen Seelen im Himmel zu tun, wenn wir ebenfalls am Schöpfungsgeschehen mitwirken dürfen?
Jesus:
O du Mein liebster Johannes, du denkst noch sehr kindlich über das Reich Gottes! Siehe, zwar gibt es eine endlose Zahl geschaffener Seelen; alle vollendeten Seelen sind aber von Meinem alleinigen Geist durchdrungen, wodurch sie alle das ewige Leben, die Weisheit, die Liebe, die Macht und die Kraft erhalten wie Ich. Dadurch können sie dann so wie Ich selbst in den Himmeln schöpferisch wirken und mit mir die materiellen Welten des unendlichen Alls wie auch die dort lebenden Geschöpfe leiten. Das alles kannst du aber erst dann begreifen, wenn du vollendet sein wirst. Dies kann aber erst nach Meiner eigenen Himmelfahrt geschehen. Denn Ich Selbst muß vorher völlig in Gott als Meinem Vater von Ewigkeit aufgegangen sein, bevor Ich euch Meinen Geist senden kann. Dieser offenbart euch alle, jetzt noch für euch unbegreiflichen Wahrheiten. Ihr werdet dann einmal dasselbe wie Ich und sogar noch Größeres tun dürfen. (GEJ 7,129:4-10)

4.5. Re-Inkarnation und Seelenentwicklung

Jesus (erzählend):
Nachdem Ich den Versammelten einen Blick in die jenseitige Geisterwelt ermöglicht hatte, wachten sie wieder aus dem tranceartigen Zustand auf und kamen wieder zu sich. Sie konnten sich nicht genug wundern und gegenseitig erzählen, wohin sie von ihren jeweiligen geistigen Begleitern, die nach dem Erwachen wieder verschwunden waren, geführt wurden und was ihnen von diesen alles gezeigt worden war. Ich forderte nun Phoikas auf, darüber zu berichten.

Phoikas:
Was ich gesehen habe, war unaussprechlich wunderbar! Allerdings war alles ganz anders, als sich die Menschen das jenseitige Leben vorstellen. Der Engel, den Du mir zugewiesen hattest, führte mich ein in eine Sphäre, die eine Welt völlig für sich ist, in der er auch ein Herrscher für sich ist und regieren kann wie ein kleiner König. Ich wurde von ihm geistig entrückt, ohne daß ich aber meinen leiblichen Körper vermißt hätte. Ich weiß daher jetzt auch genau, daß dieser nur eine unbeholfene Hülle für die viel wichtigere Seele ist.
Der Engelsgeist führte mich dann zu einem fremden Sonnensystem, in dem ebenfalls Planeten um eine Sonne kreisen, und zeigte mir deutlich, daß ihm die pflegliche Fürsorge für dieses Gebiet anvertraut sei. Denn seinem Wort gehorchte alles auf das pünktlichste. Dabei floß – nur durch das Übergeben seines eigenen Willens in den Deinen – alle göttliche Kraft in ihn hinein. Deinen göttlichen Willen hatte das Geistwesen als einzig und allein richtig anerkannt und daher keinerlei Schwierigkeit, sich diesem zu unterwerfen. Alle die wunderbaren Tier- und Pflanzen, die ich sah, waren seine Gedanken. Diese stellte mein jenseitiger Begleiter, nachdem sie gewissermaßen von Dir geprüft und als Abbild Deiner Grundidee festgestellt worden waren, aus sich hinaus und fixierte sie durch gedankliches Festhalten als Materie. So wurde etwas geschaffen.

4. Die Entwicklung vom Materiellen zum Geistigen

Ich sah zum Beispiel, wie der Engel auf diese Weise einen neuen Planeten bildete, der zum Lebensraum späterer Menschen dienen soll. Er zeigte mir – ähnlich wie ein Künstler in sich ein Bild erzeugt, das er sich dann in allen Einzelheiten ausmalt –, wie der Gedanke Gestalt annimmt. Da er aber bestrebt ist, nur das zu wollen, was auch vor Gott gut ist, verband er sich in seinem Herzen mit Dir, dem allwaltenden Vater der Ewigkeit, und legte gewissermaßen Dir den Plan vor. Du sagtest ihm – zwar nicht in Worten, sondern im Geist –, daß es so recht ist. Sofort erregte sich der Geist des Engels und erfüllte sich mit großer Willenskraft. Und auf der Sonne, die ihm untersteht, entstand ein Brausen und ein Ball, nämlich der spätere Planet. Er löste sich von der Sonne, wurde weggeschleudert und fügte sich in eine geordnete Umlaufbahn ein.

In diesem Schaffen vor und auch in Dir empfindet die vollkommene Seele ihre höchstmögliche Seligkeit. Denn nur dadurch kann ein Geistwesen Dir auch als Schöpfer ähnlich werden.

Zwar ist es uns inkarnierten Menschen nicht möglich, auch nur ein Atom dieser Seligkeit zu empfinden – wir könnten sie nämlich nicht ertragen. Aber dennoch habe ich jetzt ein klares Bild davon erhalten, daß nur in der tätigen Liebe zu Dir und dadurch auch zu Deinen Geschöpfen Seligkeit empfunden werden kann. Das kann indes nicht durch Faulheit und Nichtstun oder durch tatenloses Bewundern der Schöpfung geschehen. Würden wir letztere nur anstarren und nicht durch Tätigkeit begreifen lernen, würden wir keine Fortschritte machen. Ich werde mich daher in Zukunft nach allen Kräften bemühen, ein rechtes Bindeglied in der Liebeskette zwischen Gott und meinen Nächsten zu sein, damit auch ich einst fähig werden möge, in Deinem Reich so zu wirken wie jener Engelsgeist. Denn daß das möglich, und daß jedes Deiner Geschöpfe dazu imstande ist, hat mir dieser himmlische Freund so verdeutlicht, daß ich von diesem erreichbaren Ziel niemals mehr ablassen werde. Darum gebührt denn auch Dir, o Herr und Meister, mein

4.5. Re-Inkarnation und Seelenentwicklung

tiefster Dank, daß Du mich schon zur Erdzeiten in den Stand setztest, so Wunderbares zu schauen und zu begreifen!
Jesus:
Du hast dich nun bemüht, das, was du gesehen hast, in möglichst klare Worte zu fassen, und die Anwesenden haben dich wohl verstanden, denn sie erlebten ja alle etwas ähnliches wie du. Aber die das nicht erfahren haben und später davon hören, können solches nicht begreifen, es sei denn, auch ihnen würde das geistige Auge geöffnet. Solange nämlich der Mensch noch in seinem Leib steckt, der ihn zwingt, alles möglichst in meß- und begreifbar zu machen, steht es mit den geistigen Dingen schlecht bei ihm. Er würde nämlich auch alles Geistige messen und mit seinen unentwickelten Sinnen erfahren wollen. Das geht aber ebensowenig, wie wenn ihr einen Eimer voll Wasser in ein kleines Trinkglas gießen wolltet. – Es ist daher besser, ihr schweigt über solche jenseitigen Erlebnisse vor der übrigen Welt. (GEJ 11,12)

Drei verschiedene Seligkeitsstufen für vollendete Seelen
Jesus zum Römer Agrikola:
Ist die Seele einmal vollkommen, wird sie mit gottähnlicher Schöpferkraft ausgerüstet und mit entsprechender Weisheit alles bewirken können, was Gott Selbst bewirkt und hervorbringt.
Ein noch höherer Seligkeitsgrad besteht darin, daß sie Gott, den alleinigen Herrn und Schöpfer der Unendlichkeit, als ihren Lebensfreund ständig um sich haben kann. Mit ihm kann sie dann in einem Augenblick das gesamte Weltall mit ihrer geistigen und materiellen Schöpfung überschauen.
Die höchste Seligkeit einer vollendeten Seele aber besteht darin, daß sie sich, mit Gott durch die Liebe vereint, selbst in voller göttlicher Freiheit befindet.
Daß das Gesagte wirklich so ist, kannst du an diesem Meinem jungen Diener schon mit deinen leiblichen Augen erkennen: Siehe, dieser Jüngling ist schon lange ein reiner Geist, der aber schon

einmal auf dieser Erde als ein Mensch inkarniert war. Sein Name war Henoch, und er war ein Prophet und Gotteslehrer der ersten Nachkommen Adams. Da seine Seele in jener Urzeit in höchster Liebe zu Gott entbrannte, löste diese Liebe seinen Leib in eine ätherische Substanz auf, mit der sich die freie Seele bekleidete. Sie wurde dann zum Erzengel Raphael-Henoch. Dieser befindet sich in der obersten Himmelssphäre, also in der Stufe höchster göttlicher Freiheit. (GEJ 7,67:2-10)

Im Jenseits gibt es keine Zeit
Ein Gastwirt zu Jesus:
Der gütige Gott wird die armen Seele sicherlich vor der ewigen Hölle bewahren. Bei ihm ist doch alles möglich!
Jesus:
Jawohl, das schon; aber in der Ewigkeit geht alles um vieles langsamer voran als auf dieser Welt, auf der alles eine verhältnismäßig kurze Zeit dauert, sich bald verändert und in der Form, wie es einmal war, für immer aufhört zu sein. Im Reich der Geister aber gibt es keine Zeit mehr. Dort kannst du nicht sagen: »Heute tue ich das und morgen jenes.« Sondern alles liegt schon als fertiges und ausgeführtes Werk in der Seele. Wenn dies von übler Art ist, woher soll dann die fortlebende Seele einen neuen Stoff und eine neue Einsicht nehmen, um in sich das vorhandene Unvollkommene umzugestalten? Zwar wird es den Seelen im Jenseits auch möglich sein, sich zu ändern. Aber das wird dort bei solchen, die zu Lebzeiten noch stark an der Welt hingen, überaus lange dauern; und am Ende wird nur weniges erreicht werden. Denn die Liebe ist das eigentliche Leben der Seele. Ist diese geistig und nach Gottes Ordnung gut, hat die Seele auch ein vollkommenes Leben in sich und lebt in großer Erkenntnis ewig fort. Ist aber die Liebe einer Seele ganz auf weltliche Dinge ausgerichtet, und damit tot, so ist das Leben der Seele auch identisch mit der Liebe in ihr. So ein Leben ist dann kein wahres, sondern nur ein Schein- und Trugleben. Und

4.5. Re-Inkarnation und Seelenentwicklung

daher ist es auch kein ewiges Leben, weil das Unvollkommene keinen Bestand hat. Entweder ändert es sich zum Geistigen und Gottähnlichen oder im schlimmsten Fall Materiellen und Verfestigten und damit zum Grundbösen. Aus dessen harten Banden kann sich eine Seele ebenso schwer losmachen, wie sich ein Stein aus eigener Kraft in fließendes Quellwasser umwandeln kann.
Darum habt die Welt nicht lieb, sondern meidet sie mit ihrem verlockenden Wesen. Benützt aber ihre vergänglichen Schätze zu guten Werken und ihr werdet dadurch im Jenseits unsterbliche Schätze erhalten. (GEJ 8,122:5-10)

Materiell orientierte Seelen sind nach dem Tod unglücklich
Jesus zu Roklus:
Was nützte es einer Seele, wenn sie für den Fleischmenschen alle Schätze der Erde gewänne, für ihre geistige Sphäre aber Schaden nähme und den Bezug zur Wirklichkeit verlöre? Woher will sie denn im Jenseits etwas nehmen, wenn sie vom Vergänglichen der Materie kommend, mit leeren Händen dasteht? Wer etwas besitzt, dem ist jede Gabe ein Gewinn, wodurch er dann noch mehr erhält. Aber was ist mit etwas, das im Geistigen eigentlich gar nicht existiert? Wie soll man jemandem etwas geben, der lediglich in einer Täuschung lebt? Oder kannst du in ein Gefäß, das nur als Idee vorhanden ist, schon eine Flüssigkeit gießen?
Weil aber die Materie nur ein Schatten des Geistigen ist, dadurch keinen Bestand hat und nur so lange existiert, wie sie als Umwandlungsort zum Geistigen dient, muß eine der materiellen Welt anhängende Seele das Los derselben teilen. Löst sich der Leib auf, geschieht das auch mit der Seele. Sie wird in die substantiellen, ätherischen Urbestandteile aufgelöst, und es bleibt nach dem Verwesen des Fleisches nichts als tierische Grundsubstanz übrig, der mit dem Wesen eines Menschen keine Ähnlichkeit mehr hat. Eine solche Seele befindet sich dann in einem Zustand, den die alten Weisen SHE OUL A (Hölle = Durst nach Leben) nannten. Dem-

nach ist die ganze Erde und alles, was du mit deinen leiblichen Sinnen wahrnehmen kannst, nichts als Hölle. Dieser Zustand gleicht dem Tod der Seele, die eigentlich ein freier Geist werden sollte. (GEJ 5,71:1-8)

Der geistige Hintergrund von Spuk-Ereignissen und ihre Abhilfe
Ein Schriftgelehrter zu Jesus:
Ich selbst kenne im Judenland alte Burgen und von Menschen schon lange nicht mehr bewohnte alte Häuser, in denen es so spukt daß sich niemand mehr hinein traut. Wie kommt es dazu?
Jesus:
Es gibt hie und da Orte, an in denen sich Seelen von schon lange Verstorbenen aufhalten. Sie wollen sich dann und wann den vorüberziehenden Menschen auf eine oder die andere Art bemerkbar machen. Das sind Seelen, die zu Lebzeiten zu sehr in ihren irdischen Besitz klebten und – um ihn zu vermehren – manche Ungerechtigkeit begangen hatten. Solche materiell eingestellten Seelen halten sich nach dem Leibestod manchmal in der Nähe ihrer ehemaligen Besitztümer auf. Das kann solange dauern, bis vom ehemaligen Hab und Gut im Laufe der Zeit nichts mehr übriggeblieben ist. Dann erst beginnen sie im Jenseits, mehr und mehr in sich zu gehen, und zu erkennen, daß aller irdischer und zeitlicher Besitz nur ein leerer Wahn war. Solche Seelen können in ihrem machtlosen Dasein aber keinem Menschen Schaden zufügen. Im Gegenteil: Der Spuk kann manche Weltmenschen zum Nachdenken bringen, wodurch sie in Folge ihr Leben ändern, da sie nunmehr vom jenseitigen Fortleben offensichtlich unseliger Menschenseelen erfahren. (GEJ 8,37:12-15)
Diesen Seelen kann man helfen, indem man für sie betet. Denn ein mit Liebe, Erbarmen und Vertrauen zu Mir vorgetragenes Gebet hat eine gute Wirkung auf solche armen Seelen im Jenseits: Um sie bildet sich dann ein gewisser Lebensätherstoff, in dem sie wie im

Spiegel ihre Mängel und Gebrechen erkennen, sich bessern und dadurch leichter zum Lebenslicht emporkommen.
Wie aber sollt ihr für sie beten? – Tragt ihnen einfach aus dem wahren Liebesgrund eueres Herzens das Evangelium vor. Sie werden es vernehmen und sich auch danach richten! Monotone Lippengebete, zeremonielle und vor allem an Priester übertragene Gebete helfen Verstorbenen nicht, sondern ärgern sie nur. Falsche Gebetspraktiken bringen ihnen eher Nachteile, und auf bezahlten Gebeten lastet ein Fluch. Wenn ihr ihnen aber im fürsorglichen Gebet Mein Evangelium vortragt und auslegt, bereichert ihr sie damit geistig, was wie ein fruchtbarer Segen auf sie wirk. Im Gegenzug werdet ihr euch dadurch selber wahre, mächtige und sehr dankbare Freunde im Jenseits schaffen. Diese Geister lassen dann auch euch nicht im Stich, weder dies- noch jenseits! Solche Freunde werden dann sogar euere Schutzgeister sein und sich allzeit um das Wohl ihrer Wohltäter kümmern. (GEJ 8,38:1-7)

Die Tätigkeit bösartiger Seelen in Erdnähe
Der Engel Raphael zu Roklus:
Jede Seele, die irgendeinem der vielen Laster seit dem Zeitpunkt ihrer Inkarnation frönt, ist ein Teufel in Person und ein tätiger Ausdruck des Bösen. In einer solchen Seele liegt ein schwer zu löschender Trieb, immerfort Böses zu tun, so wie sie es in der Zeit ihres leiblichen Daseins getan hat. Da aber jede Seele auch nach dem körperlichen Tod fortlebt und sich in Erdnähe aufhält, kommt es oft vor, daß sich eine solche Seele in die äußere Lebenssphäre bestimmter Menschen begibt. Über diese Sphäre versucht sie, auch in diesem Menschen Böses zu erwecken. Sie findet hier eine willkommene Nahrung dadurch, daß dieser Mensch einen natürlichen Hang für das gleiche Laster hat. Solche Seelen bemächtigen sich öfters sogar des Leibes eines Menschen, und solche Besessenheit quält dann seine schwache Seele. Gott aber läßt das zu, um in ihr den Schaden auszubessern. Erst dadurch bekommt eine solcherma-

ßen geplagte Person einen natürlichen Widerwillen gegen ihr eigenes Laster und bemüht sich schließlich, dort stärker zu werden, worin sie vorher schwach war. Ist die Zeit reif, kommt ihr die Gnade Gottes zu Hilfe.

Diese verirrten Seelen haben indes keine gottesgegnerischen Absichten. Denn zum einen kennen sie Gott gar nicht, und zum anderen sind sie zu blind und dumm, um irgendeine Absicht zu fassen. Denn außer sich selbst erkennen sie kein Bedürfnis und handeln nur aus purer Selbstsucht. Sie reißen nur das an sich, was ihren Egoismus befriedigt, wobei sie jedoch untereinander sehr mißtrauisch sind. Daher ist bei ihnen eine Bündelung der Kräfte nicht denkbar und ihr Ansatz bleibt religiös gefestigten Menschen gegenüber ohne Wirkung. Unentschlossene jedoch, oder solche, bei denen sich das Geistige und das Materielle die Waage halten, sind anfällig: Verführt ein Dämon jemanden zu einer Leidenschaft, für die diese Person eine natürliche Schwäche aufweist, hat es die Seele danach viel schwerer, sich wieder aus eigener Kraft aus dem Materiellen ins Geistige hinüberzubewegen.

Verweilt aber die Seele im Weltlichen, hängen sich nach und nach immer mehr gleichgesinnte Dämonen an die materielle Seite der Lebenswaage und der Hang zum Laster wird immer größer. Und so können schließlich die »Teufel« der Juden bzw. die »Dämonen« der Griechen einer Seele während ihrer irdischen Probezeit einen erheblichen Schaden zufügen, ohne von vornherein die Absicht dazu gehabt zu haben. (GEJ 5,94:2-9)

Jesus zu Simon Juda:
Weltkinder, deren ganzes Wesen aus dem satanischen Weltprinzip stammen, sind mitunter der Gefahr ausgesetzt, von einem bösen Geist besessen zu werden. Die Gefahr ist dann am größten, wenn eine noch junge Seele eine himmlische (geistige) Richtung einschlagen will. Weil sich damit ein Lebensteil aus Höllensphäre zu entfernen beginnt, wird dort alles darangesetzt, dies zu verhindern.

4.5. Re-Inkarnation und Seelenentwicklung

Dies erklärt, warum auf der Erde das Besessensein vorkommt und bis ans Ende dieser Erde vorkommen wird. (GEJ 2,169:3-12)

Das jenseitige Schicksal machthungriger Menschen
Jesus zum Philosophen Epiphan:
Es gibt viele Menschen, die zwar als Kind vermögender Eltern eine gute Erziehung und Bildung genossen haben und später dann zu Ehren kamen, dadurch aber hochmütig und herablassend anderen gegenüber geworden sind. Sie fangen an zu herrschen, ihre Mitmenschen zu drangsalieren, zu betrügen, auszubeuten oder frönen nur noch ihrer Sinne Lust. Schließlich trachten sie nur noch nach Wohlleben, Bequemlichkeit, materiellem Wohlstand und Luxus. Wer sich ihnen dabei in den Weg stellt, wird gehaßt, verfolgt, bekämpft oder gar zugrunde gerichtet. – Was geschieht nun mit den Seelen solcher Menschen nach dem Tod?
Obwohl sich diese Seelen falsch verhalten haben, werden sie von Mir nicht für alle Ewigkeiten verurteilt, sondern im Geisterreich an einen Ort versetzt, wo derselbe Zustand herrscht, wie auf Erden. Allerdings mit dem Unterschied, daß dort alle Mitseelen gleich geartet sind. Und weil sie dort alle gleich sind, entstehen bald erbitterte Kämpfe und Macht und Einfluß, denn ein jeder versucht, der Höchste und Mächtigste zu werden, will alle beherrschen und hält jeden für einen strafbaren Meuterer, der ihm nicht gehorcht.
Würden sich im Jenseits nur einige wenige so dominant verhalten und der Rest bestünde aus sich fügenden, demütigen Geistern, entstünde auf diese Weise eine Art Diktatur im Geisterreich, wo – wie hier auf der Erde – einer gebietet und Millionen gehorchen. So aber ist es an diesem Ort des Jenseits nicht: Denn da will jeder ein Monarch sein und tyrannisch seine ebenso herrschsüchtigen Nachbarn beherrschen. Dies aber gebiert einen gegenseitigen Haß, steten Hader und Zank, Streit, Verfolgung und sogar Krieg. Im Geisterreich kann zwar niemand getötet werden, aber der sich hoch-

spielende Haß und Zorn breitet sich aus wie ein verheerendes Feuer, das dann jeder Seele zu immer größerer Qual wird. Damit an einem solchen Ort wieder Ruhe einkehrt, wird aus den Himmeln ein mächtiger Geist dahin entsandt, der dann mit Feuer Ruhe schafft. Dadurch erleiden solchen streitlustige Seelen über kürzere oder längere Zeit große Schmerzen, wodurch sie aber dann zur Vernunft gelangen. Dadurch verringert sich auch ihre bisherige Herrschsucht mehr und mehr, und das sie quälende Feuer geht zurück. Der Engelsgeist klärt sie schließlich über ihre Blindheit, Verstocktheit und Torheit auf. Lernt die eine oder die andere unselige Seele daraus, wird sie auch bald in einen besseren Zustand übergeführt. Will sie aber aufgrund ihres inneren, heimlichen Hochmutes keinen Rat annehmen, bleibt sie da wo sie ist und wird bei der nächsten Gelegenheit gleich wieder das alte Kampfgetümmel erleben. So kann man mit den Römern sagen: »Volenti non fit iniuria«, oder: »Wer es so will, dem geschieht kein Unrecht«. Und das kann bei unverbesserlichen Seelen Äonen von Erdjahren dauern! (GEJ 5,226:1-7)

Jesus zum Philosophen Epiphan:
Stelle dir irgendeinen herrschsüchtigen und grausamen König vor, der aus Gründen des eigenen Machterhalts Tausende von Menschen auf grausame Weise hinrichten läßt und auch sonst allen möglichen Lastern frönt. Die bekannte Geschichte des einstigen Königs NEBUKADNEZAR von Babylon ist ein Beispiel dafür. Nach dem Tode wird seine Seele an einen Ort gelangen, an dem sich ihresgleichen befinden. Da diese Gesellschaft geradeso beschaffen ist wie sie selbst, gibt es furchtbare Machtkämpfe um die Vorherrschaft. So arg diese Auseinandersetzungen mit ihren Höllenqualen auch toben mögen, haben sie aber doch ein Gutes: In solchen Seelen wird ein Teil der satanischen Materie zerstört und nach vielen aufreibenden Machtkämpfen wird dann so manches Wesen geläutert und sucht selbst nach einem Ausweg. Da wird es dann ge-

4.5. Re-Inkarnation und Seelenentwicklung

wöhnlich zugelassen, daß der Seelengeist in eine bessere Gesellschaft kommt, oder wieder inkarnieren darf.
Unser Beispielstyrann kommt nun in einem ganz anderen Weltteil auf dem gewöhnlichen Fleischesweg als Kind einer armen Frau zur Welt. Da ist die alte Seele dann wieder ganz Kind und weiß von ihrem vorigen Leben nichts, und es wäre auch nicht gut, hätte sie auch nur die leiseste Erinnerung daran. Das Kind, wieder wie zuvor von männlichem Geschlecht, wächst nun in Armut heran und wird schließlich ein ehrlicher und tüchtiger Tagelöhner, erkennt Gott und betet zu Ihm und dankt Ihm für das tägliche Brot. Er findet am Ende sogar Freude daran, anderen Menschen um einen kargen Lohn zu dienen. Schließlich wird unser Arbeiter alt, gebrechlich und krank und stirbt wie alle Menschen auf Erden. – Was geschieht nun mit seiner Seele? Im Gegensatz zum ersten Mal kommt sie im Jenseits zu friedfertigen, arbeitsamen Seelen und hat ihre Freude daran, allen nach Bedarf dienen zu dürfen. Daraufhin folgt die baldige Erweckung ihres Geistes aus Gott, der ihr jenseitiges »zweites Ich« ist. Ist das der Fall, wird die volle Vereinigung mit ihm auch bald erfolgen. Danach erst kehrt in so einer Seele das volle Bewußtsein wieder zurück, und mit ihm die Erinnerung an alle ihre irdischen Vorleben. Auf diese Weise kann Gott auf Seinen für keinen Sterblichen erforschbaren Wegen jede noch so satanische Seele zum wahren Leben und Licht führen. (GEJ 5,232:3-13)

Des Menschen Seele erfährt keine »Rückstufung« ins Tierreich!
Jesus zu den Jüngern:
Ihr habt schon oft von einer Wanderung der Seelen gehört. Das ferne Morgenland glaubt noch heutzutage fest daran. Die Auffassung, Menschenseelen würden wieder in ein Tierfleisch zurückkehren, ist aber falsch. Daß die Seele, aus dem Mineral-, Pflanzen- und Tierreich kommend sich bis zur Menschenseele emporentwickelt, habe Ich euch schon gesagt, und auch, in welcher festge-

schriebenen Ordnung dies geschieht. Aber rückwärts wandert keine noch so unvollendete Menschenseele mehr, außer im geistigen Mittelreich zum Zweck der Demut und mit der Ziel der Besserung. Ist eine solche bis zu einem gewissen Grad erfolgt, kann so eine Seele dann als Geistwesen auf einem anderen Gestirn leben oder – wenn sie will – noch einmal auf dieser Erde inkarnieren. Dadurch kann sie sich höherentwickeln und sogar die Kindschaft Gottes erreichen. Seelen aus anderen Welten inkarnieren somit auf dieser Erde, um sich jene geistigen Eigenschaften anzueignen, die für »Gotteskinder« notwendig sind. (GEJ 6,61:3-5)

Jesus zu Römern:
Ihr Römer, die Griechen und die Phönizier, wie auch die Ägypter, glaubten an eine Seelenwanderung oder glauben es noch heute, wie beispielsweise die Perser, Inder, die Sihiniten jenseits der Hochberge im fernen Osten und manche andere Völker auf der Erde. Aber allenthalben ist diese, von den Urvätern gelehrte Wahrheit durch die Macht- und Habsucht späterer Volkslehrer oder Priester völlig verkehrt worden. Da ihnen die wahre Botschaft der Seelenwanderung keinen Geldgewinn gebracht hätte, ließen sie die Menschenseelen in Tiere zurückwandern und in den Tieren leiden, von denen sie nur Priester um große Opfer befreien konnten. (GEJ 10,22:8)

Eine Auswahl an Jesu Zitaten

Vorbemerkung

In diesem Abschnitt möchte ich mit Hilfe Lorbers »Großem Evangelium Johannes« (GEJ) etwas mehr Klarheit in einige wichtige Bibelzitate Jesu bringen, und sie mit Passagen aus dem GEJ ergänzen. Dabei habe ich die Bibelstellen im Geiste des Lorber-Evangeliums umformuliert und dadurch sinngemäß verdeutlicht.

Ein Beispiel:
Im biblischen Matthäus-Evangelium lesen wir im Kapitel 10, Vers 25-37 wörtlich: »Meint nicht, daß ich gekommen sei, Frieden auf die Erde zu bringen; ich bin nicht gekommen, Frieden zu bringen, sondern das Schwert. Denn ich bin gekommen, den Menschen zu entzweien mit seinem Vater und die Tochter mit ihrer Mutter und die Schwiegertochter mit ihrer Schwiegermutter; und des Menschen Feinde [werden] seine eigenen Hausgenossen [sein]. Wer Vater oder Mutter mehr liebt als mich, ist Meiner nicht würdig; und wer Sohn oder Tochter mehr liebt als mich, ist Meiner nicht würdig« (Mt. 10,34-36).
So mancher Exeget ist schon an diesem Satz gescheitert, denn er steht scheinbar im Widerspruch zur Liebeslehre des Messias. Erst das Lorber-Evangelium bringt mit der Aufklärung, welche Funktion die materiell ausgerichtete Welt für uns Menschen eigentlich hat, Klarheit auch in diesen Satz. Jesus meinte in dem schlecht überlieferten Bibelwort nämlich folgendes:
»Glaubt ja nicht, ich sei gekommen, die Welt zu befrieden; im Gegenteil! Ihr müßt euch in Auseinandersetzung mit ihr entweder für oder gegen mich entscheiden. So werden sich meinetwegen sogar Familien entzweien.«

Ähnlich ist es auch bei nicht nachvollziehbaren, schicksalhaften Ereignissen im Spannungsfeld zwischen Entscheidungsfreiheit und Vorbestimmtheit. Auf die Paradoxie, aus einem karmisch bedingten Schicksalszwang heraus, »etwas Böses tun *müssen* und dennoch dafür bestraft werden« ging ich schon beim Sowohl-als-

auch-Gesetz (BRIEMLE, 1997) ein. Ich bezeichne so etwas gern auch als »Judas-Ischariot-Syndrom«.
Denn schon in der Abendmahl-Szene bei Matthäus 26,20-24 heißt es: »Als es aber Abend geworden war, legte er sich mit den Zwölfen zu Tisch. Und während sie aßen, sprach er: Wahrlich, ich sage euch: Einer von euch wird mich überliefern. Und sie wurden sehr betrübt, und jeder von ihnen fing an, zu ihm zu sagen: Ich bin es doch nicht, Herr? Er aber antwortete und sprach: Der mit mir die Hand in die Schüssel eintaucht, der wird mich überliefern. Der Sohn des Menschen geht zwar dahin, wie über ihn geschrieben steht. Wehe aber jenem Menschen, durch den der Sohn des Menschen überliefert wird! Es wäre jenem Menschen gut, wenn er nicht geboren wäre.«
Oder, bei Johannes 13,21-27 hört es sich so an: »Als Jesus dies gesagt hatte, wurde er im Geist erschüttert und bezeugte und sprach: Wahrlich, wahrlich, ich sage euch: Einer von euch wird mich überliefern. Da blickten die Jünger einander an, in Verlegenheit darüber, von wem er rede. Einer von seinen Jüngern, den Jesus liebte, lag zu Tisch an der Brust Jesu. Diesem nun winkt Simon Petrus und spricht zu ihm: Sage, wer es ist, von dem er spricht. Jener lehnt sich an die Brust Jesu und spricht zu ihm: Herr, wer ist es? Jesus antwortete: Der ist es, dem ich den Bissen, wenn ich ihn eingetaucht habe, geben werde. Und als er den Bissen eingetaucht hatte, nimmt er ihn und gibt ihn dem Judas Ischariot. Und nach dem Bissen fuhr dann der Satan in ihn. Jesus spricht nun zu ihm: Was du tun mußt, das tue schnell!«

Wie dieser Jünger können auch andere Menschen vom Schicksal dazu ausersehen sein, etwas Unrechtes tun zu müssen, um damit einem höheren Zweck zu dienen; und am Ende werden sie (von Gott) doch zur Rechenschaft gezogen. »Wer es fassen kann, der fasse es«, pflegte Jesus in ähnlichen Fällen immer zu sagen. – Ohne das Wissen um die Notwendigkeit satanischer Rahmenbedingungen auf dieser Welt, welche im Lorber-Evangelium ausführlich behandelt werden, sind solche Bibelstellen kaum zu verstehen.

Entscheidung zwischen der Welt und Gott

- Besäße jemand alles Wissen der Welt, aber keine Gotterkenntnis, so besäße er nichts. (GEJ 7,126:9)
- Darum hört nicht auf die Welt, sondern meidet ihr verlockendes Wesen. Wenn ihr aber ihre vergänglichen Schätze für gute Werke benützt, werdet ihr dadurch im Jenseits unsterbliche Schätze erhalten! (GEJ 8,122:5-10)
- Der Mensch sollte dieses irdische Leben allein nur dazu benutzen, das ewige Leben für seine Seele zu erlangen. (GEJ 6,162:7-11)
- Der Sinn allen Lebens liegt darin, das Geistige aus der Materie zu erwecken (GEJ 7,126:8)
- Durch mich haben die Menschen eine Hilfe an die Hand bekommen, mit der sie dem Satanischen in sich begegnen können. Die es nicht annehmen, werden der neuen Hölle noch mehr verfallen, als ihre Vorfahren. (GEJ 6,240)
- Es kommt leichter ein Kamel durch ein Nadelöhr (Nebentor in Jerusalems Stadtmauer), als ein Reicher in den Himmel. (Mt. 19,24)
- Euer Himmlischer Vater läßt seine Sonne aufgehen über Böse und Gute und läßt regnen über Gerechte und Ungerechte. (Mt. 5,45)
- Gebt denn dem Kaiser, was des Kaisers ist, und Gott, was Gottes ist. (Mt. 22,20-21)
- Geht im Leben stets den beschwerlicheren Weg. Denn weit ist die Pforte und breit der Weg, der ins Verderben führt; und viele gibt es, die auf ihm hineingehen. (Mt. 7,13-14)
- Glaubt ja nicht, Ich sei gekommen, die Welt zu befrieden; im Gegenteil! Ihr müßt euch in Auseinandersetzung mit ihr entweder für oder gegen mich entscheiden. So werden sich meinetwegen sogar Familien entzweien. (Mt. 10,34-36)
- Ich preise dich, Vater, Herr des Himmels und der Erde, daß du dies vor Verstandesmenschen und Gelehrten verborgen, Ungebildeten aber geoffenbart hast. (Mt.11,25; Lk. 10,21)

- Jeder, der mich vor den Menschen bekennen wird, den werde auch Ich vor Meinem Himmlischen Vater bekennen. Wer mich aber vor den Menschen verleugnet wird, den werde auch Ich vor Meinem Vater verleugnen. (Mt. 10,32-33)
- Niemand kann gleichzeitig zwei Herren dienen. Entweder wird er den einen hassen und den anderen lieben, oder er wird einem anhängen und den anderen verachten. Ihr könnt nicht Gott dienen und dem Mammon. (Mt. 6,24)
- Prüft immer alles vorher, dann behaltet das Gute und Wahre! (GEJ 8,27)
- Viele Erste werden Letzte sein, und die Letzten die Ersten. (Mt. 19,30)
- Wäre die Materie an sich eine ewig bleibende Realität, so wäre sie die Wahrheit schlechthin; und wer sie gewänne, besäße die Wahrheit. (GEJ 5,71:4)
- Wenn die Welt euch haßt, so denkt daran, daß sie mich vor euch gehaßt hat. Wenn ihr wie die Welt wäret, würdet Ihr auch von ihr geliebt werden. Weil ihr aber nicht so seid, und Ich euch von der Welt abgeworben habe, darum haßt sie euch. (Jh. 15,18-19)
- Wenn jemand sein leibliches Leben retten will, wird er es verlieren. Wer aber sein Leben um meinetwillen verliert, wird dafür das ewige Leben erhalten. Denn was nützt es einem Menschen, wenn er die ganze Welt gewänne, aber sein ewiges Leben verlöre? Oder was wird ein Mensch als Lösegeld geben für sein Leben? (Mt.16,25-26; Mk. 8,35-36)
- Wer das Reich Gottes in seinem Herzen besitzt, hat die höchsten und tiefsten Wissenschaften in sich. (Jesus, GEJ 7,126:10)
- Wer Mich in irgend etwas sucht, das nur im geringsten nach der Welt riecht, wird Mich dort nicht finden; wohl aber dort, wo Nächstenliebe, Demut und Selbstverleugnung herrschen. (GEJ 6,76:19)
- Wer sein Leben liebt, wird es verlieren; wer aber sein Leben in dieser Welt haßt, wird das ewige Leben erlangen. (Jh. 12,25)
- Wer sich selbst erhöht, wird erniedrigt, wer sich aber selbst erniedrigt, wird erhöht werden. (Mt. 23,12)

- Wer sich unter diesem ehebrecherischen und sündigen Geschlecht Meiner und Meiner Worte schämt, dessen wird sich auch der Menschensohn schämen, wenn er in der Herrlichkeit seines Vaters wieder kommen wird. (Mk. 8,38)
- Viele sind Berufene, also meine Kinder. Wenige aber sind meine auserwählten Helfer und Lehrer (GEJ 7,124; Mt. 20,16 u. 22,14)

Entsprechungen

- Alles Weltliche ist für die Seele das, was ein Gift für den Leib ist. (GEJ 6,59:11)
- Die Welt und die Hölle gehören zusammen, wie der Leib und die Seele (GEJ 6,240)
- Was der Leib für die Seele, ist die Erde für das Menschengeschlecht (GEJ 8,12:7)
- Was der Straßenstaub dem irdischen Wanderer ist, das ist der eitle, weltkluge Wortstaub dem, der meine göttlichen Wahrheiten begriffen hat. (GEJ 6,59:11)
- Wer die kleine Gabe nicht ehrt, ist einer großen nicht wert! (GEJ 6,59:5)

Glaube und Vertrauen

- Bemüht euch zuerst um das Reich Gottes; alles andere wird euch dazugegeben werden. Seid also nicht besorgt um den morgigen Tag, denn dieser sorgt für sich selbst. (Mt. 6,32-34)
- Bittet vor allem um das, was dem Wohl euerer Seele dient, und weniger um das, was euerem Leib nützt. (GEJ 10,109:4-13)
- Dir geschehe, wie du geglaubt hast! (Und des Hauptmanns Diener wurde noch in derselben Stunde gesund). (Mt. 8,13)
- Ihr könnt nicht gleichzeitig Gott und dem Mammon dienen. Deshalb sage Ich euch: Sorgt euch weder um euer Leben, was ihr essen oder trinken sollt, noch um eueren Leib, was ihr anziehen sollt. Ist denn nicht das wahre Leben mehr als die Speise und der Leib mehr als die Kleidung? Betrachtet die Vögel des Himmels: sie säen und ernten nicht, noch sammeln sie Vorräte in

Scheunen, und euer himmlischer Vater ernährt sie doch. (Mt. 6,25-26)
- Was immer ihr im Gebet glaubend begehrt, werdet ihr empfangen. (Mt. 21,22)
- Als sich die Juden über Jesus ärgerten, sprach er zu ihnen: Ein Prophet wird stets geachtet, außer in seiner Vaterstadt, unter seinen Verwandten und in seinem Haus. (Mt. 13,57; Mk. 6,4)
- Den »Weltkindern« wird nie zuviel auf einmal gelehrt, sondern nur so viel, wie sie vertragen und in ihrem »seelischen Magen« verdauen können. (GEJ 5,225:5-7)
- Die Erlösung besteht erstens in Meiner Lehre und zweitens in dieser Meiner Menschwerdung, wodurch die überwiegende Macht der alten Hölle gebrochen wurde. (GEJ 6,239)
- Die Lehre, die direkt von Mir stammt, braucht der Mensch nicht kritisch zu prüfen, sondern er kann sie unbesorgt glauben. (GEJ 9,37:1-2)
- Gott inkarnierte auf Erden, um den Menschen das wahre Lebenslicht und das ewige Leben zu zeigen (GEJ 7,53:4-6)
- Jeder soll wissen, daß Ich kein zorniger und rachsüchtiger, sondern ein geduldiger, liebevoller und sanftmütiger Gott bin, und zu den Sündern sage: Kommt alle zu Mir, die ihr mühselig und mit Sünden belastet seid, Ich werde euch erquicken! (GEJ 9,87:3)
- Jeder Mensch muß selber und durch eigenen Fleiß zu Meiner Lehre finden. (GEJ 6,61:6-8)
- Meine Geschöpfe hängen an Meiner Macht, Meine Kinder aber hängen an Meiner Liebe! (HG 1,3)
- Mit Mir werdet ihr alles vermögen, ohne Mich aber nichts! (GEJ 10,109:4-13)
- Sucht auf Erden vor allem nach dem Reich Gottes. Alles andere wird euch dazugegeben. (GEJ 7,126:9)
- Wenn du betest, gehe in deine Kammer, schließe die Tür und bete zu deinem Himmlischen Vater, der im Verborgenen ist. Und dein Vater, der in das Verborgene sieht, wird es dir vergelten. (Mt. 6,6)
- Wenn zwei von euch sich einig sind, irgend etwas zu erbitten, so wird ihnen Mein Himmlischer Vater die Bitte erfüllen. Denn wo

zwei oder drei in Meinem Namen versammelt sind, da bin Ich in ihrer Mitte. (Mt.18,19-20)

Schicksal und Karma

- Das Reich Gottes wird euch genommen und einer Nation gegeben werden, die bessere Früchte bringen wird. (Mt. 21,43)
- Der Prophet Elias ist nochmals gekommen; sie haben ihn aber nicht erkannt, sondern ihn umgebracht. Ebenso wird auch der Menschensohn unter ihnen leiden. (Da verstanden die Jünger, daß er von Johannes dem Täufer sprach (Mt. 17,12-13). Und wenn ihr es annehmen wollt: In ihm kommt Elias, denn wer Ohren hat, der höre! (Mt. 11,14-15)
- Die Astrologie ist gut. Ihr dürft sie auch betreiben bis auf die Sterndeuterei bei der ihr die zukünftigen Schicksale der Menschen herauslesen und bestimmen wollt. (GEJ 6,96:3)
- Es wird Kriege geben. Erschreckt aber nicht, denn dies muß geschehen, aber es ist noch nicht das Ende. Es wird eine Nation gegen die andere erheben und Königreich gegen Königreich, und es werden Hungersnöte und Seuchen sein, und Erdbeben da und dort. (Mt. 24,6-7)
- Jedes Reich, das mit sich selbst entzweit ist, wird untergehen. Städte oder Häuser, die mit sich selbst entzweit sind, werden keinen Bestand haben. (Mt. 12,25)
- Über euch wird alles unschuldige Blut kommen, das auf der Erde vergossen wurde. Angefangen von dem Blut Abels, des Gerechten, bis zu dem Blut Zacharias', des Sohnes Barachjas, den ihr zwischen Tempel und Altar ermordet habt. Wahrlich, Ich sage euch, dies alles wird über dieses Geschlecht kommen. (Mt. 23,35-36)
- Viele werden von Osten und Westen kommen und in Himmelreich mit Abraham und Isaak und Jakob zu Tisch liegen. Aber die Söhne des auserwählten Volkes werden in die Finsternis geworfen, wo Weinen und Zähneknirschen herrscht. (Mt. 8,11-12; Mt. 16,21)

- Wehe der Welt der Verführungen wegen! Zwar sind Verführungen notwendig, doch wehe dem Menschen, durch den die Verführung kommt! (Mt. 18,7)
- Wenn jemand mir nachkommen will, verleugne er sich selbst, nehme sein Kreuz auf sich und folge mir nach. (Mt. 16,24; Mk. 8,34)
- Wer sein Kreuz nicht aufnimmt und mir nachfolgt, ist Meiner nicht würdig. (Mt. 10,38; Lk. 14,27)
- Wer sich selbst erhöht wird, wird erniedrigt, und wer sich selbst erniedrigt, wird erhöht werden. (Mt. 23,12)

Seelen-Entwicklung

- Der Funke Gottes wohn im menschlichen Herzen (GEJ 8,56 & 57)
- Der Satan kann nur auf die Sinne der Seele einwirken, nicht aber auf ihren Willen. (GEJ 1,217:4)
- Die Seele lebt durch meinen Geist in ihr, und dieser heißt »Liebe zu Gott«. (GEJ 7,127:7)
- Ein vollkommener Mensch vermag mehr als alle unvollkommenen Menschen auf Erden zusammen. (GEJ 7,126:11)
- Im Jenseits geht die seelische Höherentwicklung viel schwerer und mühsamer voran als auf der Erde. (GEJ 10,113)
- Jede Menschenseele besitzt ein jenseitigen Geistwesen (Gottesfunke), welche ihr eigentlicher Erwecker, Bildner, Antrieb und Erhalter ist. (GEJ 10,184)
- Jeder Seele ist immer ein jenseitiger Geist (Gottesfunke) zugeordnet (GEJ 7,69)
- Wenn du vollkommen sein willst, geh hin, verkaufe deine Habe und gib sie den Armen und du wirst dadurch einen Schatz im Himmel erwerben. Dann komm und folge mir nach! Als aber der Jüngling das hörte, ging er weg, denn er hatte viele Güter. (Mt. 19,21-22)
- Werdet vollkommen, wie euer Vater im Himmel vollkommen ist. (Mt. 5,48)

- Seht zu, daß ihr vollkommene Menschen werdet. Seid ihr das, dann seid ihr alles und habt alles. (GEJ 7,126:12)
- Wer schon auf Erden vollkommen sein will, muß das Reich Gottes mit Gewalt an sich reißen. (GEJ 7,126:13)

Sozialer Umgang

- Alles, was euch die Menschen tun sollen, das tut auch ihr ihnen! Denn so ist es Gottes Gesetz. (Mt. 7,12)
- Die Menschen müssen am Tag des Gerichts über jedes unnütze Wort, das sie reden, Rechenschaft ablegen. Denn nach ihren Worten werden sie belohnt, oder aber bestraft werden. (Mt.12,36-37)
- Du sollst den Herrn, deinen Gott, lieben mit deinem ganzen Herzen und mit deiner ganzen Seele und mit deinem ganzen Verstand. Dies ist das größte und erste Gebot. Das zweite aber ist ihm gleich: Du sollst deinen Nächsten lieben wie dich selbst. An diesen zwei Geboten hängt das ganze Gesetz. (Mt. 22,37-40)
- Heilt Kranke, weckt Tote auf, reinigt Aussätzige, treibt Dämonen aus! Umsonst habt ihr empfangen, umsonst sollt ihr auch geben. (Mt. 10,8)
- Wer einen Gesunden schlägt, versündigt sind weniger, als jener, der einen Kranken mißhandelt. (GEJ 4,80:12-16)

Personenregister

Wichtige biblische Persönlichkeiten bzw. Zeitgenossen aus der Umgebung Jesu:

Abgarus, König von Edessa, stand mit Jesus in Briefkontakt.

Agrikola, vornehmer Römer, bekleidete eine hohe Stellung im römischen Staatsdienst. In Gesellschaft römischer und griechischer Gefährten auf der Suche nach dem großen Propheten kam er nach Jerusalem und wurde von Maria Magdalena als Führerin in die Herberge auf dem Ölberg gebracht.

Agrippa, vornehmer Römer, wohnte mit seinem Freund Laius in Emmaus und ist anwesend, als die sieben Nubier aus dem »tiefsten Oberägypten« in der Herberge des Nikodemus in Emmaus den Herrn erkennen, und demonstrieren, was ein »vollkommener« Mensch zu wirken imstande ist.

Anna, die Mutter der Gottesmutter Maria; Ehemann: Joakim (Joachim); Anna war unfruchtbar und empfing Maria erst im hohen Alter durch geistige Zeugung.

Andreas, erster Jünger Jesu, war ein Bruder von Petrus (Simon Juda). Er war kundig in Astrologie.

Apostel, die zwölf (ersten) Jünger Jesu:
Simon Petrus
Andreas, des vorigen Bruder
Jakobus, Sohn des Zebedäus
Johannes, Bruder des vorherigen Jakobus
Philippus
Bartholomäus
Thomas
Matthäus, der Zöllner
Jakobus, Sohn des Alphäus
Lebbäus, auch Taddäus geheißen
Simon von Kana
Judas Ischariot, der spätere Verräter.

Barabbas, einer der Anführer der räuberischen Wüstenstämme. Er genoß beim Volk Ansehen genoß als Feind der Reichen und Beschützer der Armen.

Bartholomäus, Apostel Jesu, war früher im Dienst der Essäer, und klärt die anderen Jünger, besonders Judas, über deren »Trugwunder« auf.

Christus bedeutet wörtlich: »Wahrheit aus Gott« oder auch »Der wahrhaft Gesalbte« (siehe auch Jesus).

Cornelius, jüngster Bruder von Kaiser Augustus und Cyrenius. Er war während der Volksschätzung zu Jesu Geburt Hauptmann in Bethlehem. Er wurde zum Freund und Beschützer der Heiligen Familie und verhalf ihr zur Flucht vor Herodes.

Cyrenius, (lateinisch: Quirinius), ein Bruder des römischen Kaisers Augustus. Oberster Landpfleger und Statthalter Asiens, Ägyptens und eines Teils Afrikas. Er kennt Jesus schon aus dessen Kinderzeit in Ostrazine (Ägypten) und ist ein beständiger Anhänger.

Drei Weisen aus dem Morgenland; kamen aus Persien zu Jesu Geburtsort Bethlehem. Ihre Namen: Chaspara, Melcheor & Balthehasara. Ursprachliche Schreibweise: Hahasvar (= Hüter der Gestirne), Meilizechiori (= Ich habe das Gesicht, die Zeit zu messen), der Ou li tesar (= Willensbeschwörer). Ihre Geschenke: Gold (für den König), Myrrhe (für das Kind), Weihrauch (für den gesalbten Machthaber der Gottheit auf Erden).

Elias, Prophet, wird von Jesus als Zeuge berufen (zusammen mit Moses) und erscheint vier bekehrten Pharisäern (bzw. zwei Leviten) des Tempels. Dabei wird bekannt, daß Elias auch Johannes der Täufer war. In Ersterem war wiederum der Geist des Erzengels Michael.

Elisabeth, Frau des Oberpriesters Zacharias und die Mutter Johannes des Täufers.

Emanuel (auch Immanuel) wird laut Prophet Jesaia der Name dessen sein, den die Jungfrau gebären wird; wörtlich: »Gott mit uns«.

Epiphan, Philosoph aus einem armen Fischerdorf bei Cäsarea Philippi. Seine Zweifel an der Göttlichkeit des Messias werden durch Jesus in Diskursen zerstreut.

Faustus, römischer Oberrichter amtiert in der Ortschaft Kis.

Gabriel, Erzengel, wird von Jesus gerufen und erscheint in Gestalt des Urvaters Jarede. Gabriel durfte der Maria ihre Erwählung zur Mutter Gottes verkünden.

Hannas, Stellvertreter des jüdischen Hohenpriesters Kaiphas in Jerusalem, und auch dessen Schwager. Er betreibt Jesu Gefangennahme und Martertod.

Herodes war König im Sinne eines Lehensfürsten und Pächters, verbunden mit den ihm vom römischen Kaiser abgetretenen Hoheitsrechten über die bestimmte Gebiete, zu denen auch Galiläa gehörte. Aus diesem Grunde sandte Pilatus den gefangenen Jesus aus Galiläa zum Richtspruch über Ihn zu Herodes.

Jakob (Jakobus), jüngster Sohn Josephs aus dessen erster Ehe; Stiefbruder Jesu, war zur Zeit der Geburt Jesu etwa fünfzehn Jahre alt. Verfasser des »Jakobus-Evangeliums« (Kindheit und Jugend Jesu).

Jakobus, Sohn des Alphäus, ein Jünger Jesu.

Personenregister

Jakobus, Sohn des Zebedäus wird (zusammen mit seinem Bruder Johannes) Jünger Jesu. Von diesen beiden Brüdern Jakobus und Johannes heißt es, daß sie »mit Jesus aufgewachsen waren«.

Jara(h), jüngste Tochter des reichen Besitzers und Gastwirtes Ebahl am See Genezareth. Sie sieht die Himmel offen.

Jesus von Nazareth, Inkarnation Gottes; am 7. Januar im Jahre 6 vor unserer Zeitrechnung in Bethlehem (Juda) durch die jungfräuliche Maria geboren. Diktat an sein Medium Jakob Lorber: »In mir betritt der Geist Gottes nun zum ersten Mal diese Erde. Das ist derselbe Geist, von dem alle Urväter, die alten Weisen und alle Propheten immer wieder in ihren Gesichtern geweissagt haben.«

Johannes, Sohn des Zebedäus, Lieblingsjünger Jesu, Bruder des Jakobus. »Haltet euch an den Evangelisten Johannes, denn dieses Evangelium sowie seine Offenbarung sind von seiner Hand geschrieben«, sagt Jesus.

Johannes der Täufer, zeugt von Jesus: Ausführliches Zeugnis Jesu mit dem Vergleich von Johannes als Mond und Jesus als Sonne. Hinweis, daß Johannes der wiederinkarnierte Elias ist, welcher vor dem Messias nochmals kommen sollte.

Joseph, Nährvater Jesu; bei dessen Geburt schon ein Greis von über 70 Jahren; erlebte die Zeit des Lehrantritts Jesu (30jährig) nicht mehr; Josephs 5 Söhne aus erster Ehe waren Joel, Joses, Samuel, Simeon, und Jakob und damit Stiefbrüder von Jesus. Über den leiblichen Tod Josephs berichtet sein zweiter Sohn Joses.

Joseph von Arimathia, enger Freund des Nikodemus.

Joses war einer der fünf Söhne des Nährvaters Joseph und somit ein »Pflegebruder« Jesu.

Judas Ischariot. Händler mit Fischen und mit Töpferwaren, die er z. T. auch selbst erzeugte. Wurde von Thomas als neuer Jünger angeworben. Nicht verstandene Mission des Gottessohnes; verrät Jesus an die Hohenpriester; zu späte Erkenntnis; Verzweiflung und Selbstmord.

Kaiphas, jüdischer Hohepriester in Jerusalem. Er betreibt Jesu Gefangennahme und fordert vom römischen Statthalter Pilatus Jesu Martertod.

Kisiona(h), reicher Besitzer des Dorfes und der Maut-Station Kis; Bietet der Mutter Maria und den leiblichen Söhnen Josephs ein neues Heim mit kleinem Anwesen in Kis.

Lazarus, reicher Gutsherr in Bethanien und Besitzer einer Herberge auf dem Ölberg. Treuer Freund Jesu.

Lebbäus, auch Taddäus genannt, ein Apostel Jesu.

Lukas, der Evangelist, war Maler und Dichter. Gottes Diktat an Jakob Lorber: »Er schrieb sein Evangelium erst fünfzig Jahre nach Mir«, ebenso die Apostelgeschichte, zusammengetragen aus verschiedenen Erkundigungen.

Lydia, älteste Tochter des Kisjonah, wird von Jesus mit dem Oberrichter Faustus verheiratet.

Magdalena von Magdalon, identisch mit »Maria Magdalena«. Galt als die »Königin der Dirnen«.

Maria, (hebräisch: Mirjam, griechisch: Mariam) Reinkarnation der Pura aus der Urzeit. Sie wurde ohne Hinzutun eines Mannes von Anna, die unfruchtbar war, im hohem Alter geistig empfangen. Im Tempel beschäftigte Jungfrau und Leibesmutter Jesu, die ihn mit 15 Jahren durch Gottes geistige Zeugung empfing. Josephs zweite Ehefrau. Laut Gottes Diktat » starb Maria 12 Jahre nach Meiner Heimkehr zu Bethania im Haus des Lazarus, der Martha und der Maria.«

Maria Magdalena (identisch mit Magdalena von Magdalon) führt eine Gruppe von reisenden Römern und Griechen in Jerusalem zur Herberge auf den Ölberg. Durch Jesus von Besessenheit geheilt. Benetzt Jesu Füße mit ihren Tränen und trocknet sie mit ihrem Haar; in Bethanien salbt sie die Füße Jesu.

Markus, (Evangelist), Sohn des Apostels Petrus (Simon Juda) wird von diesem als Schreiber empfohlen und kommt zu Jesus. Später Missionsreise mit seinem Vater nach dem damaligen »neuen« Babylon (später arabisch Bagdad), wo Petrus den Märtyrertod stirbt. Was Markus als Evangelist schreibt, stammen aus den Lehren und Schriften des Apostels Paulus.

Markus, Römer, der mit einer Gruppe reisender Römer und Griechen in Jerusalem zur Herberge auf dem Ölberg kommt, wo sich Jesus aufhält.

Martha von Bethanien, Schwester des Lazarus.

Mathael, einer der fünf besessenen Straßenräuber, die von den Römern unter Hauptmann Julius gefangen und bei Markus von Jesus geheilt wurden. Mathael gelangt dann zu großer Weisheit.

Matthäus, Apostel und Evangelist, Galiläer, bis zu seiner Berufung Zollschreiber im Dienst der Römer in Sichar (große Maut am See Genezareth). Berufung durch Jesus zum »Mitschreiben« der Bergpredigt auf dem Berge Garizim bei Sichar.

Michael, Erzengel, sein Geist war im Propheten Elias und in Johannes dem Täufer.

Mucius, gebürtiger Grieche und römischer Kriegsveteran; Wirt in einem Dorf im Jordantal; beherbergt Jesus und die Jünger.

Nebukadnezar, ehemaliger babylonischer König und Diktator; heißt wörtlich: Ne bouch kadne zcar (= Kein Gott außer dem König).

Nikodemus, Tempelvorsteher und Oberbürgermeister von Jerusalem, war ein heimlicher Anhänger Jesu. Nach seinem Kreuzestod bekennt sich Nikodemus öffentlich zu ihm, indem er mithilft, den Leichnam würdig zu bestatten. Er stellte sein eigenes Grab zur Verfügung.

Pellagius, römischer Hauptmann und Kommandant der Bergstadt Pella und den drei weiteren Bergstädten Abila, Golan und Aphek.

Philippus, armer Fischer und Lehrer aus Bethsaida; von Jesus zum Jünger berufen.

Philopold (Murahel), Grieche und Stoiker in Kana im Tale; erhält durch Jesus die Rückschau auf seine früheren Leben auf anderen Planeten.

Phoikas war der griechische Jugendname eines später von einem Juden adoptierten und zum Judentum bekehrten Kaufmanns Agamelom, der mit Jesus in der Herberge im Jordantal zusammentraf.

Polykarp und sein Freund Eolit sind zwei siebzigjährige Griechen, die im Heilbad des Markus von Jesus belehrt und bekehrt werden. Dort Bekehrung und Heilung weiterer Kurgäste.

Pontius Pilatus, oberster Herr über Judäa, nur dem römischen Kaiser allein verantwortlich. Führt nach der Auslieferung durch die jüdische Priesterschaft am Vormittag des 27.4.0028 den Prozeß gegen Jesus. Seine Frau Tulla hatte ein Traumgesicht und warnte ihren Mann vor der Verurteilung Jesu. Unter dem Druck der gegen Jesus aufgewiegelten Juden gibt ihn Pilatus schließlich zur Kreuzigung frei.

Raphael, Erzengel, wird des öfteren von Jesus als Sein Diener berufen und mit vielerlei Aufgaben betraut; war 4000 Jahre zuvor als Henoch (ein Nachkomme Adams), inkarniert.

Roklus, Grieche und Anführer einer Abordnung aus Cäsarea Philippi an den Statthalter Cyrenius. Roklus und seine Gruppe werden als Essäer entlarvt, welche die Wunder Jesu bei Markus ausspionieren wollten; dann durch Jesus selbst bekehrt.

Sarah, Tochter des Jairus, wird zweimal von Jesus vom Tod auferweckt.

Simon, einer der dreißig jungen Pharisäer, die während ihrer Anwesenheit im »Standlager« Jesu bei Markus aus Zuhörern zu gläubigen Bekehrten werden. Simon ist der erste Mensch, »der noch in dieser Welt lebend, schon völlig eins geworden ist mit Gott dem Herrn«. Er wird von Jesus dazu bestimmt, die Heiden in Persien zu unterrichten.

Simon Juda (auch Simon Jona; Kephas), genannt **Petrus,** Apostel, Bruder des Andreas, wurde von diesem Jesus zugeführt. Später Missionstätigkeit zusammen mit seinem Sohn und Evangelisten Markus in Bagdad (damals »Neues Babylon«). Petrus stirbt dort den Märtyrertod; die Stadt Rom hat er nie gesehen.

Personenregister

Simon von Kana (auch Koban genannt), ist der Wirt, auf dessen Hochzeit Jesus sein erstes Wunder wirkte. Er wird ein Jünger Jesu.

Simon von Kyrene, treuer Anhänger der Lehre Jesu, hilft seinem Meister schließlich, das Kreuz zu tragen.

Stahar, Anführer von fünfzig Erzpharisäern aus Cäsarea Philippi.

Taddäus, (auch Lebbäus genannt) Apostel Jesu.

Thomas, Apostel, Berufung zum Jünger auf der Hochzeit zu Kana. Er bringt Judas Ischariot zu Jesus. Später wird Thomas zum schärfsten Kritiker des Judas.

Titus, junger Oberstadtrichter in Nebo, wo er mit Jesus zusammentrifft. Des Titus intellektuell-materialistische Weltanschauung wird von Jesus mit einigen »Denkfragen« entkräftet.

Veronika die Magd, welche dem Herrn auf dem Kreuzweg das Schweißtuch reichte.

Zachäus, ein oberer Zöllner aus Jericho (auf der Ausfallstraße nach Nahim in Judäa; kletterte auf einen Maulbeerbaum, um die Jesus mit den Jüngern besser sehen zu können, worauf die Gruppe bei ihm einkehrt. Dort heilt Jesus den irrsinnigen und besessenen Sohn des Zachäus.

Zebedäus, Vater der Apostel Jakobus und Johannes.

Zorel, ein »ausgebrannter« Lebemann aus Cäsarea Philippi; kommt zum Statthalter Cyrenius als Bittsteller. Auf dem Hügel bei Markus heilt Jesus die Seele des Zorel durch hypnotischen Schlaf.

Quellen: SPONDER (1979), ergänzt; Lorber-Verlag (1996): Personenregister zum Jakobus-Evangelium (Jugend Jesu): 487-550.

Literatur

BERGER, K. (1995): Wer war Jesus wirklich? – Quell-Verlag Stuttgart, 230 S.

BRIEMLE, G. 1997: Wer Ohren hat, der höre. Esoterisch-christliche Wege zum Seelenheil. – Theophanica-Verlag, Aulendorf, 342 S.

BRIEMLE, G. (2003): Jesus wurde am 7. Januar im Jahre 6 vor unserer Zeitrechnung geboren! – Magazin 2000 plus Nr. 182 H. 4: 6-9, Argo-Verlag Marktoberdorf.

DIE BIBEL: Die heilige Schrift des alten und neuen Bundes. – Herder-Verlag, Freiburg; 2. Aufl. 1965.

GUTEMANN, G. (2000): Compact-Disk zu den Offenbarungen durch Jakob Lorber (1800-64). – Disk-Plus-Buch-Verlag, Hagnau.

LEITNER, v. K.-G. (o. J): Jakob Lorber, der Schreibknecht Gottes. – Lorber-Verlag, Bietigheim, 6. Auflage.

LORBER, J. (1846): Briefwechsel zwischen Abgarus Ukkama, Fürst von Edessa und Jesus von Nazareth. – Lorber-Verlag Bietigheim, 11 Bände, je ca. 500 S.

LORBER, J. (1840-1864): Das Große Evangelium Johannes. – Lorber-Verlag Bietigheim, 11 Bände, je ca. 500 S.

LORBER, J. (1840-1864): Das Jakobus-Evangelium (Jugend Jesu). – Lorber-Verlag Bietigheim, 1 Band, 552 S.

LORBER, J. (1840-1864): Die Haushaltung Gottes. Die Urgeschichte der Menschheit. – Lorber-Verlag Bietigheim, 3 Bände, je ca. 500 S.

SPONDER, H. (1979): Lexikaler Anhang zu JAKOB LORBER: Das große Evangelium Johannes. – Lorber-Verlag Bietigheim, 112 S.

Nachwort

Wollte ich mich nach der weisen Erkenntnis »Die Welt ist an der Wahrheit nicht interessiert« richten, hätte ich dieses Buch nicht schreiben dürfen. Aber in unserer zutiefst geistlosen und sinnentstellten Zeit, die so sehr auf finanziellen Profit und Umweltausbeutung ausgerichtet ist, ist jeder philosophisch denkende Mensch dazu aufgefordert, dem Religiösen eine Lanze zu brechen. Unseren orientierungslosen Kindern sind wir das schuldig.

Selbst wenn mein Buch nur wenige gottsuchende Menschen – ganz gleich welcher Religionszugehörigkeit – in die Hand bekommen, hat es seinen Zweck schon erreicht. Da ja die Zeit*quantität* in den Augen Gottes keine Rolle spielt, sind Botschaften wie diese nicht auf Jahre oder Jahrzehnte, sondern eher auf Jahrhunderte angelegt. Abwartend nämlich, bis jene Zeit*qualität* gekommen ist, welche die Menschheit reif für derartige Lehren gemacht hat. Die derzeit vom Großkapital manipulierte und zu immer mehr Konsum verführte Gesellschaft wird eines Tages wieder nach anderen Werten suchen, spätestens dann, wenn es den Menschen materiell wieder schlechter gehen wird.

Interessant ist im übrigen, daß das 12.000-seitige Diktat Gottes nicht etwa in Hebräisch, Griechisch oder in der Weltsprache Englisch erfolgte, sondern in Deutsch. Das ehrt unser Volk, welches der Messias seinerzeit noch zu den Heiden zählte. Allerdings geschah dies in einem Formulierungsstil, der heutzutage (21. Jahrhundert) kaum mehr verstanden wird. So scheint auch in diesem Punkt Gottes Ordnung auf Erden zu greifen, wonach seine Wahrheiten nie exoterischer Natur und damit gut zugänglich sind, sondern stets im Verborgenen gefunden werden müssen. Da es auf unserer Welt aber keinen Zufall gibt und kein Gedanke im Universum verlorengeht, wurde auch das Lorber-Werk nicht umsonst geschrieben. Allerdings wird unsere Wissenschaft mit diesem neuen Evangelium – ob als Originaltext oder im vorliegenden, sprachlich erschlossenen Auszug – nichts anfangen können und wollen.

Nachwort

Denn viel zu sehr akzeptiert der Intellekt nur Beweise nach den, von der Wissenschaft aufgestellten Regeln.

Werfe ich zum Schluß nochmals einen Blick zurück auf das überaus lehrreiche und gehaltvolle Lorber-Evangelium in seiner Gesamtheit, so mündet die Botschaft unseres Himmlischen Vaters in der eindringlichen Aufforderung an seine »Weltkinder«:

Weg vom Trugbild der materiellen Welt – hin zur Wirklichkeit der jenseitigen, geistigen Welt!

Ich hoffe, daß es mir mit diesem Kompendium gelungen ist, dem interessierten Leser einen ausgewogenen Querschnitt dessen zu vermitteln, was uns Gott in dieser neuzeitlichen Offenbarung sagen will. Möge das Werk dazu beitragen, den sinnsuchenden Menschen auf den enormen Weisheitsschatz des Lorber-Evangeliums aufmerksam zu machen. Sollten sich die christlichen Amtskirchen eines Tages dazu entschließen können, das Neue Testament der Bibel mit den zusätzlichen Botschaften dieser jüngsten Offenbarung zu ergänzen, werden viele Gläubige den Weg zur Gotteskindschaft ganz entscheidend verkürzen können.

Der Autor

Dr. Gottfried Briemle, geboren am 14. Juli 1948 in Mengen (Baden-Württemberg).

Nach Volksschule, Gymnasium, Gärtnerlehre und Wehrdienst Studium von Landschaftsökologie und Naturschutz zwischen 1970 und 1976 in Freising-Weihenstephan, Berlin und Hannover. Abschluß: Diplom-Ingenieur (FH & Univ.) für Landespflege. 1980 Promotion mit einem moor-ökologischen Thema an der Universität Stuttgart-Hohenheim. Beruflich seit 1982 als Landschaftsökologe mit dem Schwerpunkt Grünlandbotanik in Baden-Württemberg tätig. Verfasser von etwa 250 populärwissenschaftlichen Veröffentlichungen, Autor oder Mitautor von 15 Fachbücher zu Geobotanik, Landschaftsökologie und Esoterik. Publizistisches Anliegen ist die Erschließung komplizierter wissenschaftlicher Zusammenhänge für Nichtfachleute.

Ausgelöst durch eine Krankheit in der Lebensmitte Beschäftigung mit den wesentlichen, das heißt esoterischen Themen unseres menschlichen Erdendaseins, nämlich Metaphysik, Astro-, Theosophie und Mystik. Im Brotberuf Vertreter einer naturphilosophisch-holistischen Ökologie, in der esoterischen Forschung Anhänger einer spirituellen Astrosophie, die sich mit der christlichen Urlehre deckt. Erkenntnis-Spruch für die erste Lebenshälfte: *»Je mehr der Mensch der Natur und ihren Gesetzen treu bleibt, desto länger lebt er. Je weiter er sich davon entfernt, desto kürzer«* (C.W. Hufeland, 1762-1836). Und für die zweite Lebenshälfte: *Die einzige Aufgabe die der Mensch auf Erden hat ist es, zwischen den Ablenkungen der Welt Gott zu suchen.*

A

Quintessenz des Lorber-Evangeliums:

*Der Sinn allen Lebens liegt darin,
das Geistige aus der Materie zu erwecken.*

(Jesus im GEJ 7,126:8)

Gottfried Briemle
Das richtige Häusersystem aus astrologischer Sicht
Ein Beitrag zur astrologischen Grundlagenforschung.
211 Seiten, ISBN: 3980256936

Erstmals in der Geschichte der Astrologie wird hier der Versuch unternommen, das richtige Häusersystem mit astrologischen Methoden zu finden:
Im Gegensatz zu allen bisherigen, mathematisch-astronomisch definierten Häuserberechnungen (weltweit etwa 25), wird hier erstmals der Versuch unternommen, das richtige Häusersystem auf astrologische Weise, also deutend zu finden.
Dieses Buch gibt dem mit dem Computer arbeitenden Astrologen drei wichtige Hilfsmittel zur Hand:
1. Eine überarbeitete Methode zur Korrektur der Geburtszeit mit Hilfe der Sekundär-Progression.
2. Standardisierte Deutungstexte zum Häuserstand der Planeten, geeignet für die rechnergestützte Horoskop-Analyse.
3. Die Empfehlung des aus astrologischer Sicht plausibelsten Häusersystems.

Theophanica

Gottfried Briemle
Die Horoskopzahl
Theosophische Gesichtspunkte im Geburtshoroskop.
143 Seiten, ISBN: 398025691X
(zur Zeit vergriffen)

Die auf der neuartigen Teilung der Horoskop-Graphik in drei sogenannte „Tertianten" beruhende Horoskopzahl (eine Vergleichszahl) markiert hypothetisch den seelischen Entwicklungszustand des Menschen in einer Reihe von Inkarnationen. Jeder Mensch kann sich mit seiner ureigenen Zahl in einer Skala zwischen 100 (extrem rational) bis 400 (extrem spirituell) einordnen.

Theophanica

Gottfried Briemle
Wer Ohren hat, der höre.
Esoterisch-christliche Wege zum Seelenheil.
350 Seiten, ISBN: 3980256928

Ein religiöses Querschnittskompendium, das dem exzessiven Materialismus unserer Zeit einen geistigen Lebenssinn entgegensetzt.

Angelehnt an die, allen Weltreligionen gemeinsamen theosophischen Wesensgehalte vermittelt dieses Buch Selbstbewußtsein und gibt Zuversicht.

Dem Christen erschließt das Buch die unvergänglichen esoterisch-göttlichen Wahrheiten ebenso, wie die wichtigsten Botschaften unseres Himmlischen Vaters.

Die Quintessenz mündet in die Forderung nach völliger Toleranz gegenüber Menschen und Meinungen ein; eine Toleranz, die ihrerseits nur noch von praktizierter Nächstenliebe übertroffen werden kann ...

Theophanica